宁夏地方史话丛书

西夏区史话

总主编　张　廉
主　编　何剑锋

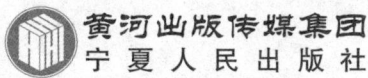
黄河出版传媒集团
宁夏人民出版社

图书在版编目(CIP)数据

西夏区史话 / 何剑锋主编. —银川： 宁夏人民出版社，2018.7

(宁夏地方史话丛书 / 张廉总主编)

ISBN 978-7-227-06921-8

Ⅰ.①西… Ⅱ.①何… Ⅲ.①区(城市)–地方史–银川 Ⅳ.①K294.34

中国版本图书馆 CIP 数据核字(2018)第 163358 号

西夏区史话
宁夏地方史话丛书

何剑锋 主编

责任编辑	周淑芸
责任校对	王 艳
封面设计	香 榆
责任印制	肖 艳

黄河出版传媒集团
宁夏人民出版社 出版发行

地　　址	宁夏银川市北京东路 139 号出版大厦(750001)
网　　址	http://www.yrpubm.com
网上书店	http://www.hh-book.com
电子信箱	nxrmcbs@126.com
邮购电话	0951-5052104　5052106
经　　销	全国新华书店
印刷装订	宁夏凤鸣彩印广告有限公司
印刷委托书号(宁)0010038	

开本　787 mm×1092 mm　1/16
印张　18.25　　字数　270 千字
版次　2018 年 10 月第 1 版
印次　2018 年 10 月第 1 次印刷
书号　ISBN 978-7-227-06921-8
定价　48.00 元

版权所有　侵权必究

《宁夏地方史话丛书》

主　　任　咸　辉
副 主 任　赵永清　　杨培君　　张　廉　　刘天明
委　　员　许　宁　　陈春平　　赵旭辉　　李秋玲
　　　　　郭秉晨　　杨志东　　马汉文　　曹志斌
　　　　　白耀华　　王文宇　　宋建钢　　马建民
　　　　　撒承贤　　李志炜　　王生屹　　杨玉经
　　　　　李郁华　　喜清江　　马汉成　　万新恒
　　　　　贠有强　　周福琦　　赵会勇　　刘　虹
　　　　　郝春明　　赵　波　　马自忠　　苏焕喜
　　　　　李　彬　　马莉方　　李玉山　　谭兴玲
　　　　　金永灵　　戴培吉　　丁　炜　　房正纶
　　　　　武维东　　潘建宁　　马威虎　　刘启冬
　　　　　陈　宏　　许正清　　孙生玉　　张永祥
　　　　　赵军文

主　　　　编　张　廉
副　主　　编　刘天明　　贠有强　　张万静
特 邀 编 审　吴忠礼　　孙生玉
编辑部主任　贠有强
编辑部副主任　张万静

《西夏区史话》

编委会

策　划　雍　辉
主　任　刘　虹
副主任　党　成
委　员　陈　伟　陈学忠　何剑锋　王晓华

主　　编　何剑锋
副主编　蒋　博
撰　　稿　王晓华
编　　辑　魏征兵　杨学秀　杨晓娟
　　　　　王月珍　郑惠玲

前 言

宁夏历史悠久，文化灿烂，是中华文明的发祥地之一。有史以来，北方游牧民族与中原农耕民族在这里繁衍生息、相互交融、相互渗透，形成了多种文化形态并存的局面，积淀了独特的地域和民族文化资源。丰富璀璨的宁夏历史文化遗存，既蕴含了物换星移、兵戎玉帛的沧桑往事，也呈现出厚重丰富、独具特色的文化内涵。

宁夏回族自治区党委、政府高度重视文化的大发展、大繁荣，十分重视历史典籍的编纂出版工作。广大史学工作者依托宁夏丰富的历史文化资源，辛勤耕耘，忘我奉献，编辑出版了一大批反映宁夏历史文化的研究成果，为宁夏历史文化的开发和利用展现了新的窗口，对人们了解宁夏、认识宁夏发挥了重要的作用。新时期，继续深入挖掘宁夏历史文化资源，推出大批适合时代要求、人民群众需要的研究成果，不仅是宁夏广大史学工作者的重要使命和历史任务，也是建设和谐富裕新宁夏、与全国同步建成全面小康社会的迫切要求。《宁夏地方史话丛书》编纂工作的启动，正是适应这一发展要求应运而生的产物。

《宁夏地方史话丛书》旨在以宁夏多元文化为主线，分门别类，按照地域和行业来分类，以重大历史事件来陈述，打造一整套宁夏地方历史文化的集大成之作。这套丛书不仅展现了宁夏历史文化的不同侧面，而且系统介绍宁夏历史发展进程，是彰显宁夏历史文化特色、打造宁夏历史文化品牌、促进宁夏历史文化发展的优秀成果。

新中国地方志编纂工作开展以来，宁夏各地地方志、年鉴、地情资料丛书的大量出版，积累了丰富的地方历史文化资料，培养了一批文字功底强、业务能力精的史志专家队伍。各级领导对地方史志工作也给予了大力支持，创造了良好的发展环境，为打造品质一流、特色浓厚的《宁夏地方史话丛书》奠定了坚实的基础。通过《宁夏地方史话丛书》,人们可以感受宁夏历史文化的苍凉厚重,领略宁夏历史文化的奇特魅力。

《宁夏地方史话丛书》编辑部

目录 MULU

001	谁人岩上作图画	恰似天书遗人间
013	戎狄华夏一家亲	各族先民心连心
021	秦汉移民新秦中	西夏区境首设县
032	赫连勃勃建新城	景色无双丽子园
042	贺兰山下果园成	塞北江南旧有名
050	长车踏破贺兰缺	武穆诗篇烁古今
063	弃故土党项归唐	谋自主西夏建国
080	神龙惊现温泉山	德明迁都怀远镇
086	贺兰山下古冢稠	高下有如浮水沤
103	西夏王命丧子手	李元昊血溅离宫
111	争地盘夏辽大战	破离宫眷属被掳
120	风拂檐铃佛塔密	云锁空山夏寺多
123	拜寺口双塔耸立	宏佛塔惊现国宝
135	明代重镇雄关奇	长城堡寨风景异
144	明清八景第一奇	贺兰晴雪人称绝
152	乾隆地震毁家园	满营新址重涅槃
158	西花园繁花似锦	将军楼旧梦难寻

西夏区史话

目录 MULU

163	志锐满腔报国志　政声卓著有远见
169	哥老会响应共和　革命军围攻满城
177	西花园修建机场　民航业从此腾飞
184	莽莽荒原现绿洲　日新月异话农垦
192	三线建设建厂矿　特殊年代铸根基
205	工业兴区绘蓝图　和谐发展谱新篇
214	重视教育文化兴　培养人才书香浓
222	华西村移民吊庄　东西部合作典范
228	扶贫攻坚建小康　政府移民兴泾镇
233	沿山葡萄产业带　打造银川新景观
242	苏峪口林深似海　保护区风光无限
249	贺兰山诸口之冠　滚钟口名满塞上
257	镇北堡历尽沧桑　影视城见证奇迹
263	石质细腻堪为砚　贺兰奇石美名传
268	张贤亮命运多舛　苦为乐功成名就
275	小巷总理孙仙梅　心系百姓为民忙

谁人岩上作图画
恰似天书留人间

在宁夏历史上，位于贺兰山东麓的银川市西夏区是开发较早的地区，也是宁夏文明的发祥地之一，贺兰山山谷间历史悠久的岩画，山前坡地上高耸入云的王陵，无不见证着西夏区早期的辉煌历史。史书记载与地下考古发掘，都一再证实西夏区在宁夏历史上的特殊地位。当人们把目光投向遥远的远古时代，试图找到西夏区灿烂文明的第一缕曙光时，都会自然而然地想到贺兰山岩画，那些已经静静沉睡在山谷间万年之久的神秘艺术作品，已经日益成为宁夏学术界广泛关注的研究课题和广大群众十分感兴趣的游览地点。它以图画的形式，多角度、全方位地展示了古代人类的政治、经济、社会生活、宗教

贺兰山岩画中的精品——太阳神，是亚洲地区唯一的太阳神岩画，它磨刻在距地面40余米处的石壁上

信仰、哲学思想、审美观念以及世界观等诸多内容。

岩画,是绘制、凿刻在岩崖或石块上的图画。岩画虽已成为远古历史的见证和标本,但仍无声地诉说着逝去了的生命和文化。岩画作为古代先民记录在石头上的形象性史书而成为历史文化的载体,它从诞生之日起就与人们的社会生产、生活、宗教、信仰紧密地联系在一起,积淀蕴含着先民们的情感、心态和观念。岩画遍布于世界各个角落。截至目前,欧洲、非洲、亚洲、美洲、大洋洲的70多个国家150多个地区都留存有岩画。世界上到底有多少岩画,暂不可知,也难以弄清楚。据学者估计,已被记录下来的岩画有2000万幅,我们可以有把握地说,现在世界上存留下来的岩画图像,应在5000万幅以上。这些岩画,记录了一种人类不平常的精神经历。中国不仅是世界上最早记录岩画的国家,也是世界上岩画数量最多的国家之一。早在3万多年前,生活在中华大地上的各族先民就开始用图画的形式来表达他们的心声、交流思想、记录事件。随着时间的推移,岩画的题材、形象、色彩的运用及构思愈加成熟,显示出了作者的聪明才智和创作才能。在中国,岩画分布十分广泛,北起黑龙江,南至广西,东起大海之滨,西达昆仑山,几乎遍及大半个中国,迄今已有16个

省(市)、自治区的 100 多个县(旗)发现了岩画,主要有黑龙江的牡丹江,内蒙古的白岔河、乌兰察布、阴山、阿拉善,山西的吉县,宁夏银川的贺兰山以及中卫的大麦地、香山,甘肃的黑山、祁连山,青海的青海湖、格尔木市野牛沟,新疆的阿尔泰山、昆仑山、天山,西藏的阿里、藏北加林山,四川的珙县、昭觉,云南的沧源、耿马,贵州的盘江沿岸、清水江边,广西的左江流域,福建的华安,广东的珠海,台湾的万山,江苏的连云港,以及香港、澳门等地。

  银川市西夏区位于黄河中上游,是中华文明的发源地之一,是古代北方经济文化和民族的交流及交通要道,在历史的长河之中,我国北方众多民族的先民在这里频繁活动,他们在这块古老的土地上迁徙、繁衍,为后世留下了大量的古文化遗址,贺兰山岩画就是一个极好的证明。5 世纪时,北魏地理学家郦道元在《水经注》中,记录了贺兰山岩画:"河水又东北,历石岩山西,去北地五百里,石上之自然有纹,尽着虎马之状,粲然成群,类似图马。故亦谓画石山也。"所谓的画石山就是指贺兰山。之后的一些史籍和地方志也有关于岩画的零星记载。贺兰山地处宁夏平原西部,全长 200 多千米,东西宽 15~20 千米,海拔一般在 2000 米以上,最高峰敖包疙瘩海拔 3556 米。贺兰山的地貌和

银川世界岩画馆

神秘的贺兰山岩画

多样的生物，记载了贺兰山自然环境、生态环境的演化历史，为人类研究地球的历史提供了丰富的资料。在这块充满希望的土地上，养育了古往今来许多古代民族，有西戎、匈奴、鲜卑、突厥、回纥、党项等，他们在这里演绎了一幕幕的历史画卷。在这大山之上，黄河两岸，他们繁衍生息，世代游牧。他们在创造独具风格的游牧文化的同时，留下了大量的文化遗迹和不朽的艺术杰作，创造了辉煌璀璨的岩画艺术。这些民族都参与了制作贺兰山岩画这项伟大工程。贺兰山岩画可以说是各民族用心血和汗水、智慧绘制的不朽诗篇。贺兰山岩画是古代游牧文明一种特殊的文化体系，其时间上限始于石器时代，与古代游牧文明的另一种文化体系"细石器文化"紧密相连。它与阴山岩画、阿尔泰山岩画有着千丝万缕的联系。在贺兰山岩画中发现了大角鹿、盘羊、猎狗、虎、狼等20多种动物，这些动物恰恰展示了游牧民族赖以生存的水草丰美、树木茂盛、鸟兽出没的自然环境，同时也是贺兰山岩画的主要题材。这些岩画里出现的动物，为研究贺兰山史前时期的生态环境和气候提供了实证。

贺兰山岩画一般都凿刻在山坡、沟谷和山前洪积扇上，石质较坚硬，必须用更为坚硬的工具才能刻制而成，这正好印证了水洞沟和鸽子山遗址的重大文化发现。该遗址中发现大量的石器工具，这些石器都可以是凿刻贺兰山岩画的工具。我国著名考古学家贾兰坡提出:"根据最近调查的结果来看,细石器向北分布的途径可能是从我国的宁夏、内蒙古经蒙古和我国的东北部分布到西伯利亚的,最后通过白令海峡分布到北美。"这些旧石器时代、新石器时代的遗址证明,远在石器时代,远古人类就在西夏区境内繁衍生息,遗留下了丰富的人类文化遗产。

西夏区境内的史前岩画与史前考古遗址的地点、范围、走向基本重合,互相联结,趋向一致。国际岩画委员会前主席阿纳蒂说:"贺兰山几处岩画很重要,有新石器时代的,有青铜器时代游牧民族的,有马匹、羊只、骆驼、狩猎像。加拿大大不列颠哥伦比亚省也有人面像岩画,与宁夏的人面像岩画很像,有可能是中国人迁移过去的。"从目前亚欧大陆所发现的岩画的题材、内容、风格、技法等方面看,史前岩画似乎存在着这样一个分布带,即从我国的宁夏、内蒙古经过蒙古和我国的东北部分布到西伯利亚,通过白令海峡分布到美洲,沿着海岸线继续延伸分布。史前岩画的这个分布带,和贾兰坡等一些学者提出的石器分布途径是一致的。这种分布特点在宁夏表现得尤为明显。

银川市西夏区境内的古代生态条件十分优越,是古代游牧先民理想的狩猎和畜牧的生存之地。根据一些国际岩画专家研究,环太平洋地区是刻制类人首岩画的发源地,而贺兰山地处环太平洋东岸的中心地带。贺兰山岩画不仅以类人首为主要内容,而且形式多样,内容十分丰富。不同部落民族先后刻制岩画的时代亦有差别。我国学者在美国西部进行考古调查时,在大约与贺兰山岩画地处同一纬度的地方,那里地处环太平洋西岸的中心地带,就发现有与贺兰山岩画相似的岩画图案。特别是诸如日月星辰之类的图案从构图到磨刻的方法都非常雷同。远古时期,交通很不发达,人类文明起源的进程为何如此相似?或许人类有共同的思维意识,处于大约相同的生活环境下,科学技术与文明的发展步骤仅仅是快与慢的区别。贺兰山岩画数量极为丰富,是采集经济和狩猎经济相结合的产物,反映了北方游牧民族的经济形态,从我国东北到西北均有发现,从而形成了一条岩画通道。这条通道途经内蒙古阴山、宁夏贺兰山、甘肃、青海两省的祁连山,继而向西衔接到新疆的天山和阿尔泰山,进入哈萨克斯坦。历史上这既是一条游牧民族生存发展、文化交流、民族融合的草原通道,也是不同历史时期、不同民族共同缔造的一条博大精深的

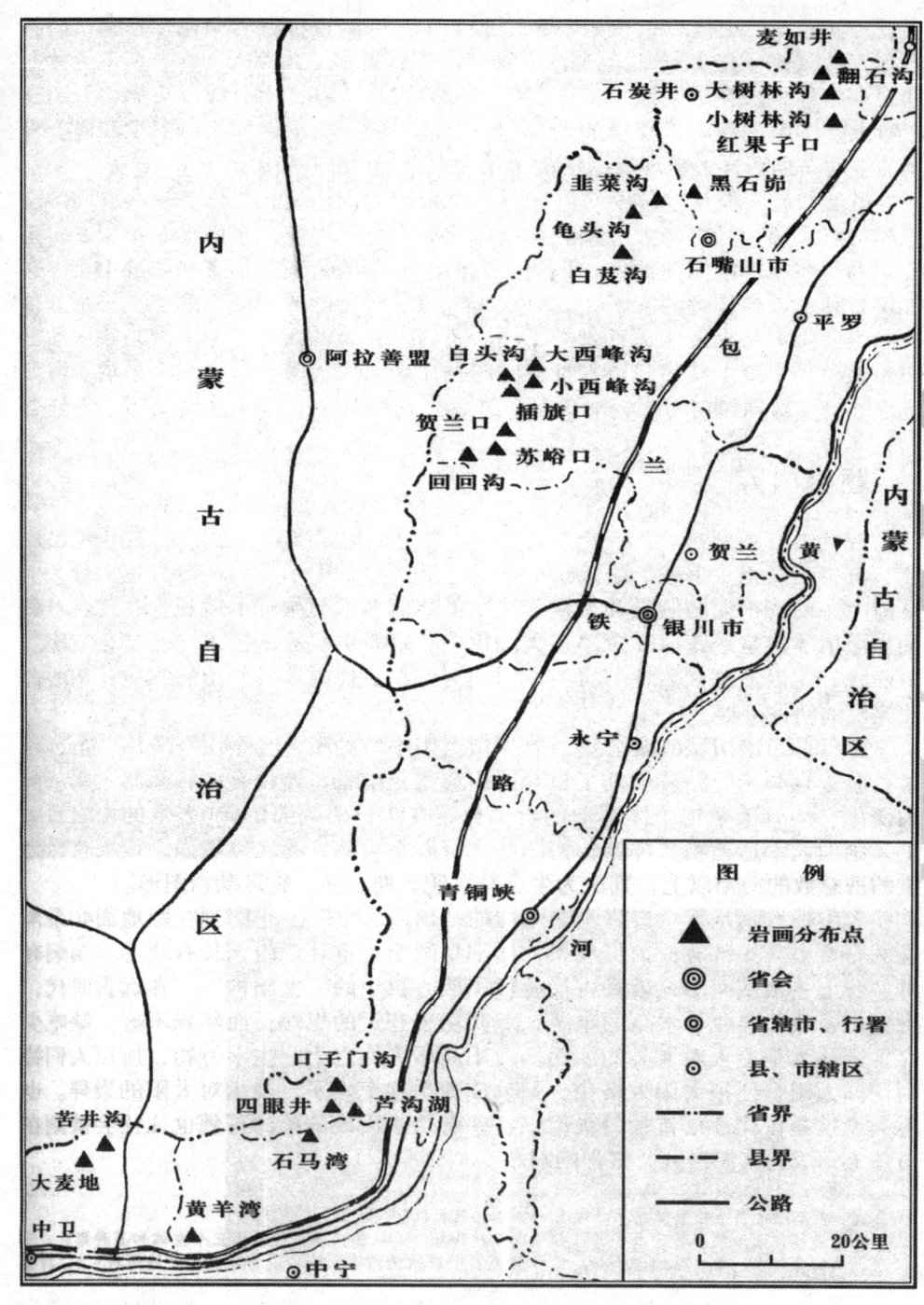

贺兰山岩画分布图

民族艺术画廊。所以贺兰山岩画是我国北方游牧民族千百年来共同创造的精神文化财富,也是多民族长期融合的结晶,是各民族在不同历史时期创作的长卷史诗,是人类文化的一个重要环节,为研究我国西北地区古代少数民族的历史、宗教、文化艺术及民族关系提供了大量翔实的第一手资料,对于历史学、民族学、考古学、美学等都有着重要的学术价值。

千百年来,先民们在劳动生产中创造了岩画这个独特的造型语言,用岩画这种艺术形式来表现他们的生活、情感,同时也反映了他们的世界观和审美观。可以说,岩画在文字产生之前的很长一段历史时期里,最早、最系统、最完善地记录了人类的劳动生产和生活活动。所以,我们才把岩画称为"石头上的书籍""岩石的报刊""凿刻在石头上的历史"等。岩画形象地记录了当时作画时代的经济形态、思维意识、文化艺术、社会生活的状况,以及当时人们赖以生存的自然环境。从蒙昧时代中级阶段的后期开始,即奥瑞纳文化期,由于狩猎巫术的需要和精神意识的渴望而产生了早期岩画,从那遥远的时代直到近代原始部落,岩画的制作一直都没有停止过。因此,又可以说岩画是人类文明历程的图解,是人类历史活动的最直观的记载。

从文化艺术的角度讲,岩画可称为最古老的民间艺术,它开创了人类造

人面像岩画

型艺术的先河。岩画始于史前,其内容丰富,题材广泛,可以说涉及了那个遥远时代的各个方面:有古老的民族风情,有狩猎游牧,有天神地祇,有各种动物,有日月星辰、江河湖海,有人们的生产生活,有欢庆丰收的歌舞,也有人类之间的野蛮战争……它包含了大千世界和人们

太阳神岩画

相关的一切事物。因此,从生活的广阔角度讲,岩画是一部民间创作流传下来的史诗,是一部用艺术形象描绘成的巨幅连环画。岩画作为特定历史环境和当时物质条件下的产物,当我们把原始艺术和现代艺术进行比较时,会即刻呼唤起我们对艺术和整个人类艺术史的重新认识和思索。可以说,岩画是一切造型艺术之根、之母、之本。要读懂这部巨大的"天书",仍要付出许许多多的精力和汗水。

原始先民为什么要费那么多气力在坚硬的岩石上刻制岩画呢?岩画创造的动机和功用,从宏观上讲,不是为神,就是为了人,归根结底是为了人自身。也就是说,岩画制作的目的,不外乎两种含义:一是宗教意义的岩画,除晚期弘扬佛教的岩画外,大多数岩画都与原始宗教有着密切联系。二是记录性的岩画,它描绘的是人们的日常生活,含有记事含义。但这两个方面并非一清二楚,有时混沌不清。贺兰山岩画通常被认为有以下几种功能和作用:

一是祭祀祈祷的功能。贺兰山自古以来就被我国北方游牧民族称之为

"圣山""神山"加以崇拜。殷周时期人们就有"祭日""祭月"的习俗,后世也有多样的祭日、祭月活动,文献中多有记载。《史记·匈奴列传》载:"岁正月诸长少会单于庭、祠。五月,大会龙城,祭其先祖、天地、鬼神。"《后汉书·乌桓传》载:"俗敬鬼神。祠天地、日月、星辰及先大人之有健名者。祠用牛、羊,毕,皆烧之。"突厥人也有敬天地、日月、星辰、先祖之俗。《隋书·突厥传》载:"五月中,多杀羊、马,以祭天神。"贺兰山岩画分布的地区自然环境优越,这里就是古代狩猎、放牧的先民们进行祭祀、拜神的场所。绝大部分凿刻人面像,就是对动物、天神、天体、大山的崇拜。贺兰山贺兰口一幅人面像,高居悬崖之上,光芒四射,显然是一幅太阳神像。信仰日月星辰是原始信仰的重要方面,其思想基础是万物有灵论。先民认为,日月星辰都存在于神的世界里,他们具有不可思议的力量,有着无比神圣的地位。尤其是太阳,光芒万丈,给人以光明和温暖,给万物生机和活力。因此太阳成为人们最为崇拜的对象。正是为了表达先民们对日月星辰等自然之物的信仰和崇拜,先民们才在山石上虔诚地创造了日月星辰的岩画图案。

岩画还在教育功能方面最具大众化和通俗化的特点,是一部游牧民族的

贺兰山岩画——蛇

教科书，其丰富的内容、广泛的题材，都是用作画的形式来表达出来的，是最普及的民间艺术和生活的百科全书。岩画中突出地将敬仰的神灵、崇拜的图腾、巫术的操作、狩猎的方法、放牧的经验等深层内涵都昭示于人们。岩画的创作，起初具有功利性目的，但到后来就起到了一种潜移默化的教育作用。人类在传授知识方面有多种方法，如手势、语言、绘画等。岩画是一种独特的书籍，上至天文，下至地理都囊括其中，反映了风土人情、历史事件、宗教信仰、游牧狩猎等方方面面，可以说自然的、社会的应有尽有。岩画以绘画的形式，描述神话传说、巫术礼仪。在没有文字的民族中，他们的历史、神话、英雄、重大事件、生产技能、宗教信仰除了口头传承之外，岩画就是最好的记述方式之一。如同书籍一样，岩画可以把先民们的生产生活等一笔一画地写下来传下去。这种教育是寓教于乐的方式，是启蒙式的、可见的、有趣味性的、有形象

银川世界岩画馆

的,有些类似今天的看图识字,有开发智力的作用。

岩画是古代民族智慧的结晶和创造,为人们提供了一个赏心悦目的艺术画廊。远古先民的岩画创作,就其功能和作用来说,既有精神的宣泄和依托,也有情感表达、娱乐生活的目的。人类活动创造了美,游牧民族在广阔无垠的荒野中,在同大自然

天体岩画图像

的搏斗中充满了信心和热情,他们创造了许多艺术形式,培养了自己粗犷豪放的性格。为了抒发个人的感情,除了唱歌、斗牛、赛马、追羊等活动之外,岩画的创作也是一个极为重要的内容。因为岩画的创作可以获得心理上的满足和快感,把自己的喜怒哀乐、所思所想和所见所闻作画于山石之上,既可欣赏又可表情达意,满足了审美意识的追求需要。

贺兰山岩画正日益受到社会各界的高度关注,从20世纪80年代开始,特别是1984年宁夏回族自治区开始文物普查时,贺兰山岩画的研究日益深入,文物考古界、文化界、美术界共同努力,从不同角度、不同侧面在岩画调查研究上做了大量卓有成效的工作,发表了一批研究论文、出版了岩画专著和图录,摄制了电视专题片、资料片,制作了大量的拓片。1987年由中央民族学院主办的中国岩画展在中国美术馆展出,贺兰山岩画格外引人注目,后于1990年6月在北京中央美术学院举办展览会,展示宁夏贺兰山岩画的拓片和照片,引起强烈反响,受到国家领导、中央有关部门的重视,也受到国内和

日、美、英、法、澳等20多个国家的友人和学者的称赞。1991年10月，在银川召开了国际岩画委员会暨宁夏国际研讨会，2000年9月第二届宁夏国际岩画研讨会暨2000年国际岩画委员会年会也在银川召开，在国际国内引起强烈反响，国内外学者对贺兰山岩画赞不绝口。

　　1988年，贺兰山岩画被宁夏回族自治区人民政府公布为宁夏回族自治区文物保护单位。1996年，贺兰山岩画被国务院确定为全国重点文物保护单位，是全国重点文物保护单位中仅有的四处岩画之一。2000年7月，宁夏回族自治区人民政府决定成立银川市贺兰山岩画管理处，管理处设在宁夏岩画分布密集的贺兰口。宁夏岩画的研究正向纵深领域发展，越来越受到各界的关注，管理也向正规化、制度化迈进。

贺兰山岩画

戎狄华夏一家亲
各族先民心连心

西夏区有着悠久灿烂的历史文化，也是华夏文明的发源地之一。在这里，古老游牧民族的牛羊曾遍及山野，黄河两岸，贺兰山下，一片"风吹草低见牛羊"的塞外风光，历代中原王朝也曾在此安营扎寨，移民实边，开垦良田，兴修渠道，到处都是"塞北江南旧有名"的水乡景色。这块见证过许多民族兴衰存亡的古老边地，留下了不朽的民族赞歌和传奇故事，农耕文化和游牧文化在这里互相交织、融合，剽悍的少数民族铁骑和汉唐的强将劲卒在这里激烈地厮杀。从西域远来的胡商们把珠宝、香料带到中原，

轩辕黄帝像

胡人牧马图

又把中国的瓷器、丝茶运到西方。当中原王朝强盛时，又筑起了长城和堡垒，但战争的硝烟并不能隔断中华民族大家庭的交往和融合，这里自古就是各民族共同生活、共同繁荣的幸福家园。银川市西夏区自古以来就是农耕文化和游牧文化的连接地带，两种文化形态在贺兰山下相会、交流、碰撞、融合。

在远古时代，西夏区最早的开发者是北方的游牧部落，是他们率先高举历史文明的火把。早在远古时期，人类处于采集、游猎和原始农业经济时代。宁夏从贺兰山到黄河两岸都是北方游牧民族的家园。早在远古至先秦时期，北方各游牧氏族、部落，率先开发这片热土，他们是开拓西夏区历史的先行者、文明的首创者。史书上对于这些部族，在不同的历史时期有着不同的称呼，大体上于先秦以前称氐羌，夏代称西夷（畎夷），殷商称鬼方，西周称西羌、猃狁，春秋战国称犬戎、西戎，后期则多称匈奴、胡等。

游牧民族在新石器时代的文化被称为细石器文化。1960年,考古学家裴文中先生和宁夏考古工作者在距银川市西夏区不远的贺兰县暖泉村南约3公里的贺兰山洪积扇坡地东缘,发现了一处有多座房屋居室的新石器时代文化遗址。这是迄今为止所知道的银川境域最早的房址,也可以称之为最早的聚落。这处四五千年前的民居遗址,均为一个个单间结构的居室,聚集在一起形成小小的村落,每间房屋都略呈正方形,圆角,边长3米左右,相当于现代住房的半间。房屋遗址距地表甚浅,门向东开,门前有一条狭长的门道,供居民出入。在正对门道的房址中央,有一座圆形的火膛,火膛的后壁,还安放着一口红色夹砂圆底陶罐,罐底沿装饰为锯齿纹,腹部为绳纹,主要用来保存火种。在火膛旁边,有一副石质磨盘和磨棒。室内除了少量细石器外别无其他遗存。这些居室的结构相对简单,面积比较窄小,大概只能适用于对偶婚的小家庭使用,说明当时的人类已经告别了杂居群婚的婚姻制度。室内文化层堆积甚薄和缺少大型农业工具的情况,说明当时的居民虽已定居,但只是短暂的,其基本经济形态仍然是半农半牧的游牧生活。遗址均东向开门,说明古代人类在最初建房时已考虑到了朝阳的问题。设在房屋中间的火膛,除了用来煮炊食物外,还用来取暖和照明。石磨盘和磨棒用来研磨粮食或植物籽粒。这些居室遗址与西安半坡仰韶文化遗址十分接近。

按照历史传说,伏羲、女娲都是华胥的子女,在其二人之后,又出现了3位杰出的部落联盟领袖(酋长)——炎帝、黄帝和蚩尤。传说炎黄二帝也是兄弟关系,二人是原始农业的发明人,生息的范围在陕甘宁交界地区。炎帝姓姜(姜即羌女),母为羌人,发祥地在西北;黄帝姓姬,以生地姬水得姓,地望为陇西,所以他死后"叶落归根"归葬于与陇东相比邻的陕西桥山。后来经过许多代的发展,人口繁衍,为了寻找新的生存空间,加之大洪水漫漫退去,这支"华人"——华胥子女伏羲、女娲的后代,"龙的传人"——最先以龙为图腾的伏羲、女娲的传人们,便走出西北黄土高原"三陇大地",一步步向东部地势较低、气候条件较好的中原和沿海地区迁徙,并慢慢适应了当地的地理环境、气候条件,开始了主要以农业为求生手段的经济社会。这时华夏始祖一脉,已从伏羲、女娲,到炎帝、黄帝,再传至尧、舜、禹时代。在黄河中下游的中原大地上,以伏羲、女娲——炎黄一脉为共始祖的各部落联盟,经过大混战、大交流、

大融合,最后形成华夏(诸夏)和东夷、西戎、北狄、南蛮五大族系,中央政权则为夏朝、商(殷)朝、周朝,即中国文明历史的开始,史称"先秦""三代"。在此时期内,居住在今银川市西夏区境内的主要是被称为"西戎""北狄"的游牧民族。

夏朝是我国历史上第一个奴隶制王朝,京畿地区在中原腹地,都城在阳城(今河南登封境内)、斟鄩(今河南登封境内)、安邑(今山西夏县境内)等地。开国始祖是"三代"时夏后氏部落长、炎黄联盟首领大禹王。他的儿子启废"禅让制",自任国家继承人,开启父传子制度——国王的"家天下"。时间在公元前2070年。古史记载,"大禹出西羌","夏禹生于石纽,长于西羌,西夷之人也",并说禹是黄帝的后裔。大禹治水成功以后,划分天下为"九州"。今西北地区大部(包括宁夏)地属古雍州。宁夏民间传说称青铜峡有"神禹洞……相传禹治水曾宿此洞"。当时生活在西夏区境内的氏族、部落分支很多,史书称居住于中原一带的部落联盟为"诸夏",而居牧于周边的游牧部落为夷、四夷。夏朝称西部以游猎为生的土人为"四夷""畎夷"。夏夷之间时和时战。所谓夷者,实际上是伏羲、女娲和炎黄部落东迁后仍留居于西北的古羌人的后裔。羌者,人字加羊字,所以羌字的含义就是牧羊人。牧羊人是留在西北仍以游牧为生活方式的古华人——华胥和伏羲、女娲的后裔。而东迁的古华人,则改以农业为生活方式,并与东夷、南蛮和炎黄各部落联盟融合为夏人或称"诸夏"。其中炎帝姜姓,羌、姜一音之转,即姜女为牧羊女,亦羌女,说明炎帝是羌人后裔,即羌女之后裔;黄帝虽姬姓,但二人同母,即由虫乔氏所生,故亦羌种。说明曾游牧在西夏区境内的羌人是"诸夏"(后来的汉族)的母系血统先人。

商朝建立以后,畎夷(犬戎)逐渐东迁至"邠岐之间"(今甘肃陕西交界地区),史书称鬼方、鬼戎、小蛮夷、西戎等。商都在黄河下游,西戎在黄河上游的西北极远地区。古人以九为多、高、远、极之意,而九与鬼互代。如殷纣王有一妃,其父为"九侯",又称"鬼侯"。所以鬼方,就是与商都相距很远地方的诸夷(戎)的统称,与夏之西夷一脉相承。殷商与鬼方的关系时和平、时紧张。

周人兴起于六盘山东麓,其祖先是黄帝之后,曾任夏朝主管农业官。以官职称而名后稷,又因生于姬水,得姬姓,亦名姬弃。生母名姜嫄,《诗经·生民》中有诗为证:"厥初生民,时维姜嫄……载生载育,时维后稷。"即姜姓女,母家当是羌人之裔。后稷曾孙公刘由东部西迁至豳(今陕西省彬县境内)。当时宁夏全境为"荒服",是羌戎部落的生活范围,周人居戎地时受攻扰,不得不南迁岐山一带,并经过艰苦奋斗,日渐强大起来,终于东征灭商,建立强大的周朝,史称西周。周在镐京建都(近陕西省西安地区),为了保证统治中心的安全,便

| 贺兰山下的畜群

岩羊

强行将京畿一带的戎夷迁至"泾洛之北"的"太原"一带（今六盘山以北地区）。西周时代，史书又称他们为猃狁，因泾洛在京畿的西部，又称"西戎"。这些部族被周朝从内地赶往"荒服"，与周关系一直很紧张，严重威胁到周室的安全。周宣王时曾派大将征讨西戎，并取得重大胜利。《诗经》美其大功，曰："薄伐猃狁，至于太原""出车彭彭""城彼朔方""四夷宾服，称为中兴"。

周宣王死后，周幽王姬宫涅继位。由于他的种种倒行逆施，引起内外失和，西戎诸部落乘机联合起来反叛。公元前771年，大臣申侯与"西戎诸部落共攻杀幽王于骊山之下"。在万分危急的情况下，周幽王的儿子姬宜臼被秦人起兵护送，逃到洛邑（今河南省洛阳市）继承王位，史称周平王，翻开了东周——春秋战国历史新的一页。

当时代表中央政权与西部诸戎对抗的第一线诸侯国是秦国。秦人兴起于东方，也是黄帝一系苗裔，女性始祖可追至女修，男性始祖可追至大业、大费。先祖大费（又名伯益）时，因帮助舜帝"调驯鸟兽"和"与禹平水土"建功，赐姓嬴氏，担任舜、夏、商主驯鸟畜官。传至西周穆王时期，其一支首领名大骆，移居犬丘（今甘肃省天水境内），在"汧渭之间"给穆王养马。传至孝王时，因养马有功,地位上升为附庸,封地在秦邑(今甘肃省张家川境内),史称秦嬴。这意味着秦部落由养马人变为享有土地管理权的政治实体——准诸侯国的地位了。周宣王间,从大骆五传至秦仲,始升为西垂大夫。到西周末年,周幽王被杀,其子周平王东迁时,秦人救驾立功,升封诸侯,正式建立秦国。西周留下的西部疆土,自然成为秦国的疆土,但其地与诸戎交错,岂能有一日安宁。当时对于秦国威胁最大的势力是渭河上游的狄道、獂道、上邽和冀县诸戎,他们都分布于六盘山以西(陇西)地区;其次就是位于泾水之北的六盘山中心及东部的宁夏固原市和陇东地区,这里分布有义渠诸戎。时宁夏境内南部有乌氏戎(王城在今宁夏固原市南部),北部有朐衍戎(王城在今宁夏盐池县境内)、义渠戎(王城在今甘肃省庆阳市宁县境内),控域范围最大、势力最强,但是诸戎均属于城邦制的戎国,互相之间只有协作抗秦的军事行动,各自筑城、称王,并无"统属"关系。秦时,在银川市西夏区游牧的氏族部落应该是朐衍戎。

秦国与义渠、乌氏、朐衍诸戎国的关系,大部分时间处于紧张状态,战争不断,但互有胜负。至战国间秦孝公任用政治家公孙鞅于公元前359年推行"商鞅变法"以后,开疆拓土,国力大增,逐渐战胜义渠戎国,奠定了霸业。秦孝公儿子嬴驷继位后,开始称王,史称秦惠文王。从此,宁夏境内诸戎国被秦国逐个消灭,于是秦在戎地设立郡县进行规范化管理。设置郡县的时间,史书记载不完全一致,一般认为:

陶罐

秦惠文王七年(前331年)设义渠县(治原义渠戎国王城,即今甘肃省庆阳市宁县)。后元五年(前320年)惠文王亲至朐衍戎国巡视,其间又来到黄河岸边"观北河"。按《史记·正义》解释,北河就是灵州和夏州段的黄河。秦昭襄王三十五年(前272年),秦国彻底扫平西部诸戎,在六盘山地区设乌氏县(治今宁夏固原市南部),并在戎地范围内设立陇西郡(治今甘肃省临洮县)、上郡(治今陕西省榆林市内)和北地郡(治今甘肃省庆阳市宁县)。

至此,人们不难得出一个结论:为西夏区的历史文化做出伟大贡献,荣立首功的英雄,无疑应该是以游牧为生活方式的氏族、部落的先民们。后来史书称这些游牧民族为少数民族,其生存空间大多处在周边地区,他们创造的文化统称为游牧文化。关于他们的事迹,因为正史缺载,相关的史书记述也不多,往往仅依靠一些神话传说和民间故事方式口耳相传,而且互相之间存在差别与矛盾,当然不能作为信史。好在贺兰山岩画为后人留下了难能可贵的"石书",可为西夏区远古时期的历史文化充当佐证。

银川平原

秦汉移民新秦中
西夏区境首设县

汉代移民开发

中国历史上,中原王朝与北方(包括今西北地区)游牧民族的军事冲突,几乎成为绝大多数政权的主要边患。在不同的历史时期,北方民族有不同的称呼。据正史所载,对北方游牧民族的称呼,先后出现过土方、鬼方、猃狁、戎(西戎、犬戎)、羌、胡、匈奴等名字。这些游牧民族绝大多数都曾在西夏区境内的贺兰山东麓一带居牧。大约到了战国时期,北方许多游牧部落经过内部互相兼并、融合,重新组合后出现一个统一而强大的部落联盟,这

就是匈奴汗国。

秦始皇统一六国后,将北方各游牧民族统称为"胡"。为了消除北方游牧民族的侵扰,始皇三十二年(前215年),曾派大将军蒙恬率军30万,把匈奴人从黄河两岸、贺兰山麓的塞上赶到了大漠以北的荒凉地区。但是秦朝由于穷兵黩武、滥用民力,仅存在了14年,就爆发了中国历史上首次农民大起义——陈胜、吴广起义,秦朝被农民军的怒潮所淹没,消失在历史的长河中。当秦汉之交中原地区大乱时,匈奴人乘机返回故地,重新活跃在包括西夏区在内的黄河两岸地区,再次构成对新建大汉王朝的巨大威胁。这时,匈奴已完成"东击东胡""西击月氏""南并楼烦、白羊"和"侵燕代"的兼并战争,在汉朝的北方建立起一个幅员辽阔、"控弦三十万"的强大游牧帝国。汗国居中设单于庭,又把全境划分为中、左、右三部。中部由单于庭直辖,左、右两部各委左、右贤王管理。以王庭为中心,左贤王管东方,右贤王管西方,汗国的总首领称为"撑犁孤涂单于"(意为伟大的天子),简称"单于"。今银川市西夏区境统归匈奴右贤王管辖。

汉朝初期,为了医治战争的创伤,国家对边疆事务鞭长莫及,没有力量反击匈奴人的入侵。公元前200年,"平城之围"(汉高祖刘邦被匈奴军围困于今山西省大同境内,险些全军覆

蒙恬

没)发生以后,汉朝不得不采纳大臣娄敬的建议,对匈奴采取"和亲"的外交政策,将一个又一个宗室女封为假"公主",送到"兄弟之邦"的单于庭,并加强与匈奴的贸易往来,将中原的丝绸、粮食源源不断地输送给匈奴贵族,企图换取汉匈间的和平和北方军民生命财产的安全。但是,匈奴贵族对汉朝的富庶十分垂涎,他们表面上同意与汉室和亲,结为兄弟,实际上既要中原的美女,又要中原的财富和人口,所以并没有停止侵扰的步伐,仍然不断南下。

汉武帝

汉文帝前元三年(前177年)五月,匈奴右贤王率部入犯河套以南和北地郡,宁夏屯田受到严重破坏。特别是前元十四年(前166年),匈奴单于亲率14万骑兵从河套大举入寇,毁长城,破萧关,北地都尉孙卬战死,皇帝的行宫回中宫也被烧毁,宁夏境内的大量人口和牲畜被掳掠一空,连京城都开始戒严,情况一度相当危急。

汉朝为了抵御匈奴的侵袭,一直做着积极的准备工作。汉武帝继承皇位(前140年)后,在"文景之治"的基础上,励精图治,锐意改革。当西汉王朝完成了中央集权建设,出现民富国强的繁荣局面后,反击匈奴的军事物质准备工作也已经完成,于是汉武帝下决心让中原的"带甲之士"与塞外的"控弦之士"展开一场大较量,以彻底解决国家的北方边患。从元光二年(前133年)开始,汉匈双方打了二三十年的持久战。其中主要战役有三次:

第一次大战:元朔二年(前127年),匈军入侵上谷(时治沮阳,在今河北省怀来县东南)、渔阳(今北京市密云县西南),汉将卫青、李息等从云中(今内蒙古托克托县东北)和陇西(今甘肃省临洮县)分头出击。卫青领兵出云中,西

巡榆溪塞,度梓岭,于灵洲境内的黄河上架设桥梁,过河翻越西夏区境内的贺兰山直抵高阙(今内蒙古临河市西北),把在河套以南的匈奴楼烦、白羊王逐出塞外,俘获数千人、牛羊百余万只,恢复黄河以南的富庶土地,重新修复秦始皇在黄河沿岸修筑的城塞,凭黄河天险以为固。为加强对匈奴的防务,汉廷在北方河套地区增设朔方郡(今内蒙古乌拉特旗东南)、五原郡(今内蒙古包头市西),并移民10万人到朔方郡屯垦。为了统一北边要地的军政管理,后又在郡级之上增设朔方刺史部。今银川市西夏区属北地郡,也划归朔方刺史部管辖。

第二次大战:因匈奴连年南下,北部从代郡(今河北省蔚县西南)到朔方不得安宁。汉将卫青于元朔五年至六年(前124—前123年),两次出塞迎击并重创匈奴。元狩二年(前121年)夏,将军霍去病和公孙敖同时从北地出军击匈奴。作战中,公孙敖军迷失道路,失去攻击目标,未能按原计划与霍去病军会合。霍去病独军挺进,过居延(今内蒙古额济纳旗东南)直达祁连山,大败匈奴,斩3万余人,俘匈奴大小首领2000余人,匈奴浑邪王率众4万余

蒙恬开疆

人降汉。匈奴经过这次重创之后,再也无力南下,北地、陇西、河西等地免除了匈奴的威胁和骚扰。

第三次战争:元狩四年(前119年),卫青、霍去病再度联合作战,分别从定襄(治

汉代耧车

成乐县,今内蒙古和林格尔县西北)、代郡出发,展开规模空前的歼灭战。"私负从马凡十四万匹",又有"步兵转者踵军数十万"。北地郡都尉卫山,全力配合,保障后方安全,物质支援也非常有力,战后被封为义阳侯。卫青所率军队与匈奴单于会战于大漠以北,单于不支而向西北遁走。汉兵"捕斩首虏凡万九千级,北至窴颜山赵信城而还"。霍去病所率军"出代二千余里,与左王接战,汉兵得胡首虏凡七万余人",至狼居胥山,"临瀚海而还"。经过这次大决战后,匈奴远徙到大漠以北。此次战役,匈军损失八九万人,被俘数千人,汉军还收获牲畜万余头,匈奴大伤元气而远遁,"幕南无王庭",北边战略形势发生了根本性的变化,"边城晏闭,牛马布野,三世无犬吠之警,黎庶无干戈之役",人民得到一定的休养生息。

宁夏与河套地区的移民开垦,由农牧经济向农业经济转变,大约是从秦始皇统一中国以后开始的。当时河套一带被称为"河南地",今银川市西夏区也包括在河南地的范围内。秦始皇的本意并不在于开发"河南地",而是出于政治军事的目的。北伐匈奴,是要维护嬴氏家族世世代代的统治权,所以才于

始皇三十二年（前215年）派大将蒙恬指挥30万大军北上攻击匈奴。秦军大败匈奴，占领塞上黄河南岸土地以后，"因河为塞"，筑城驻守。为了解决数十万大军的后勤保障问题，蒙恬在黄河一线积极开办军屯，克服由于长途运输造成补给不及时的困难。朝廷也开始从内地移民，到北边实行民屯，军民共同屯戍保卫边疆。但是随着短命秦王朝的倒台，这次移民未能巩固，开发成果也是有限的，但首创之功和深远意义却是应载入史册的。

在战争废墟上建立起来的大汉王朝，开国之初，国家经济面临着十分严峻的困难局面，人口锐减，百业凋敝，国库空虚，财政拮据，窘困到了极点。当时的困难情形是令人难以想象的，"天子不能具醇驷，而将相或乘牛车"（拉皇帝出行的马车都配不齐一种毛色的四匹马，朝廷的高官只能乘牛车上下班），而"民无藏盖"，"人相食，死者过半"，社会生产力受到极大的破坏。但是，朝廷能采取正确的政策：对外，采取与敌方（匈奴）"和亲""通互市""结为兄弟"等

委曲求全的妥协政策;对内,实行一系列恢复生产,发展农业,让人民休养生息的政策。朝廷发布诏令,劝民力农、贱商贵农、约法省禁和入粟拜爵等。尤其是汉朝确立以农为本的基本国策,具体表现为:奖励农业,减免田税劳役,放宽对土地的限制,就连皇帝都要"躬耕籍田"(每年春耕开始,皇帝象征性在京郊或皇城内选一块土地亲手推第一犁,以示劝农)。经过年复一年的努力,社会生产力得到逐步恢复和发展。到"文景之治"和汉武帝的70年期间,经济繁荣,社会富强。当国力强盛之后,汉朝再也不能容忍匈奴的入侵,从元朔二年(前127年)开始,汉武帝对匈奴展开主动进攻,因作战对象与秦时蒙恬一样,同为北方匈奴族,所以朔方又成为双方争夺的重点。汉廷一方面派大将卫青、霍去病等人指挥北征,也像蒙恬时那样"取河南地""筑朔方""因河为塞",加强军事设施,固守塞上疆土;另一方面,又按照大臣晁错所上"徙民实边"的办法,在河南地大办屯田。不过汉代的移民规模远比秦朝大,一次就从内地移民

河套灌区

70余万充实到朔方河南地一带,而且移民政策也有大的改变,办法更加完善,主要以招募方式为主,用赦免罪人和赐给爵位的方法,鼓励平民和犯罪的人自愿到边地安家屯垦。并由官府供给移民粮食、衣服、耕牛、籽种,让移民安居乐业。由于移民规模大,配套措施完善,所以成效也大,既加强了边防,又解决了由内地运粮的被动局面,有力地支持了对匈奴用兵的军事行动。移民屯田,既减轻了国家和内地人民的负担,又确保了前方的军需,为军事胜利提供了充分的物质保障。

秦汉时期,是中国历史上气候的第二个温暖期。气候比较温暖潮湿,北方农业界限开始北移,加上有黄河水利之便,河套新垦区很快便成为"饶谷多畜"的新兴经济区,成为国家财政收入新的财赋之源。由于汉朝把匈奴赶至漠北,"河南地"数世无战乱,处处"冠盖相望","人民炽盛,牛马布野","畜牧为天下饶","新秦中"便成为当时国家又一个首富之区。因为京畿地区的"关中"("秦中")是全国的首富地区,故有"得关中者得天下"的说法,现在又在塞上再造了一个"关中"("秦中"),所以称之为"新秦中"。

汉承秦制,以郡、县两级政权治理天下,当时今宁夏全境分别归北地郡(治马岭,今甘肃省庆阳市境内)和安定郡(治高平,今宁夏固原市)管辖。北地郡在今宁夏境内辖有:富平、昫衍、灵武、灵洲、廉等县;安定郡下辖高平、朝那、乌氏、泾阳、参䜌、昫卷、三水等县。银川市西夏区在汉代属北地郡管辖,西

汉代牛耕画像砖

汉墓出土的钱币等物品

夏区境内最早出现的地方行政建置,是兴建于汉武帝元狩四年(前119年)前后的廉县。廉县最早的记载见于《汉书·地理志》,属西汉北地郡十九县之一。汉代廉县辖境包括今银川市大部、贺兰县全部以及平罗县西南部,是两汉时期银川地区管理屯田殖谷、移民实边的经济中心,也是贺兰山东麓的边防要塞。西汉末年,王莽建立新朝,曾将廉县改名"西河亭",东汉时恢复原名,为北地郡六县之一。东汉末年,鲜卑强盛,尽占原匈奴故地,其首领檀石槐死后,其子和连立,和连性贪暴,好征伐,在出攻北地郡时,被"廉人善弩射者"射死。不久,羌族起义爆发,东汉政府无力镇压,只得将包括廉县在内的北地郡沿边郡县内迁,廉县全境成为羌、匈奴、鲜卑等北方游牧民族的游牧之地。后来由于黄河

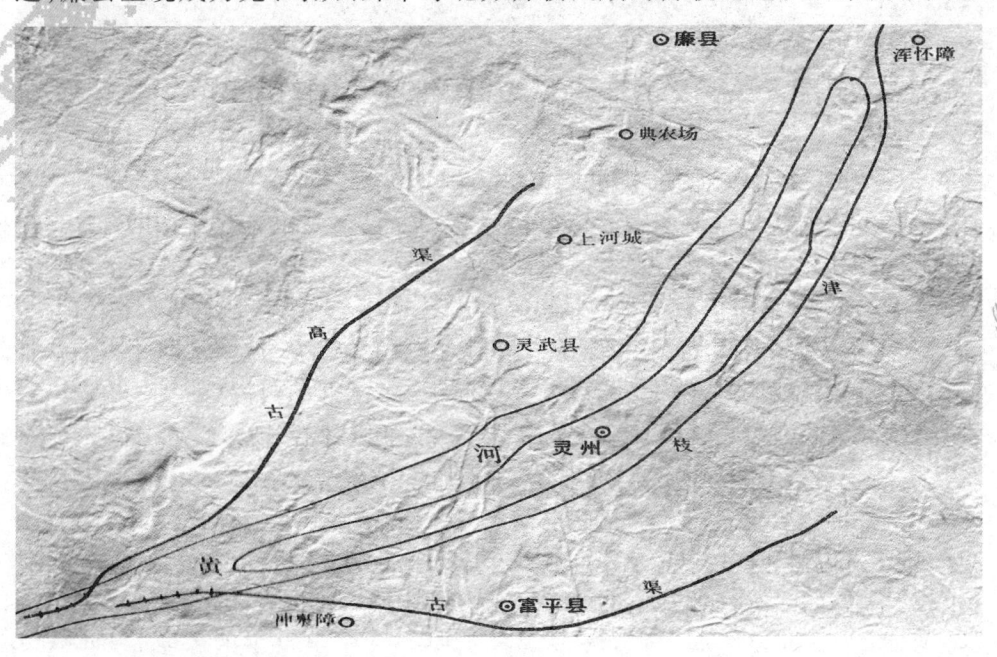

汉代引黄灌区渠道示意图

汉代砖室墓

主河道的东迁,廉县城南的引黄渠口引水困难,廉县治所也随之废弃。

20世纪70年代,宁夏考古工作者在临近银川西夏区的贺兰县西北境,发现了一处南北长约200米、东西宽约100米的汉城遗址,其夯筑城墙的遗迹清晰可见。城内建筑虽湮没无存,但从出土的砖瓦和货币判断,此城建筑年代为东汉、新莽时期。往西在贺兰县暖泉农场的台地上,发现了面积约10万平方米的古汉墓群,墓冢数量有100多座,并清理出一批汉代铜器、铁犁壁、铜战刀、陶器等物。据有关专家考证,此汉城很有可能是始建于西汉的廉县城遗址。

据宁夏著名地理学家汪一鸣先生考证,西汉廉县故址应该就是今银川市贺兰县暖泉汉城遗址所在,理由有三:一、根据《水经注》对黄河宁夏段的描述,参照《元和郡县图志》等史籍对宁夏平原一些城市方位的记载,首先可以肯定,在今银川境域内有一座廉县故城。二、按《水经注》记述,廉县故城在黄河之西,南为吕城、汉城,北隔河为历城(浑怀障)。再按《元和郡县图志》,汉城即保静县(今永宁县境),废灵武城(历城)在黄河之东、原陶乐县城以南。对照今天行政区划,廉县故城当大致在贺兰县境。三、考古发掘提供了有力证据。在贺兰县暖泉农场北部的确有一座汉代城址,而且是银川地区目前已发现的唯一汉城遗址。该城址正位于贺兰山主峰东南山麓之下,又与《汉书·地理志八》所举"卑移山在西北"刚好相符。由此可以初步认为,在没有其他新的材料出现之前,暖泉一带就是汉代廉县城的所在地。

廉县的设置,距今已有2100多年的历史,它存在了300多年,是银川市西夏区首置和时间最长的县级建置。兴建廉县之初,正值西汉政府向河套地区大规模移民实边。汉武帝元狩四年(前119年),"关东贫民徙陇西、北地、西河、上郡、会稽凡七十二万五千口"。廉县即建于此次大规模移民之时。银川平原是此次移民的重点地区,农业人口在短时期内急剧增加,引黄灌渠开始修建。银川市贺兰县暖泉汉墓中曾出土一件汉制铁铸犁壁,呈长方叶状,长50厘米,宽22厘米,一角为弧圆,背面有两个鼻钮。犁壁若与犁尖连用,可翻晒耕地,以疏松土壤和提高肥料效用。此外还发现了用以深翻土地的铁叉。这说明早在汉代,银川平原的农业技术和中原地区一样先进。由于移民措施得力,经济发展迅速,银川平原迅速成为河渠纵横、沃野千里的繁庶地区。东汉顺帝永建四年(129年),尚书仆射虞诩就曾上奏朝廷说,包括廉县在内的北地诸郡"沃野千里,谷稼殷积……水草丰美,土宜产畜,牛马衔尾,群羊塞道"(《后汉书·西羌传》)。可见当时西夏区境内的农业和畜牧业已经相当发达,廉县作为西夏区最早的县级建置,是两汉时期银川境域管理屯田殖谷、移民实边的县级政治中心,也是贺兰山东麓的边防要塞。作为管理西夏区移民屯田的廉县,为西夏区早期的农业开发起到了重要的历史作用。

西夏区境内的平吉堡等地还发现不少汉代墓葬,进一步说明早在秦汉时期,西夏区境就得到了初步的开发和建设。银川平吉堡汉墓共清理了8座,形制分土坑墓和木椁墓两类,木椁墓无墓道,一棺一椁,单人葬,随葬品以黄釉盒、壶、钫、仓、奁、博山炉为大宗,铜器有连弧纹昭明镜、五铢钱、车马具等,无论从随葬品种类还是墓葬形制看,都与中原地区西汉中晚期墓葬基本一致。

赫连勃勃建新城
景色无双丽子园

西夏区丽子园公园

在银川市西夏区北京西路兴洲街到金波街路段，有一个美丽幽静的小公园，名叫丽子园。公园内设置有小广场、雕塑、休闲长廊、喷泉，清雅别致，交通也非常便利，公园周边还有丽子园小区、花半里小区，以及银川市二十四中，每天清晨，都有很多晨练的市民前来跳广场舞、扭秧歌，是市民健身娱乐的好去处。但是，来到这里休闲娱乐的人们，并不十分清楚丽子园名称的典故和由来。这还要从一千多年前的魏晋南北朝说起。

西晋后期,中国在经历了短暂的统一后,再次陷入了分裂与战乱之中,统治阶级穷奢极侈,挥金如土,再加上他们对皇权的激烈争夺,使得经济崩溃,民不聊生。"八王之乱"致使中原地区经济残破,社会动荡,广大流民为饥饿和苛政所迫,纷纷起义。与此同时,内迁的各少数民族也相继起兵反晋,司马氏政权日益土崩瓦解。晋惠帝永兴元年(304年),匈奴左部帅刘渊在左国城(今山西省离石市)起兵,自称汉王,建国号汉。永嘉五年(311年),汉国兵破洛阳,俘晋怀帝。建兴四年(316年),汉国再发兵围攻长安,晋愍帝出降,西晋灭亡。次年,晋宗室司马睿在江南重建政权,史称东晋。而北方广大地区则长期处于各少数民族上层分子和汉族官僚地主"接力"统治的混乱之中,即所谓"十六国"时期。

与丽子园有密切关系的就是"十六国"时期大夏国的建立者赫连勃勃。赫连勃勃出身匈奴贵族,原是匈奴南单于的后裔。匈奴自与汉和亲,其首领从姓刘,故赫连勃勃的曾祖父叫刘虎,刘虎的祖父去卑,是南匈奴的左贤王。去卑子刘猛为北部帅。刘猛死,刘虎的父亲诰升爰继为北部帅。诰升爰死,刘虎继承了这一职位。北部帅统率着匈奴诸部,居住在新兴郡(郡治新兴,在今山西省忻州市),曾一度归顺于拓跋族。后又举兵反叛,被郁律赶至朔方(在今内蒙古自治区杭锦旗西北)。刘聪建立前赵政权后,刘虎因宗室的关系,被封为楼烦公、安北将军、监鲜卑诸军事、丁零中郎将,成为并州北部边境的一支重要军事力量。刘虎曾率众渡河再次侵犯拓跋氏西境,为拓跋

魏晋南北朝时期的佛像残块

猗卢所击败,被迫退至塞外。刘虎死后,由儿子刘务桓代领部落。务桓死,其弟阏陋头立,部民多叛,众归务桓子悉勿祈。悉勿祈死,弟卫辰立。卫辰为务桓的三子,是鲜卑代王拓跋什翼犍的女婿。居于今山西一带的什翼犍和在关中的前秦当时都很强大,卫辰只得依附于两者之间。公元376年,苻坚击败拓跋什翼犍后,分代国为两部,黄河以东的一部分,由刘虎的同宗、原南部大人刘库仁来督摄;黄河以西的一部分,由刘卫辰来督摄。苻坚并任命刘卫辰为西单于、督摄河西诸部,驻屯代来城(今内蒙古鄂尔多斯市东胜区西)。淝水之战后,刘卫辰的势力不断发展,"遂有朔方之地,控弦之士三万八千"。西燕慕容永为拉拢他,拜卫辰为都督河西诸军事、大将军、朔州牧。姚苌也封他为都督北朔杂夷诸军事、大将军、河西王、大单于、幽州牧。正因为有一定的兵力,卫辰就不断出兵袭击拓跋部的领地。391年,北魏拓跋珪率军大破刘卫辰子直力鞬于铁岐山南(在今内蒙古自治区固阳县西北),进而自五原金津(今内蒙古自治区包头市西南)南渡黄河,直抵代来城,卫辰为部下所杀。拓跋珪杀卫辰及宗党5000余人,抢夺其珍宝畜产,名马三十余万匹,牛羊四百余万头。

　　赫连勃勃是刘卫辰的第三子。在卫辰败死后,他辗转逃到匈奴叱干部,叱干部帅叱干他斗伏计划将赫连勃勃押送给北魏,他斗伏的哥哥阿利听到这个消息,急忙赶来劝谏。他说:"鸟雀投人,尚宜济免,况勃勃国破家亡,归命于我,纵不能容,犹宜任其所奔,今执而送之,深非仁者之举。"他斗伏惧怕北魏责罚,不听其兄劝谏。于是阿利偷派亲兵劲卒在路上拦劫了他斗伏押送赫连勃勃去北魏的囚车,将赫连勃勃送到后秦高平公没弈干据守的高平川(今宁夏南部的清水河)。没弈干是投降后秦的鲜卑人,他还把女儿嫁给了赫连勃勃。不久姚兴任赫连勃勃为骁骑将军、奉车都尉,"常参军国大议,宠遇逾于勋旧",对此,姚兴的弟弟姚邕曾对姚兴说:"勃勃天性不仁,难以亲近。陛下宠遇太甚,臣窃惑之。"姚兴却非常器重赫连勃勃,对姚邕说:"勃勃有济世之才,吾方收其艺用,与之共平天下,有何不可!"其后姚兴又任命赫连勃勃为安远将军,封阳川侯,帮助没弈干镇守高平。后又"以三城、朔方杂夷及卫辰部众三万配之",使赫连勃勃有了一支属于自己统率的军队。有了这支军队后,姚兴又让赫连勃勃负责侦察北魏的军备情况,用以防备北魏。姚邕再次认为不应该给赫连勃勃军队,向姚兴建议说:"勃勃奉上慢,御众残,贪滑不仁,轻为去就,宠之逾分，恐终为边患。"姚兴起先接受了姚邕的建议，但不久又任命赫连勃勃为持节、安北将军、五原公，让他镇守朔方。

赫连勃勃是一个野心很大、不甘居于人下的匈奴贵族。义熙三年（407年），北魏拓跋珪准备将俘虏的后秦大将唐小方归还给后秦，姚兴也同意将俘虏的北魏大将贺狄干归还给北魏，并准备向北魏送去良马千匹来赎回被魏军俘虏去的狄伯支。拓跋珪同意了后秦的条件。赫连勃勃听说后秦与北魏交换俘虏，愤恨交加。为了保住自己的实力，赫连勃勃于同年率领自己手下的3万骑兵，以打猎为名进袭高平川，杀害了自己的救命恩人和岳父没弈干，吞并了没弈干的军队。在这之前，赫连勃勃还拦截了柔然可汗送给后秦的8000匹战马，从而使其军事实力大增。到这一年六月，赫连勃勃自称大夏天王、大单于，改元龙升，设置百官。他认为匈奴是夏后氏的后代，因此称国号为大夏。匈奴南单于是屠各种，赫连勃勃是匈奴南单于后裔，当然也是屠各种。可是他既不愿姓汉姓刘氏，也不愿姓屠各。当时草原上融合过程中的部族，谓匈奴父、鲜卑母为"铁弗"，谓鲜卑父、胡母为"秃发"或"拓跋"。由于刘卫辰曾娶拓跋什翼犍之女为妻，赫连勃勃又娶鲜卑没弈干之女为妻，因此当时都称他这个部落为铁弗部。于是赫连勃勃认为匈奴从母姓姓刘，不合于礼。所以他后来下令说："帝王者，系天之子，是为徽赫，实与天连，今改姓曰赫连氏，庶协皇天之意。"赫连勃勃的姓氏赫连就由此而来。但他又规定，只有皇室正统九姓赫连，其支庶"非正统，皆以铁伐为氏，庶朕宗族子孙，刚锐如铁，皆堪伐人"。"铁伐"其实就是"铁弗"的不同音译。

赫连勃勃称王后，连年出兵攻扰周边地区。义熙三年冬，赫连勃勃破鲜卑族薛干等三部族，俘虏鲜卑人口数万。接着又进攻后秦，杀死后秦大将杨丕、姚石生等，随着赫连勃勃军事进攻的不断胜利，他的部下向其建议："陛下欲经营关中，宜先固根本，使人心有所凭系。高平山川险固，土地肥沃，可以定都。"而赫连勃勃却不以为然，他说："卿知其一，未知其二。吾大业草创，士众未多，姚兴亦一时之雄，诸将用命，关中未可图也。我今专固一城，彼必并力于我，众非其敌，亡可立待。不如以骁骑风驰，出其不意，救前则击后，救后则击前，使彼疲于奔命，我则游食自若。不及十年，岭北、河东尽为我有。待兴即死，嗣子暗弱，徐取长安，在吾计中矣。"赫连勃勃不肯以高平为根据地，而企图通

过流动袭击的办法来蚕食后秦的疆土,这对后秦来说是严重的威胁。姚兴至此十分悔恨不听姚邕之言早除赫连勃勃。在对后秦取得了一系列胜利后,赫连勃勃于义熙九年(413年)春大赦境内,改元凤翔,"以叱干阿利领将作大匠,发岭北夷夏十万人,于朔方水北,黑水之南营起都城"。赫连勃勃以为:"朕方统一天下,君临万邦,可以统万为名。"统万城,即今陕西靖边县东北的白城子。他还大造兵器,用以加强夏军的战斗力。

义熙十二年(416年),东晋刘裕进行北伐,入洛阳,攻潼关,后秦政权难以抵挡。赫连勃勃见到这一情况,对臣下说:"刘裕伐秦,水陆兼进,且裕有高世之略,姚泓岂能自固,吾验以天时人事,必当克之。"他还分析说:"裕即克,利在速返,正可以留子弟及诸将守关中。待裕发轸,吾取之若拾芥耳,不足复劳其士马。"也就是待刘裕灭秦后,等待时机再占有关中。因此,他秣马厉兵,休养士卒,预先做好准备。事情果然如赫连勃勃所料,刘裕入关,后秦覆灭,而刘裕又要急急忙忙回南方篡晋自立,只留下12岁的儿子刘义真镇守长安。刘裕一离开,赫连勃勃就率大军进攻关中。刘义真抵挡不住夏军的进攻,决定东归。赫连勃勃派兵3万追击,东晋大将傅弘之等皆为夏军所俘,刘义真单骑逃

银川平原万亩农田

回。这样,关中完全落入夏国之手。义熙十四年(418年)十一月,赫连勃勃筑坛于灞上,即皇帝位,改元昌武。

　　赫连勃勃建立的夏国,是趁后秦的衰败,拓跋魏全力向东无暇西顾,刘裕入关后又急于东返篡位的大好时机,依仗游牧民族的武力,据有关中,成为十六国后期西北地区的强国。但是,正因为它是完全靠武力来征服的,没有政治的建树,所以它同历史上许多游牧民族政权一样,兴盛很快,失败也很快,经不起波折。赫连夏在建国过程中,任用的多是其兄弟子侄,并不重视任用汉族士人。京北隐士韦祖思因"恭惧过礼",被他残杀。他说:"我以国士征汝,奈何以非类处吾!汝昔不拜姚兴,何独拜我?我今未死,汝今不以我为帝王,吾死之后,汝辈弄笔,当置吾何地!"完全是一副暴君的嘴脸。正因为不重视儒学和政权建设,只崇尚武力,所以,赫连勃勃在战争中总以残杀掳掠为先。不仅残杀俘虏,对自己的臣民也凶暴残忍。在修建统万城时,他以叱干阿利为将作大匠,发夷夏十万人建筑。阿利其人,残忍刻薄,蒸土筑城,锥入一寸,即杀作者而并筑之。赫连勃勃又让他造兵器,射甲不入即杀弓人,如其射入即斩铁匠,数千工匠因此被杀。故《晋书》在总述赫连勃勃时写道:"勃勃性凶暴好杀,无顺守之规。常居城上,置弓剑于侧,有所嫌忿,便手自杀之,群臣忤视者毁其目,笑者决其唇,谏者谓之诽谤,先截其舌而后斩之。夷夏嚣然,人无生赖。"在这种残暴的统治之下,内部社会矛盾很尖锐,一旦出现内乱,武力镇压减弱,或外有强敌进攻,这个靠武力维持的国家就难以存在了。

　　赫连勃勃卑儒崇武,在帝位的继承上当然也就没有一定的规章。称帝之初,他立子赫连璝为太子。后来又想废掉他,改立少子赫连伦为太子。引起赫连璝与赫连伦的激烈内斗,赫连伦被赫连璝杀死后,赫连伦之兄赫连昌又引兵袭杀了赫连璝,赫连勃勃又立赫连昌为太子。元嘉二年(425年)八月,赫连勃勃病死,赫连昌继位,改元承光。

　　元嘉三年(426年),北魏与西秦联合进攻大夏国,北魏太武帝拓跋焘亲率兵袭统万城。赫连昌仓促出战,失利后困守孤城。长安等地都被北魏占领。元嘉四年(427年)四月,拓跋焘再次兵临统万城下,赫连昌大败,遂奔上邽。北魏攻取统万城,"获夏王、公、卿、将、校及诸母、后妃、姐妹、宫人以万数,马三十余万匹,牛羊数千万头,府库珍宝、车骑、器物不可胜计。"元嘉五年(428年),

北魏军队进攻上邽、平凉，赫连昌被俘。其弟赫连定收集数万余众奔还平凉，称帝大赦，改元胜光。元嘉八年（431年），赫连定引秦地10余万口西迁，想夺取河西之地以立足，却被吐谷浑部所擒。至此。夏国彻底败灭。夏国自义熙三年（407年）赫连勃勃称大夏天王建国，至元嘉八年（431年）赫连定为吐谷浑所擒，前后共25年。

赫连勃勃建立的大夏国灭亡后，中国历史上赫赫有名的匈奴民族也终于融入到其他民族当中，主要融入到汉族中去了。但赫连勃勃在银川境内还是留下了一些传说和古迹。除了相传他曾重修的海宝塔之外，据说吴忠市的前身——薄骨律城，以及银川市的前身——饮汗城，以及固原市原州区都与赫连勃勃有关。宁夏北部的银川平原黄河两岸，也是夏国重要的军事防御带，所以赫连勃勃不仅将黄河东岸的原灵洲县建成军事要塞，还把它作为游览的"果园城"和繁育军马的场所。他有一匹心爱的白嘴唇骏马就放养在这座果园城内，因为夏军称皇帝的这匹战马为"白口骠"，所以当地人就以"白口骠"来代指马所在的果园城，再后来就讹传为"薄骨律城"了。另外，在黄河西岸，由于贺兰山东麓是一片湖光山色的美丽景色，赫连勃勃就把近河的一处叫"饮汗城"的地方改名"丽子园"，在此修建行宫。这座饮汗城兼丽子园，到北魏、北周时被改建为怀远县和怀远郡，这就是银川市旧城区的前身。关于赫连勃勃和银川市前身吕城（饮汗城）的关系，据《元和郡县图志》卷四记载："怀远县……本名饮汗城，赫连勃勃以此为丽子园。后魏立为怀远县。其城仪凤二年为河水泛损，三年于故城西更筑新城。"所以银川市与赫连勃勃的行宫、丽子园有着直接的渊源关系。

赫连勃勃四处征战，攻城掠地，一生戎马生涯，但他又很会及时行乐，歌颂其都城统万城的《京都赋》（《统万城铭》），不但指出该城地理条件优越，所谓"近详山川究形胜之地……背名山而面洪流，左河津而右重塞"，还充分反映了其宫殿居室之富丽奢华。对于统万城北的名山契吴山，赫连勃勃也是极为欣赏的，《十六国春秋》记载，赫连勃勃"北游契吴，升高而叹曰：'美哉斯阜，临广泽而带清流，吾行地多矣，未有若斯之美。'"《元和郡县图志》亦有类似记述。赫连勃勃有了这么一座壮丽都城，还要另在宁夏平原上建一"丽子园"，可以想见饮汗城在周围环境之秀美、附近物产之富饶以及对外交通方便上一定有其独到之处,甚至超过了统万城。而饮汗城址所在之地,的确具备了这样的条件。这里面临滔滔黄河,四季景色变幻无穷,春日风波浩浩,浪花喷薄;炎夏雨落洲汀,棹影微茫;晴秋芦花飞白,水天一色;寒冬玉带冰封,红妆素裹。加以花草林木之幽,台榭飞阁之胜,大概在赫连夏的国境内,风景之优美是别的地方所无法比拟的。

  魏晋十六国时期,在黄河西岸,由于贺兰山东麓大地平衍,到处呈现一派湖光山色的美景,大夏王赫连勃勃占据这里后,非常喜欢这块土地,就把原近河的一座名叫饮汗城的地方改名为"丽子园",在此修建行宫,并逐渐把这座小城改为皇家园林,纳妃储秀,供其享乐。饮汗城的前身是西汉时期在今银川市兴庆区掌政镇修建的北典农城。元狩四年(前119年),卫青、霍去病大败匈奴于漠北。为了移民实边,汉武帝下令从关东征调70多万贫苦农民移居河套地区,宁夏是这次移民安置的主要地区。这种大规模的移民活动一直持续到西汉末年,大批携带先进农具的熟练农民被安置在此,有力促进了当地农业经济的发展,移民成为当时银川平原的主要居民。元鼎五年(前112年),在今银川市兴庆区掌政镇洼路村一带出现了一座新城,史称"北典农城",这就是后

海宝塔雄姿

银川平原风情

来赫连勃勃据之创建的"饮汗城"。第一座典农城位于今宁夏青铜峡邵岗一带，史称"胡地城"。由于兴庆区掌政镇的这座典农城位于"胡地城"的北边，所以习称"北典农城"，"胡地城"则称"南典农城"。在政府的大力扶持与帮助下，北典农城的移民很快安顿下来，全身心地投入到热火朝天的农业生产中。中原移民的大量迁入为宁夏北部带来了新的生产方式。新农具、新技术的普遍使用和银川平原便利的引黄灌溉条件使引黄灌渠的大量开挖成为十分普遍的事情。移民利用黄河在银川平原流速缓慢、流量稳定的有利条件开挖了多条灌溉渠道，引来黄河水浇灌新开垦的千里沃土。当时开挖的流经银川地区的重要渠道——汉延渠，至今仍在银川平原汩汩流淌，默默灌溉着万顷良田沃壤。

地临黄河、风景秀丽、位置优越等特点使饮汗城既可以作为大夏国驻兵御敌、屯粮实边的重要障城，又可以成为皇家游玩娱乐、纵情美景的离宫别苑。赫连勃勃十分喜爱饮汗城，下令在城中兴建了不少宫殿园林、亭台楼榭，并为其取了一个诗情画意的新名字——丽子园。于是，这座当初只是为了接纳内地移民的边塞小城一跃成为黄河边上一座美丽的新兴城市。这座饮汗城兼丽子园,到北魏、北周时期改建成为怀远县和怀远郡。唐仪凤二年(677年),城池被洪水冲毁。次年,在其西面重新选址建筑一座怀远新县城,就是今天银川市老城的前身。所以银川市与大夏皇帝的行宫、丽子园是有着直接的渊源和承传关系的。

历经千年的风雨沧桑,当年的丽子园早已湮没在滚滚历史尘埃之中。在漫长的城市发展过程中,银川古城几毁几建,搬迁不断,当年的旧城早已踪迹全无。然而,赫连勃勃兴造饮汗城(丽子园)的故事依然在民间广为流传。今天的银川人依然喜欢"丽子园"这个美丽的名字,银川市诸多街道社区仍有不少以"丽子园"命名。20世纪80年代,在为城市建设中日渐延伸的原新城区经一路重新命名时,人们将这一历史名词"异地重生",为此路起名——丽子园路。现在的丽子园路,已经成为西夏区一条南北向主要街道,位于银川市西夏区东部。

统万城遗址

贺兰山下果园成
塞北江南旧有名

银川市西夏区地处贺兰山东麓的广袤洪积平原，这里地势较高，视野开阔，平畴千里，草木茂盛，非常适宜人类居住和生活。这片广袤的洪积平原自古以来就是各族人民赖以生存的家园，人们用各种美好的词语来描绘它，赞美它，但最为人们所喜爱的莫过于"塞北江南"，这个美丽的词语自从诞生以来，就成为银川平原的代名词。那么"塞北江南"有什么样的历史典故呢？

"塞北江南"这个概念的提出，最早出自北宋著名地理学家、文学家乐史编纂的《太平寰宇记》，该书在卷三十六中专文记载了灵州的历史地理情况，其文如下："灵州……本杂羌戎之俗。后周宣政二年（应该为宣政元年，即578年）破陈将吴明彻，迁其人于灵州，其江左之人尚礼好学，习俗相化，因谓之塞北江南。"

在魏晋南北朝时，北方政局混乱，政权更迭频繁，很多少数民族建立的政权出现在中国北方大地上。也有很多的少数民族入居灵州地区，此时的灵州（亦称薄骨律镇），范围很广，几乎将贺兰山东麓的宁夏平原包含在内，包括西夏区在内都属于灵州管辖。魏晋南

北朝,是中国历史上分裂时间最长、社会动荡冲突最剧烈的历史时期。铁与血的交融和碰撞,撕裂了中国历史原有的进程和轨迹,文明被蛮荒替代,农田变成了牧场。秦汉以来素有繁荣富庶"新秦中"之称的宁夏平原,也成了北方游牧民族南下的重要据点,宁夏平原似乎退回到了所谓的"戎狄"蛮荒阶段。随着北魏统一北方,北魏薄骨律镇将刁雍大兴宁夏水利,重修艾山渠,灌溉着贺兰山东麓的大片沃野,使宁夏的农业经济在短期内获得了一定的恢复和发展。但是好景不长,北魏末年,中国北方再度分裂为东魏和西魏。西魏恭帝三年(556年),宇文泰病死,其子宇文觉废西魏而自立,改国号为周,史称北周。在北周统治的二十余年间,宁夏政局稳定,经济勃兴,为"塞北江南"的最终形

镇北堡拦洪库春景

贺兰山下果园成

塞北江南旧有名

成奠定了基础。

北周初年，周武帝宇文邕灭北齐，完全控制了北方，想统一全国，就派兵向南朝陈进攻。陈高宗派大将吴明彻领兵出征，与北周名将王轨在淮口激战。吴明彻，字通昭，出生于一个世代官宦的士族大家。被陈朝委任为征北大将军，晋爵南平郡公，成为南朝北伐中原、防御北朝进攻的重要大臣。与吴明彻交战的王轨很会用兵，他占领淮口后，在水中竖起木桩，用铁链穿住车轮沉在江底，用来阻挡吴明彻的水军。并在河口两岸筑城防守，最终大败吴明彻，吴部3万余人及辎重全部被王轨俘获。吴明彻本人亦未能幸免。北周俘获吴明彻后，对他非常尊重，以礼相待，封他为怀德郡公，位至大将军。但吴明彻认为自己丧师辱国，没

有完成使命，非常忧愤，加上背疾发作，不久就病逝于长安，时年67岁。

吴明彻死了，他统率的军队如何安置呢？北周武帝宇文邕觉得这批士兵都来自江浙一带，熟悉农业操作方法，如果能安置到一处有水渠灌溉，又离江淮前线较远的地方，化兵为民，屯田耕种，一定可以收到良好的效果。于是北周朝廷便把这批士兵及家属安置到贺兰山东麓的银川平原，这里人口稀少，耕地较多，河渠灌溉方便，适宜屯垦戍边。因为陈国的都城在建康，也就是今天的南京，其国土疆域在长江下游的江苏、浙江和闽赣东部地区。吴明彻本人也是南方人，所以吴明彻统领的军队，当然是以长江下游的江浙籍人为主。这批士兵及家属来到贺兰山东麓的宁夏平原后，丝毫没有陌生的感觉，因为这里湖泊密布，河渠众多，土地肥沃，和他们的家乡简直一模一样。这些士兵们

贺兰山东麓葡萄园

从此安心在银川平原扎根，把这里当作他们的第二故乡。由于江浙一带文化十分发达，比本地少数民族文化水平高出很多。他们把南方的风俗习惯、农业耕作方法、先进的生产工具、高产的作物种子都带到了这里，宁夏原来的戎狄野蛮之俗没有了，代之而来的是琅琅的读书声。人们开始崇尚礼义，喜好读书，农业生产水平也突飞猛进。从江南来的人们到这里，如果不提是到了宁夏，一定会以为是到了江南水乡呢。这就是"塞北江南"典故的由来。

早在北周打败陈将吴明彻后，将其军队安置于灵州前，北周还于建德三年（574年）在灵州管辖的黄河西岸恢复了北魏时设立的怀远县，也从内地迁来两万多户安置在河西灌区进行农业开发。后因人口急剧增加，经济迅速发展，又在怀远县之上增设了怀远郡，以便加强对河西地区的管理。怀远县就是

贺兰山下果园成
塞北江南旧有名

现今银川市的前身。南方人的大量入居,不仅使塞上银川的风俗、文化等为之一新,农业发展也有很大进步,出现了精耕细作的农田和大片果园,使银川处处山清水秀,瓜果飘香,呈现出一派江南水乡的自然景观。这样"塞北江南"才从风俗、文化概念渐渐演变为包含有地理和经济文化内容的双重含义的词语。黄河两岸地区这种变化在民间也早有了反映,而从文人的著作中也能查阅到一些原始文献。如宋朝曾公亮编纂的军事地理书《武经总要》中就有记载。该书前集卷十八下之《灵州·怀远镇》中记载:"怀远镇,本河外,县城西至贺兰山六十里……有水田、果园。本赫连勃勃果园置。堰分河水溉田,号为塞北江南即此。"曾公亮的《武经总要》和乐史的《太平寰宇记》,在对"塞北江南"的解释方面有所不同。乐史对"塞北江南"的解释只限于风俗、文化的人文范围内,而曾公亮对"塞北江南"的解释则扩大到了引黄灌区的自然景观。乐史所指的"塞北江南",局限于灵州及黄河东岸地方,而曾公亮则把"塞北江南"的地域范围从河东灌区扩大到了黄河西岸的河西灌区的怀远县(今银川市),甚至更广泛的地方,当然也就包括西夏区在内。

贺兰山东麓生产的葡萄

贺兰山蘑菇

根据乐史《太平寰宇记》记载，由于南人迁居于灵州，给灵州的经济社会带来了巨大的变化，而这种变化不能机械地理解为仅仅发生在灵州的衙署所在地——灵州城一带。当时灵州是地方的第一级政权，州下还管辖着许多的郡、县、镇和军城。灵州所管辖的范围，既包括黄河东岸的郡县，也包括黄河西岸的郡县，如河西的怀远郡、怀远县、宏静镇和汉城、胡城、吕城等均是灵州的辖地。从这个意义上来讲，《太平寰宇记》中所记的灵州人"尚礼好学""习俗相化"，当然也适用于灵州全境，也就是包括现今属于河西地区的银川市西夏区。这样看来，南北朝间，人们用"塞北江南"来形容和夸赞宁夏，理应既包含文化的内涵，同时也包含着自然风光、地理和经济方面的内涵。其所指地望，当然既要包括河东灌区，也应包括河西灌区，即泛指整个宁夏平原。后来因为使用更加广泛，渐渐又在约定俗成的强大影响下，"塞北江南"最终成为全宁夏的代称。

到了隋唐时期，古代封建经济和文化达到了鼎盛，宁夏地区的经济发展也达到了历史的新高峰。在这种局面下，大量赞美宁夏平原优美风光的诗作诞生，成为千古名句，其中称赞宁夏为"塞北江南"最有名的当数韦蟾所作《送卢藩尚书之灵武》，被收录于《全唐诗》中，诗曰：

贺兰山下果园成，塞北江南旧有名。
水木万家朱户暗，弓刀千骑铁衣鸣。
心源落落堪为将，胆气堂堂合用兵。
却使六蕃诸子弟，马前不信是书生。

这首诗的作者韦蟾，是晚唐诗人，生卒年代不详，字隐珪，陕西下杜（今陕西省西安市东南）人。唐大中七年进士及第，咸通年间历任翰林学士、中书舍人、刑部侍郎。《送卢藩尚书之灵武》是韦蟾送别友人卢藩尚书去灵州赴任所写的。全诗写出了唐代银川平原的景象：贺兰山下的果园中之所以硕果累累，是因为这里早就是闻名于世的塞北江南了。在这片如江南水乡般优美的银川平原上，千家万户掩映在林木繁荫之中。在交通大道上，行进着整齐的骑兵队伍。诗人在这里笔锋一转，接着写地处边塞的宁夏英雄男儿：落落大度有为将之才，胆气堂堂有退敌之策；虽说都是"六蕃子弟"，但一上战场，个个英勇善战。韦蟾的这首诗，应该作于唐大中年间，此时唐军在与吐蕃的战争中取得了阶段性的胜利。诗中的"六蕃诸子弟"都是指朔方军中"六胡州"各少数民族的后裔。从这首诗中，我们可以鲜明地感受到唐朝时期银川平原经济发展的巨大成就，宁夏早在唐代以前就已经有了"塞北江南"的美名。

唐代以后，到了明清时期，也有很多诗人写了赞美宁夏为"塞北江南"的诗句，如明代宁夏河东道孟迳曾作《宁夏》律诗一首，诗文最后两句是："圣君贤相调元日，塞北江南文教通。"甚至迟至清朝，人们仍习用"塞北江南"的提法。清初宁夏官员刘芳猷在《朔方》诗中有"塞北江南名旧得"句；清中期，地方文人王三杰《连湖渔歌》诗中也有"那知塞北江南地，总是芦花明月天"句。可见"塞北江南"的称谓早已深入人心。

银川平原不仅是"塞北江南"，更是瓜果之乡，从唐韦蟾名句"贺兰山下果园成"可以看出，早在唐代，贺兰山下的银川市西夏区一带就是瓜果飘香的人间乐园。古代的劳动人民在这里种植了很多优良的瓜果品种。从流传至今的明清旧方志中，我们也能看到银川平原自古就是瓜果之乡的明确记载。如明中期编纂的《弘治宁夏新志》就记载，宁夏镇城（今银川市）境内有很多果树，

| 贺兰山倒影

其中果类有"杏、桃、李、梨、花红、白沙、桑葚子、菱、林檎、藕、核桃、葡萄、枣、柰、楸子、慈姑、地梨、芋、山药、樱桃、木瓜、沙枣"。可见银川境内的果树种类繁多。清代乾隆年间从江南来到银川,任知府赵本植家庭私塾的浙江人汪绎辰编纂了一本《银川小志》,其中也对银川的水果大加赞赏。《银川小志》中记载的银川地区的水果有:杏、桃、梨、菱、林檎、藕、柰、葡萄、樱桃、楸子、胡桃、花红、白沙、沙枣、桑葚、酸枣、慈姑、枣。其中"杏、桃,有极大者,味极美";"梨,皮薄多汁,香甜色佳,南方所无有。所谓长柄梨,状如木瓜,味更鲜爽";葡萄有"绿色、紫色两种,大如白枣,皮薄多汁,肉如橘瓤,少核,可撕去皮食,味极甜爽鲜美,南方所无有者。毯旁或生细蔓,上结小葡萄如豆大,味美更佳绝";花红,"又名沙果,大如橘,淡红色,味极松甜,多浆";枣"极大,朱红色,味极松甜"。可见银川一带的瓜果品种繁多,品质十分优良。

长车踏破贺兰缺
武穆诗篇烁古今

在河南省汤阴县岳飞纪念馆里，竖立着一块明代《满江红》词碑，石刻完整，大字正书，笔法疏朗遒劲，碑文如下：

怒发冲冠，凭栏处，潇潇雨歇。抬望眼，仰天长啸，壮怀激烈。三十功名尘与土，八千里路云和月。莫等闲，白了少年头，空悲切。

靖康耻，犹未雪。臣子恨，何时灭。驾长车，踏破贺兰山缺。壮志饥餐胡虏肉，笑谈渴饮匈奴血。待从头，收拾旧山河，朝天阙。

右满江红词乃

宋少保岳鄂武穆王作

贺兰山

天顺二年春二月吉日　　　庠生王熙书

此碑文所书之岳飞著名诗词《满江红》与传世之作略有差异,如此词尾句作"朝金阙",后世传作"朝天阙"。南宋抗金名将岳飞(1103—1142年),戎马一生,战功显赫,深受人民的爱戴。《满江红》则是他毕生英雄行为的真实写照,词作慷慨激昂,可谓古典辞章中的上乘之作,千百年来广为流传。篇中"驾长车,踏破贺兰山缺"的贺兰山缺,就是指位于宁夏平原西部的贺兰山,而西夏区就位于贺兰山中段东麓。

但是,近年来,"驾长车,踏破贺兰山缺"一句,引起了文史学界的激烈争论。争论者主要围绕两大问题展开,一是认为《满江红》不是岳飞所作,而是明代人所作。二是贺兰山不是指宁夏境内的贺兰山,而是在别的地方。众多学者围绕这两大问题,互相争论,各有证据。

否定《满江红》的作者是岳飞本人的学者以当代词学大师夏承焘先生为代表,他于20世纪60年代著文说,唐宋人没有以贺兰山泛指边关的习惯,岳飞词中的贺兰山是实指无疑。宁夏、内蒙古交界处的贺兰山,南宋时为西夏属地,岳飞的目标是直捣金国的老巢黄龙府(今吉林省境内),他决不会糊涂地连战略大方向都搞错了。所以这首《满江红》不是出自岳飞之手,而系明将王越所作。在明代,北方蒙古鞑靼部曾多次取道贺兰山入侵明朝腹地。明弘治十一年(1498年),明将王越在贺兰山抗击鞑靼,打了个大胜仗。"踏破贺兰山缺"就是当时的抗敌口号。王越大胜后,便假岳飞之名,写下了这首雄伟激昂的《满江红》以自况。香港学者徐著新先生也于1980年在《明报月刊》上刊文指出:明朝弘治年间,鞑靼部屡次入侵,骚扰西北地区,他们多数取道贺兰山一带,颇多杀掠。时弘治十一年(1498年),名将王越率兵迎敌。《明史·王越传》说他"以寇巢穴贺兰山后,数扰边,乃分二路进剿",结果得胜。王越虽是武将,却能诗文,有《王襄敏集》。就算该词不是王越本人所作,也极有可能是其幕府中人所代笔,借岳武穆之名,以鼓舞军中士气焉。继夏、徐二先生之后,一些学者也纷纷刊文附和,在肯定《满江红》词中"贺兰山"实指宁夏、内蒙古交界之贺兰山的同时,也认为此词非岳飞所作,是后世托名岳飞的赝品,而且认为赝作之年当在明弘治十一年(1498年)前后,赝作之人当是明大将王越或其幕僚。

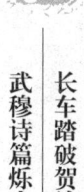

但是，这一论断有着明显的问题。

首先是岳飞《满江红》的写作时间。夏承焘、徐著新等先生借以推论《满江红》为明人拟作的时间考证错了。夏承焘先生认为："这首《满江红》词最早见于明代嘉靖十五年丙申（1536年）徐阶所编的《岳武穆遗文》，是据弘治年间浙江提学副使赵宽所书岳坟词碑收入的。"徐著新先生也考证说："在此碑（指赵宽书碑）的碑阴，同时刻有赵宽的一篇后记，里面写明'弘治十五年壬戌夏五月'，这应该是此词流传于世的最早日期。"但据后来最新文物资料证明，此词"最早"上石的时间不是明弘治十五年（1502年）夏五月，而是明天顺二年（1458年）春二月。地点不是刻于杭州岳坟，而是在汤阴岳庙。最早书碑者不是浙江提学副使赵宽，而是汤阴庠生王熙。王熙书写的词碑现仍完好地保存在汤阴岳庙中。

河南汤阴岳飞纪念馆中保存的明代《满江红》词碑表明，由汤阴庠生王熙书写的这块碑刻立年份为明天顺二年春二月。该碑长方形，高140厘米，宽49厘米。碑额呈弧形，中高29

厘米。天顺是明英宗复辟后使用的年号，天顺二年是1458年。这要比明大将王越于弘治十一年（1498年）率军出贺兰山，"斩敌首四十三级，获马驼百余，加少保兼太子太傅"的所谓"贺兰山大捷"早了整整40年。在时间上就说不通。在实物上证明了《满江红》并非王越所作，也非其幕僚代笔。王越，字世昌，河南浚县人。据《明史·王越传》载：景泰二年（1451年）廷试进士，授御史，出按陕西。历景泰、天顺、成化、弘治四朝。河南汤阴岳庙碑石上还刻有他在弘治年间受谗被罢官期间拜谒汤阴岳庙的《谒岳王祠》杂言诗一首，后署"赐进士出身、前光禄大夫、上柱国、太子太保、威宁伯、都察院左都御史黎阳王越题"。

| 贺兰山下的民居

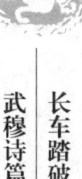

其诗云：

　　自分林泉人，此腰久不折。今谒岳王祠，下拜非谄悦。一拜孝义之堂堂；再拜精忠之烈烈；三拜文武之全才；四拜古今之豪杰。谓金虏之仇必可复，中原之耻必可雪。朱仙镇已逼东京，十二金牌和议决。乏粮不进莫须有，国体已无公道绝。吁哉五国海天遥，二帝游魂向谁说？我有一管笔，利似龙泉铁。可以刳桧之心，截桧之舌，斫桧之头，刺桧之血。万俟卨附势欺君，固当粉其骨；张俊之妒贤嫉能，亦安能逃其责？我诗虽非温厚辞，不平之气聊以泻。风清月白酒酣时,击碎唾壶歌一阕。食君之禄而不流涕者,是无为臣之节。后来文山似武穆,临敌制胜之机,识时务者,自能品其优劣。桧之大奸直流至贾似道,万里崖山宋家灭。

这块诗碑与王熙所书的《满江红》词碑,均嵌在岳庙东壁之上,两碑仅一丈之隔。罢官闲居的王越,在拜谒岳庙时肯定会看到王熙所书的《满江红》词碑,又怎么可能会再去模仿一首一模一样的词作呢?显然与他的身份和地位不相符。

宋朝石雕人头

其次是《满江红》一词的意境与明代的历史背景和环境完全不符。"靖康耻,犹未雪;臣子恨,何时灭?"中的"靖康耻"和"臣子恨"是指宋代的历史事件,明代何曾有之?如果说是指正统十四年(1449年)的"土木事变"中英宗被瓦剌俘虏,王越"贺兰山大捷"于弘治十一年(1498年),距此已有49年之久,何况英宗次年即被释回,景泰八年(1457年)复位,此时已故去34年,又怎么可能说是国恨家仇"犹未雪"?"待从头,收拾旧山河,朝天阙"一句也无法和明朝的实际情况相联系。鞑靼寇边只是边境冲突,没有占据明朝腹心地带,整个中原和河朔地区均在明的统辖之内,根本谈不上山河破碎,所以"收拾旧山河"一句在明代也完全说不通。

最后,《满江红》确为宋代岳飞所写还有其他历史实物可证。明代中叶,西北边防日趋紧张,岳飞抗金事迹越来越受到朝廷重视,亟待表彰岳飞忠义爱国之正气,以鼓舞边疆将士奋勇杀敌。明正统十四年,代宗朱祁钰即位,派遣翰林侍讲学士徐有贞至汤阴奠岳飞父祖。第二年也就是景泰元年,徐有贞还朝,上疏请建岳祠,由汤阴县教谕袁纯负责筹措。精忠庙建成后,袁纯就着手收辑有关岳飞及岳庙祀事,同时征辑岳飞的诗文,类编成书,题名为《精忠录》。岳飞的《满江红》词即载其中。此书付梓约在景泰六年(1455年),比王熙书碑还早三年。但袁纯并没有注明收入此词的出处。但是,袁纯典教于汤阴,而王熙为县学庠生,则《精忠录》所收与词碑所书之《满江红》所据当同出于一处。蒙古灭南宋之时,将中原及江南文物收罗不少,破临安时,把南宋史馆秘省图书典籍及宫中图籍文字席卷北去。王熙之高祖王公辅曾任国子监司业,是略低于国子监祭酒的重要职官,可看到前代的图书典籍,可能接触到有关岳飞奏疏手迹的文献资料。但是,直至元末,这些资料是不能公之于世的。所以《满江红》词只能暗中流传。袁纯辑《精忠录》时,曾广采汤阴诸仕家,其来源应该是真实无疑的。那么由此可推断出《满江红》词确系岳飞之遗作。另外,20世纪70年代末,李庄林、王永国二位先生在《南开学报》上发文道:浙江省江山市收集到了《须江郎祝氏族谱》,其中有岳飞在绍兴三年(1133年)赠祝允哲的《满江红》及祝允哲的和词。这首岳飞的《与祝允哲述怀调寄〈满江红〉》:"怒发冲冠,想当日,身亲行列。实能是,南征北战,军声激烈。百里山河归掌握,一

贺兰山

统士卒捣巢穴。莫等闲,白了少年头,励臣节。靖康耻,犹未雪;臣子恨,何时灭?驾长车,踏破金城门阙。本欲饥餐胡虏肉,常怀渴饮匈奴血。偕君行,依旧尊家邦,解郁结。"词中是"金城门阙",而不是"贺兰山缺"。但祝允哲的和词中用了"贺兰山"代指北方少数民族居住地。现在流行的《满江红》词是修改过的,或是岳飞本人或是他人修改的。修改时依据祝允哲的和词,将"金城门阙"改为"贺兰山缺"是很有可能的。

所以,从以上分析可知,宁夏、内蒙古边境的贺兰山,自唐代以来就屡见名人诗作,可谓大名鼎鼎,虽与宋金战争毫不相关,但贺兰山作为华戎交界的象征,与岳飞《满江红》一词所表达的直捣敌巢的意境毫不冲突。正是在这种意境下,岳飞壮怀激烈,谱成了这首震撼千古的英雄辞章,借以抒发自己的伟大抱负。这首光耀日月的辞章绝不可能是与岳飞相隔三百多年的王越等人写出的作品,即便是与岳飞同时代的任何人也没有这样的胸襟和气魄,也没有这样的战斗经历和精忠报国的胸怀,能够产生这样不朽的作品。所以《满江红》的作者只能是岳飞,而不可能是王越等人。

中国是个泱泱大国,山脉之多不胜枚举,其中同名异地者屡见不鲜。古今中外,以贺兰山命名的山脉,在我国境内有3座,分别是坐落于宁夏、内蒙古交界的贺兰山,坐落于河北磁县境内的贺兰山,以及江西赣州附近的贺兰山。国内外绝大多数学者都一致肯定岳飞《满江红》中的"贺兰山"是宁夏、内蒙古交界的贺兰山。但近年来一些学者也发表了若干文章,试图证明岳飞所指的贺兰山不是宁夏、内蒙古交界的山,而是在河北的磁县等地。

河北省磁县境内的贺兰山为太行山余脉,它位于磁县城西北30华里,东西走向,西起境内的新坡村,东至境内的车骑关,长亘20华里,宽1~5华里,南接平原,山势平缓,北临贺兰河(又名牤牛河),稍显高峻,但与我国大山相比,只不过是一连绵起伏的高大丘陵而已。《古今图书集成》《畿辅通志》《广平府志》《磁州志》《增修磁县县志》均载有此山。清康熙四十二年(1703年)蒋擢等纂修的《磁州志》说:"贺兰山在州西北30里,山非高峻,而蜿蜒起伏,长亘20里。宋贺兰真人隐居于此,因又得名。"民国30年(1941年)黄希文等纂修的《增修磁县县志》山川章中又复引用了上述文字。州志还在州境图中标出了它的位置。州志和县志并在磁州(县)八大名景中绘制了"贺兰积雪"的图景。

贺兰石雕《牧归》

磁县贺兰山以其地处州治西北,原名西山。之所以易名贺兰山,州志说"宋贺兰真人隐居于此,因以得名"。实际上,山阴的牝牛河,也因此被易名为贺兰河。同时,还将河北岸的两个村庄命名为东贺兰村和西贺兰村。贺兰真人(按:《宋史》《济源县志》《嵩山志》称"贺兰栖真")的身世,据史料记载:"贺兰栖真,宋时人,不知其所自来,自言百岁。善服气,不惮寒暑,往往不食;或时纵酒,游市廛间,能啖肉至数斤。始居嵩山紫虚观,继居磁州西山,后徙济源奉仙观。"宋真宗闻其道术,于景德二年(1005年)诏其入京,向其请教长生之术。

也有的学者研究指出,岳飞词中的贺兰山并不是指宁夏、内蒙古交界的贺兰山,而是指江西赣州附近的文壁山,不是实指,而是典故。乾隆二十一年刊本《赣县志》云:"郁孤台在县之西北隅,旧名文壁山,一名贺兰山";康熙五十九年刻本之《西江志》亦云:"贺兰山在府治西北隅,旧名文壁山,即郁孤台是也。唐李勉做赣州刺史时登台北望,慨然曰:'吾虽不及子牟,心悬魏阙一也!'因以望阙名台而北向",这就是传说中唐德宗时赣州刺史李勉登台北望长安,怀念京都的故事。岳飞词善用典故,"驾长车,踏破贺兰山缺"实际上是用了李勉登台北望故都而思之的典故。岳飞面对沦陷的半壁河山,决心要拯救它,而不是像李勉那样只能北望,岳飞要用气吞万里的气概,率千军万马,踏破贺兰山缺。

一些学者认为岳飞《满江红》中所指的"贺兰山"在磁县等地的观点,其实只是一家之言,主观臆测的成分过多,经不起仔细推敲。首先,宁夏、内蒙古交界之贺兰山,其名称早在隋唐时期就已出现在国家正史中,且其作为中原王

朝君臣心目中之华戎交界,早已名满天下,无人不知。其名称屡屡出现在唐诗宋词之中。先看唐代,王维在《老将行》中就已提到贺兰山:"贺兰山下阵如云,羽檄交驰日夕闻。"卢汝弼在《和李秀才边庭四时怨》中说:"半夜火来知有敌,一时齐保贺兰山。"韦蟾在《送卢藩尚书之灵武》中说:"贺兰山下果园成,塞北江南旧有名。"等等,皆为传诵千古之名句,熟读兵书诗经,文武全才的岳飞对此岂能不知?怎么会出现用错地名的错误呢?其次,磁县、赣州之贺兰山,只是名不见经传的小山丘而已,其人气和历史价值均远逊于宁夏、内蒙古交界之贺兰山。磁县贺兰山得名,只是和宋代一个狂诞虚妄的道士有关。如果其地之贺兰山真的和岳飞能扯上关系,为什么数百年来的当地旧方志对此毫无只言片语记载?岳飞的声誉和地位显然比贺兰真人要大得多。而根据清康熙《磁州志》记载的明清时期咏"贺兰积雪"的诗篇中,只有一些贺兰真人寻仙问道的诗句,岳飞之《满江红》竟只字未提。再次,当地旧志也明确记载岳飞《满江红》之贺兰山在宁夏境内。清康熙四十二年(1703年)蒋擢等人纂修的《磁州志》明确记载:"贺兰山,在州西北三十里,山非高峻,而蜿蜒起伏,长亘二十里。宋贺兰真人隐居于此,因以得名。唐诗云'一时齐保贺兰山'乃朔方之贺兰,即岳武穆题踏破贺兰山缺者,非此贺兰也。"从此段话可以看出,清代磁县旧志已经

贺兰山苏峪口风景区

明确指出,岳飞《满江红》之贺兰山不在磁县,此贺兰非彼贺兰也。而推论岳飞所言之贺兰山在江西赣州,更是只有唐李勉登郁孤台一个典故的孤证,难以服人,更是支持者寥寥。

综上所述,岳武穆《满江红》之"贺兰山"只可能是宁夏、内蒙古交界之贺兰山。其理由如下:

"踏破贺兰山缺"是虚指,是借喻,这是诗词等文学创作中常见的表现手法。岳飞在《满江红》词中"踏破贺兰山缺",是什么用意呢?联系全词,可以看出,岳飞这句词最正确、最贴切的解释就是"远入荒夷,洗荡巢穴"。这是岳飞《五岳祠盟记》里的两句话。岳飞"踏破贺兰山缺"其实是"远入荒夷,洗荡巢穴"的同义语。岳飞在这里借贺兰山喻燕山,借西夏喻金国,所以,把"踏破贺兰山缺"解释为直捣金国巢穴黄龙府,用文学和艺术的角度来看,是完全可以的。《满江红》只是一首词,是文学艺术作品,不是科学记载,也不是地理教材,更不是死板教条的八股文,当然允许想象、夸张和虚构。如果用科学家、历史

学家、地理学家的眼光来看"踏破贺兰山缺"这句词,都会觉得情理不通。因为贺兰山如此巍峨,怎么可能用战士的双脚(哪怕有千万只)来踏破呢?人类的微薄力量显然是无法做到这一点的。但是用文学家和艺术家的眼光来看这句词,则显得极为豪迈,极有胆量气魄,是极形象的传神之笔。"踏破"是夸张的艺术手法,意思是"洗荡""尽屠"之意。贺兰山在《满江红》中,已经不是西北边陲的重要山脉,而成为岳飞想象中的凶悍残暴的敌国形象,是抵御外敌入侵的坚实防线。所以"踏破贺兰山缺"用现代语言来说,就是"彻底消灭外来侵略者"。

中国文学史上,借喻、虚指等文学修辞手法比比皆是,特别是在诗词创作中,更是不乏其例。如:白居易《长恨歌》:"峨眉山下少人行,旌旗无光日色薄。"《长恨歌》是写唐明皇和杨贵妃爱情故事的艺术作品。但唐明皇入蜀走的是剑门关,和峨眉山一点关系也没有,也不可能用峨眉山绕道入蜀。所以,白居易在这里只是用蜀中名山峨眉山,来借喻唐明皇入蜀路途之艰难。

陆游《秋思》:"壮心自笑何时豁,梦绕祁连古战场。"《和高子长参议道中二绝》:"莫作世间儿女态,明年万里驻安西。"《十一月四日风雨大作》:"僵卧孤村不自哀,尚思为国戍轮台。"陆游这些诗中的"祁连""安西""轮台"均在西北,属于南宋时期的西夏等部(在今甘肃、新疆等地),并不属于金国的辖区,对此,陆游等人怎么可能不清楚?无非是用这些西北地名来借喻被金人占据的大好河山罢了,读诗的人根本就不会觉得别扭,更不会因这些诗词写得貌似无地理概念,"方向乖背",而否认它们是陆游的作品。为什么会独独因岳飞词中的"踏破贺兰山缺"一句,就认为岳飞没有地理学常识呢?显然是说不通的。再比如,和岳飞同时代的辛弃疾,也是我国著名的诗词名家。他的词同样大量使用西北的地名来借喻敌国,或宋朝失地。如,《满江红》:"袖里珍奇光五色,他年要补天西北。"《水调歌头》:"要挽银河仙浪,西北洗胡沙。"《丙寅岁山间竞传诸将有下棘寺者》:"谁使匈奴来塞上,却从廷尉望山头。"辛弃疾通兵法,懂地理,当然明白建立金国的女真族祖居东北,他不可能到"西北"去消灭女真族的军队,去收复被金人占据的北方大好河山。女真人也和匈奴人不是同一民族,怎么可能互相混淆呢?其实,在南宋人的诗词作品中,常用匈奴、胡虏、丑虏、夷狄、逆胡、虏骑来比喻金人侵略者,而胡、匈奴、狄恰恰是西北方的少数民族,他们游牧于祁连山、焉支山、阴山、贺兰山一带。岳飞要"踏破贺兰

贺兰山三关口长城

山缺"去"餐胡虏肉""喝匈奴血"不是什么"南辕北辙"之误,恰恰是非常符合中国古代历史实际情况的。汉代,大将卫青、霍去病与匈奴人作战的主要战场正是在西北一带。因此,南宋词人的代表人物陆游、辛弃疾等以轮台、安西、祁连等西北入诗词,实在是再正常不过了。所以,在阅读岳飞名作《满江红》时,不能过分拘泥于地理名词,而应该站在诗词文学的角度去理解作者当时的心境,给诗人运用象征、夸张、比喻等艺术手法的权力,去创造动人的艺术形象和优美的诗歌意境,而不是一味地苛求和挑刺。

贺兰山在唐宋诗词中早已闻名遐迩,并非始见于岳飞的《满江红》,在唐宋时期贺兰山就已成为中原王朝抵御外来侵略的边陲重地的代名词。唐代著名诗人王维的《老将行》中就有这样的诗句:

少年十五二十时,步行夺得胡马骑。
……
一身转战三千里,一剑曾当百万师。
汉兵奋迅如霹雳,虏骑崩腾畏蒺藜。
卫青不败由天幸,李广无功缘数奇。

……
贺兰山下阵如云,羽檄交驰日夕闻。
节使三河募年少,诏书五道出将军。
试拂铁衣如雪色,聊持宝剑动星文。
愿得燕弓射天将,耻令越甲鸣吾君。
莫嫌归日云中守,犹堪一战取功勋。

这首诗,首先值得人们注意的是"贺兰山下阵如云,羽檄交驰日夕闻"两句。《唐诗选》说,"阵如云"意指军队屯驻很密集。羽檄是调兵遣将的紧急公文。贺兰山在汉代是匈奴军队密集驻扎的地方,也是汉军与匈奴军队战斗最激烈的地方。岳飞在《满江红》中引用了王维《老将行》中关于"贺兰山"的典故,要"驾长车,踏破贺兰山缺",也无非是以"贺兰山"来借喻敌军密集盘踞的地方。其次,王维《老将行》中塑造的老将形象、经历、遭遇和立功报国的昂扬斗志与岳飞不谋而合。"老将"二十夺胡骑,岳飞二十从军,屡立奇功;"老将""一身转战三千里",岳飞"八千里路云和月";老将"一剑曾当百万师",岳飞"建康之役,一鼓败虏";老将因为壮志难酬,白首犹未悔,岳飞由此警惕自己,"莫等闲,白了少年头";老将在"贺兰山下阵如云,羽檄交驰日夕闻"时,立志"一战取功勋",岳飞则要"驾长车,踏破贺兰山缺","收拾旧山河,朝天阙"。通过岳飞的《满江红》与王维的《老将行》的类似对照,《满江红》词受《老将行》的影响十分明显。

岳飞《满江红》一词中的"贺兰山"并非一般的泛指,同时也是用典,是历史典故,有凭有据,史实充分。据宋代洪迈《容斋随笔》记载,在北宋抗击西夏侵扰时期,关中士人姚嗣宗等,"负气倜傥,有纵横才,相与友善。尝薄游塞上,观视山川风俗,有经略西鄙意"。姚嗣宗题诗言志,有"踏破贺兰石,扫清西海尘"句。按此所谓"贺兰石",即贺兰山,是指西夏的根据地。很明显,岳飞词中的"踏破贺兰山缺"与"踏破贺兰石"意思完全相同。因此,岳飞词中的"贺兰山"是运用典故,以宋人引宋事,抒发自己"待从头,收拾旧山河"的壮志豪情。这在文学意义上、历史意义上,都是可以理解的。

弃故土党项归唐
谋自主西夏建国

俄藏西夏唐卡《比丘像》武官供养人

银川市西夏区，以中国历史上著名的西夏王朝的国名来命名。这个曾雄踞西北，与宋、辽、金鼎立的神秘王朝，以及建立西夏王朝的党项人，到底有着怎样的传奇故事呢？

建立西夏王朝的党项羌人，最初生活在青藏高原东部一个叫"析支"的地方。"析支"也叫赐支，从地理位置上看，古"析支"是青藏高原向黄土高原过渡的地区，黄河蜿蜒曲折，在这里形成了一个倒"几"字形，因此，古人又将这一地带称为"河曲"。

黑水城出土的西夏文《夏圣根赞歌》，对党项生活在青藏高原东部黄河河曲一带的历史有生动的描述：

　　黑头石城漠水边,赤面父冢白河上,高弥药国在彼方。儒者身高十尺,良马五副鞍镫,结姻亲而生子。啰都父亲身材不大殊多圣,起初时未肯为小怀大心。美丽蕃女为妻,善良七儿为友。西主图谋攻吐蕃,谋攻吐蕃引兵归,东主亲往与汉敌,亲与汉敌满载还。鬼迎马貌涉渡河水底不险,黄河青父东邑城内峰已藏。强健黑牛坡头角,与香象敌象齿堕,口恶口恶纯犬岔口齿,与虎一战虎爪截。汉天子,日日博弈博则负,夜夜驰逐驰不赢。威德未立疑转深,行为未益,啰都生怨自强脱。我辈之阿婆娘娘本源处,银腹金乳,善种不绝号嵬名。耶则祖,彼岂知,寻牛而出边境上。其时之后,灵通子与龙匹偶何因由后代子孙渐渐兴盛。番细皇,初出生时有二齿,长大后,十种吉祥皆主集。七乘伴导来为帝,呼唤坡地弥药来后是为何?风角圣王神祇军,骑在马上奋力以此开国土。我辈从此人仪马,色从本西善种来,无争斗,无奔投,僻壤之中怀勇心。四方夷部遣贺使,一中圣处求盟约。治田畴,不毁穗,未见民间互盗,天长月久,战争绝迹乐悠悠。

这首带有浓重民谣色彩的颂歌,是一首党项人祖先初起于青藏高原,进而繁衍种族,东征西战,最终脱离中原王朝的控制,凭自己的武力建立西夏国的史诗。

党项人祖先生活的河曲地区地势高旷,西高东低,平均海拔4000余米。属于典型的大陆性高寒气候,冬季漫长,5月草才开始生长,8月霜雪就开始初降。冬季严寒干燥,夏季短促温凉,素有"北方气候南方雨"的说法。河曲地区畜牧资源丰富,盛产牦牛、马、驴、羊,尤其是以盛产著名的河曲良马而闻名于世。这里自古以来是我国少数民族繁衍生息的乐园。尧舜时的三苗,殷商的西羌,秦汉的烧当、发羌、月氏,魏晋的鲜卑、乌桓,隋唐的吐谷浑、吐蕃、党项以及一定数量的汉族,都在这里栖息生活过。

至少在魏晋南北朝时期,党项人就进入了河曲地区,当时,党项的北部是吐谷浑王国,南部是舂桑、迷桑、白兰(又称白狼,中心在今青海省果洛地区的达日)、宕昌(中心在今甘肃省宕昌县)、邓至(中心在今四川省九寨沟)、吐蕃诸族,东部是隋唐王朝。早期党项羌和鲜卑吐谷浑居地相接,并长期依附于吐谷浑,和吐谷浑保持密切的关系。吐谷浑本是东北鲜卑族部落首领,因家族内

讧，率部西迁到今青海地区，兼并当地的羌、氐，建立了"东西四千里，南北二千里"的吐谷浑王国，定都今青海湖西15里的伏俟城。正如著名史学家范文澜在《中国通史》中指出的，"鲜卑人羌化了，因之，吐谷浑实际上是羌族国家"。在吐谷浑大量吸收和融汇羌族的文化与血缘的同时，羌族也大量吸收和融汇鲜卑吐谷浑的文化与血缘。例如，党项人的秃发与鲜卑的秃发如出一辙，党项人的"杀鬼招魂"与吐谷浑的"射鬼箭"习俗完全一致，等等。两个民族之间长期交错杂居与融合，在文化和血缘上，你中有我，我中有你，以致唐、宋人分不清党项拓跋氏究竟是羌族还是鲜卑族。有的认为是羌族，有的认为是鲜卑族，成为千百年来一桩学术公案。党项族最强大的部落是拓跋部，鲜卑族也有一个拓跋部，历史上鲜卑吐谷浑又曾统治过党项人，由此引起党项拓跋部是来源于鲜卑族还是羌族的争议，并自唐代以来形成了截然不同的两种观点。《辽史》《金史》认为出自鲜卑族，《隋书》《旧唐书》《宋史》认为出自羌族。

近年来，在内蒙古乌审旗与陕西榆林地区发现和出土了一批党项拓跋氏的墓志和文物，为解决党项尤其是党项拓跋部族属提供了重要依据。其中，出土于陕西榆林地区的《拓跋守寂墓志》（唐开元二十五年立），内明记拓跋守寂远祖"出自三苗，盖姜姓之别"，即党项拓跋源于羌。到唐末党项拓跋思恭因乱而起，被赐封皇姓，五代时，其后人已耻言其先祖为西北戎狄——羌，因而攀附上"当东晋之末运，创后魏之初基"的鲜卑拓跋氏。到元昊建国之时，称"盖循拓跋之远裔，为帝图皇，又何不可"，来证明其称帝建国之合法性。

党项在与北面鲜卑吐谷浑融合的同时，又融合了南面邓至、宕昌诸族。邓

甘肃省武威市西夏墓出土的木版画

至、宕昌也是羌族分支,风俗习惯与党项大体相同。552年西魏灭掉邓至,在邓至设邓州。564年北周灭掉宕昌,在宕昌设宕州。邓至、宕昌两个羌族小政权灭亡后,一部分族帐依附于党项,逐渐融合到党项里面,成为党项的重要组成部分。所以,史书干脆说宕昌、白兰是党项的不同种类。这一次次融合,一次次吸收,都给党项增添了新鲜血液,党项羌正是在这种民族大融合中发展壮大起来,并逐渐摆脱了吐谷浑的控制。党项兼并融合了南面的宕昌、邓至诸族后,和西藏高原的吐蕃连接起来了,至少在唐太宗贞观年间(626—649年),党项与吐蕃就建立了关系,藏文史书记载,吐蕃赞普松赞干布曾娶弭药王之女为妃子,并为其修建卡札色神殿。文成公主入藏后,以弭药人为工头,在康地建造隆塘准玛寺。弭药则是吐蕃对党项的称呼。

唐朝初年,党项发展更快,形成了细封氏、费听氏、往利氏、颇超氏、野利氏、房当氏、米擒氏、拓跋氏八大部落,其中拓跋氏最强,种姓部落最多,最大的部落达一万多骑。除此之外,新、旧唐书的《党项传》还记载了两个大的党项部落:黑党项和雪山党项。黑党项,在赤水之西,唐贞观九年(635年)李靖率军攻打吐谷浑之际,"浑主伏允奔黑党项,居以空闲之地"。黑党项的居地正是隋炀帝灭吐谷浑之后所设的河源郡(治赤水,今青海省兴海县)一带。李靖北路军大将李大亮等在追击伏允的时候曾到达过这里。自此,黑党项在史籍中曾一度失载,直到辽朝圣宗时,将"鹤刺唐古"(黑党项之意)划归辽西南路招讨司,其又重新出现在历史舞台上。雪山党项,"姓破丑氏,居于雪山之下"。"雪山",即河西的大积石山。因雪山在河曲以西,唐代史籍又称为"河西党项"。雪山党项以及白狗、春桑、白兰诸羌,在吐蕃强盛以后,相继为吐蕃攻破,臣服于吐蕃。

青藏高原上的党项羌以游牧为生,除了少量的贸易外,游牧、狩猎、掠夺是唯一的经济生产方式。这种生产方式、生产关系和生存环境,决定了他们在衣、食、住、行等方面的独特习俗。他们的衣服用牛羊和野兽皮做成,外披牛羊毛擀成的披毡。这种披毡不但能防风、挡雨、遮晒,还能铺能盖,是游牧民族的必备用品。饮食上,他们主要吃自己蓄养的牛、马、驴、羊、猪肉,喝的是青稞酒,酿酒用的青稞是用牛羊换来的。他们住的帐篷坚固实用,先用木杆搭起框架,然后把用牦牛毛和山羊毛织成的粗毛毡蒙在上面。

恶劣的生存条件,以及游牧与掠夺式的生产生活方式,使党项人从小就

甘肃省庆阳市出土的魏晋南北朝时期砖雕《牵骆图》

养成了走马射箭、舞枪弄棒、悍勇尚武的习俗。他们没有法令，也没有赋税徭役，平时各自为业，不相往来，有战阵则风聚云屯。他们有语言但无文字，通过观察草木的荣枯以记岁时。他们信仰原始宗教，相信万物有灵，每三年大聚一次，杀牛羊以祭天。尚歌舞，"有琵琶、横吹，击缶为节"。青藏高原上的党项羌除游牧外，别无他业，也没有严格意义上的政治组织，他们以宗族部落为生活群体，大小部落各不相统，散落在山谷之间。在中原王朝经略周边的过程中，他们或依附于吐谷浑，或成为唐蕃争夺的对象。

在魏晋南北朝民族大融合基础上建立的隋唐王朝，大量融入了胡族的血缘和文化。隋文帝杨坚出身代北六镇，家族世代与鲜卑族通婚，其皇后独孤氏就是鲜卑人，生隋炀帝杨广，当时的关陇集团大都与鲜卑族联姻。这种多民族联姻现象在唐代统治上层表现得更为突出：高祖李渊之母独孤氏、太宗李世民之母窦氏、高宗李治之母长孙氏，"皆是胡种，而非汉族"。著名历史学家陈寅恪认为，"李唐一族之所以崛兴，盖取塞外野蛮精悍之血，注入中原文化颓废之躯，旧染即除，新机重启，扩大恢张，遂能别创空前之世局。"这种血缘与文化上的融合，使隋唐两朝代统治者实实在在地感受到"夷夏一家"，隋大业七年（611年）冬，西突厥处罗可汗归附，朝于临朔宫，隋炀帝宴请处罗，处罗稽首拜谢，说："臣总西面诸蕃，不得早来朝拜，今参见迟晚，罪责极深，臣心里悚惧，不能尽道。"隋炀帝说："往者与突厥递相侵扰，不得安居。今四海即清，与一家无异,朕皆欲存养,使遂性灵。譬如上天,止有一个日照临,莫不宁帖。若有两个、三个日,万物何以得安。"这段话表明了隋炀帝以"天下一统"来构筑"夷夏一家"的关系。雄才大略的唐太宗更是抱着"夷夏一家"的思想。贞观十八年十二月,太宗准备将突厥安置在胜州、夏州,朝臣有异议,太宗告谕诸臣:"夷狄亦人耳,其情与中夏不殊。人主患德泽不加,不必猜忌异类。盖德泽洽,则四夷可使如一家;猜忌多,则骨肉不免为仇敌。"贞观二十一年(647年)五月,太宗在翠微殿召见群臣,说:"自古皆贵中华,贱夷狄,朕独爱之如一,故其种落皆依朕如父母。"隋、唐"夷夏一家"的观念,大大冲淡了以往"非我族类,其心必异"的大汉族主义狭隘民族观。

在中原王朝的积极招抚下,党项人纷纷内附归顺。隋开皇五年(585年),党项大首领拓跋宁丛等各率众诣旭州内附,隋文帝授予其大将军称号,部下分别封官授职。唐贞观三年(629年),在南会州都督郑元畴招谕下,党项酋长细封步赖率部内附,唐太宗降诏书抚慰,步赖十分感动,亲到长安朝谒唐太宗。唐太宗非常高兴,以丰盛的宴席款待了细封步赖,赐赏丰厚,在其居地设轨州,封步赖为刺史。其他党项闻风而动,采取相同的行动,请求唐政府予以直接管辖,在其居地设崌、奉、岩、远四州,各拜其首领为刺史。到贞观五年(631年),唐太宗遣使在党项河曲地设六十州,内附者三十四万口。

在这批内附的党项羌人中,最具影响的当属党项拓跋部大酋拓跋赤辞。拓跋赤辞的归唐之路并非一帆风顺,他最

西夏荔枝纹金带饰

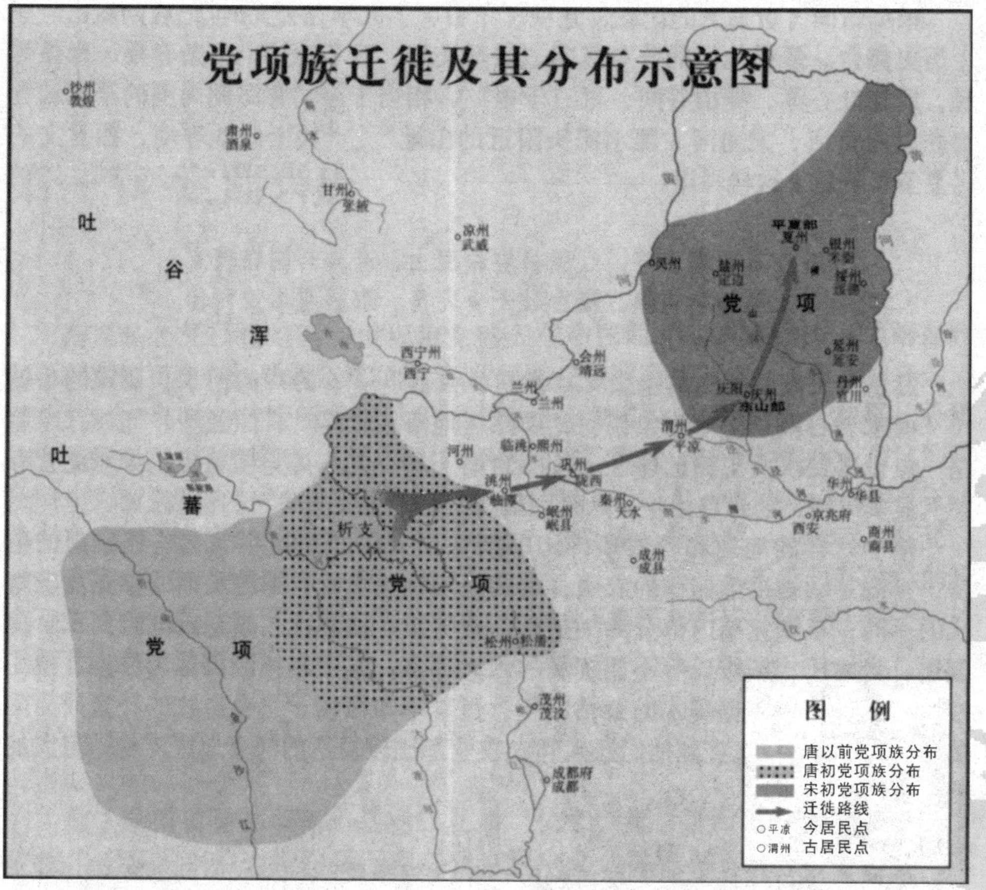

党项族迁徙及其分布示意图

图例
- 唐以前党项族分布
- 唐初党项族分布
- 宋初党项族分布
- 迁徙路线
- 平凉 ● 今居民点
- 渭州 ○ 古居民点

初臣属吐谷浑，深受浑主伏允器重，并与吐谷浑王室结为姻亲。到贞观初年，诸羌归附，而赤辞不至，并且屡抗官军。起先，廓州刺史久且洛生遣使招抚赤辞，一番客套话后，唐使直接提出要他归附大唐，并且派兵助唐攻打吐谷浑，否则大军压境。面对唐使的傲慢与威胁，赤辞大怒，厉声喝道："休得狂言，我深受浑主姻亲之恩，腹心相寄，生死不二，怎能背叛浑主，做个忘恩负义的小人。尔等速速离去，休玷污了我的宝刀。"话声未落，赤辞的牛耳尖刀已高高举起。唐使落荒而逃，洛生知道赤辞不会轻易就范，于是率领轻骑趁夜偷袭赤辞在肃远山所置营帐，斩首数百级，掠牛羊杂畜六千余头。唐太宗闻知后，告诫诸将："汝等要以大局为重，党项拓跋部在党项诸部中实力最强，若能招抚，我唐军必如虎添翼。"于是命赤水道总管李道彦对赤辞进行招抚。不久，拓跋赤辞从子拓跋思头秘密投诚，其党拓跋细豆也率部来降。这时，岷州都督刘师立也遣使劝说，赤辞知道部下多有归附之心，再强行坚持下去，拓跋部必出动乱，于是与思头遂率众降附。唐太宗授拓跋赤辞为西戎州都督，赐皇姓李，在其地列懿、嵯、麟等三十二州。从此，今青海积石山以东的党项羌居地，全部归入唐王朝版图。

贞观八年，在党项诸部纷纷附唐，吐谷浑失去了强有力臂膀之际，唐太宗决定对吐谷浑进行大规模讨伐，以此来反击其对西北边地的寇扰，并打通丝绸之路。贞观九年，唐军行军之前，拓跋赤辞来见唐军诸将，提出请求："以前隋炀帝征伐吐谷浑时，和我们订立了盟约，我们给他们供应粮草，其他则互不相犯。但他们不守信用，强行掠夺了我们的牲畜。今天诸军如果没有二心，我给你们供应军粮，但如果你们不讲信用，我就率部下挡住唐军前进的道路。诸将均承诺行军之中，必与党项秋毫无犯。于是，赤辞与诸将歃血而盟。但是，赤水道总管李道彦却不把赤辞放在眼里，他所率军队由西路松州出发，目的地是吐谷浑重镇赤水，沿途多为内附的党项诸部居地。一天，当李道彦大军经由阔水（今四川松潘西）时，见拓跋部并无防备，于是纵军进袭，掠得牛羊数千头。赤辞怨怒，屯兵野狐峡（新、旧唐书作"狼道坡"或"狼道峡"），阻唐军前进，李道彦大败，死者万余人，只得退保松州。拓跋赤辞乘势进攻叠州。李道彦破坏了唐太宗所制定的"联合党项孤立吐谷浑"扶弱抑强的战略，损兵万余，太宗因此大怒，令将其处斩，后经大臣劝谏，才免死并发配边疆。五月，吐谷浑为李靖平定，成为唐的属国，党项也恢复到贞观九年以前内附于唐的状况之下。党项大酋拓跋赤辞归附唐朝，标志着吐谷浑企图以姻亲笼络党项上层，并借此对抗唐朝的计划失败。唐朝采取抑强扶弱的策略，通过册封及厚赐招抚党项诸部，削弱吐谷浑势力，最终实现其"怀柔远人""夷夏一家"的目的。

在唐朝招附党项、降服吐谷浑，打开通往西域道路之际，吐蕃奴隶主政权从青藏高原上崛起，并不断向外扩张，与唐朝展开了争夺青海及西域的斗争。唐朝封授吐谷浑和党项，在唐、蕃之间形成一个军事缓冲地带，即利用吐谷浑及党项的力量来遏制吐蕃的北上。

贞观十年（636年），唐太宗将弘化公主许配给吐谷浑可汗诺曷钵，同时又拒绝了吐蕃赞普松赞干布的请婚。这一许一拒，激怒了吐蕃，也给其找到了出兵的借口。贞观十二年（638年），吐蕃发兵吐谷浑，吐谷浑不支，遁于青海湖之

西夏译经图

上,以避其锋。其国人畜并为吐蕃所掠,吐蕃又进兵破党项及白兰诸羌,率其众二十余万顿于松州边境。声称来迎娶公主,若不嫁公主,当提兵直下松州。情急之下,唐太宗遣吏部尚书侯君集为行军大总管,率步骑五万星夜增援,松赞干布才退兵,遣使谢罪,因复请婚。唐朝也认识到单纯依靠吐谷浑和党项制约吐蕃已不可能,于641年(贞观十五年)与吐蕃和亲,派礼部尚书李道宗护送文成公主入藏,和吐蕃赞普松赞干布结婚,唐蕃矛盾暂时缓和下来,吐谷浑、党项羌也得以在其原居住地生存下来。

唐贞观二十二年(648年),一代明君李世民驾崩,唐蕃矛盾再度激化。663年,吐蕃灭吐谷浑,党项诸部有的被吐蕃征服,有的被吐蕃所逼,相继内徙。为了避免被吐蕃奴役,在唐王朝的帮助下,党项羌人扶老携幼,长途跋涉数千里,从青藏高原东北部迁往西北的黄土高原。其中最强大的拓跋部完整地从松州(今四川省松潘)地区迁到陇右庆州(今甘肃省庆阳)。另外,灵(今宁夏灵武市)、盐(今陕西省定边县境内)、银(今陕西省米脂县西北)、胜(今内蒙古鄂尔多斯市境)也陆续有党项部迁入,这就是党项历史上第一次大迁徙。党项的这次内迁是其历史上一次重大的转折点。在这次迁徙过程中,党项羌人带着对唐朝文明的向往,以部落为单位自发地从青藏高原东北部迁往西北的黄土高原。此时,唐朝复置或重置党项羁縻州,寄治于庆、灵、夏、银等州。

党项第一次大迁徙后不久,"安史之乱"爆发,安禄山、史思明叛军一路攻

唐太宗李世民

城陷地,唐廷一片恐慌,急调河西军队入卫京师,一心想夺取西域控制权的吐蕃终于等到了机会,乘虚攻占河西陇右与西域数十州之地。党项和吐蕃同是从青藏高原走来的民族,当吐蕃威胁到党项生存的时候,党项向着唐朝,和吐蕃坚决斗争。同时,这两个民族生活习惯相同,风俗相类,又很容易联合起来共同侵扰唐朝。唐上元二年(761年),党项乘唐朝时局不稳,出兵宝鸡(今陕西省宝鸡市),焚烧大散关,攻陷凤州(今陕西省凤县境内)。唐广德元年(763年),吐蕃联合吐谷浑、党项、氐、羌20万众攻下唐都长安,烧杀抢掠,满载而还。唐广德二年(764年)九月,归附唐朝的回纥首领仆固怀恩在灵武(今宁夏灵武市)叛变,纠集吐蕃、党项、吐谷浑等数十万众南下,唐天下兵马大元帅郭子仪奉命讨伐。面对这一系列的联合进扰事件,郭子仪认为党项与吐谷浑散处盐、庆等州,离吐蕃势力范围太近,一来容易受到吐蕃的攻扰,使部族不得安宁;二来又容易和吐蕃联合进攻,酿成更大的边患。因此他上书朝廷,请求将静州都督等六府党项迁往银州(今陕西省米脂县西北)以北、

甘肃武威西夏墓出土蒿里老人像

夏州（今陕西省靖边县白城子）以东地区，即今鄂尔多斯高原东南部沙地草原。唐代宗采纳了郭子仪的建议，为了能顺利将仪凤年间（676—679年）从庆州移居银州的党项拓跋部迁往银州以北，唐代宗还特意召党项拓跋部最有势力的静州大首领、左羽林大将军拓跋朝光等五刺史入朝，厚加赏赐。同时，将野利、把利、破丑以及拓跋部中的拓跋乞梅、宜定州刺史折磨布落等一并迁往绥（今陕西省绥德县）、延（今陕西省延安市）等州。这就是党项历史上第二次大迁徙。

党项羌第二次大迁徙后，逐渐按地域形成几大部落集团：居银夏地区的号"平夏部落"，居庆州的号"东山部落"。折磨布落后来发展成宋朝的府州（今陕西省府谷县）党项折氏，杨门女将中的佘（折）太君就出自此家族。党项

甘肃武威西夏墓出土老仆图

羌特别是平夏拓跋部，在经过两次大迁移后，与唐王朝保持着较为密切的关系。如开元年间（713—742年），居于无定河一带的拓跋赤辞从子、静州都督拓跋思泰，助唐平定"六胡州"康待宾叛乱，以身殉国。叛乱被镇压后，党项部落取代了原宥州一带中亚粟特人的地位。思泰子守寂继位后，又追随郭子仪平定"安史之乱"，被封为容州刺史、天柱军使、西平公。

唐中和二年（881年），走向衰落的大唐王朝又一次面临着倾城亡国的命运。黄巢起义军攻破长安，唐僖宗奔蜀。包括夏州节度使诸葛爽在内的一批地

方军事长官,纷纷投降黄巢,大唐危在旦夕。为了挽救危局,唐僖宗任命凤翔节度使郑畋为京城四面诸军行营都统(总指挥),号召各路军马,急赴长安镇压起义军,时任宥州(今内蒙古鄂托克前旗境内)刺史的拓跋思恭也在被征调之列。拓跋思恭发展壮大的机会终于来了,当他收到鄜延节度使李孝昌发兵讨黄巢的信函后,立即召开军事会议,确定拓跋思忠联络各部,选拔勇士,拓跋思谏负责后勤供应,拓跋思孝赴鄜州与李孝昌商议相关事宜,决定5日后集结发兵。唐中和二年四月,唐僖宗闻知拓跋思恭起兵讨伐黄巢,十分高兴,认为是急国家之所急,救大唐于水火,忠勇可嘉,于是下诏让他取代诸葛爽,任夏、绥、银节度使。从此,拓跋思恭成为割据一方的藩镇。

唐中和三年(882年)四月,雁门节度使、沙陀族首领李克用率兵5万开到长安城下,与拓跋思恭等合兵攻打长安。拓跋思恭奉诏从李克用讨伐黄巢军,连败黄巢大将尚让、黄揆。之后,拓跋思恭与李克用大将杨守宗、河中将白志迁合兵,一日三捷。诸军从光泰门攻入长安,黄巢焚宫阙而逃。黄巢起义被平定后,唐僖宗为了表彰拓跋思恭的功勋,晋封太子太傅、夏国公,并且再次赐皇姓李。同时,赏金银、玉帛以及"鼓吹"全部。

从此,大唐的恢弘文明,不断地滋润着党项民族,使其从游牧文化走向农业文明,从野蛮文化走向封建文明。自此,党项拓跋氏突破其宥州一州统治之限制,控制了整个鄂尔多斯高原的南部,进而走上建国的道路。892年,夏州定难节度使拓跋思恭死,十几年后大唐王朝也走到了尽头,代之而起的是五代十国。夏州拓跋政权为了生存和发展,先后依附于建都中原的梁、唐、

西夏红陶五角花冠迦陵频伽

晋、汉、周五朝。这五朝为了安定边疆，以高官厚爵极力笼络夏州拓跋氏，只有后唐明宗时试图削藩，用兵夏州，但以失败告终。

宋朝建立以后，扫平江南和北汉，完成局部统一。当时的中国北方，除了契丹人建立的辽朝外，还有党项人建立的夏州政权。这个夏州政权名义上臣属于宋朝，具有地方和民族政权双重性质，宋太祖时为了集中力量用兵南方，对其采取宽松的羁縻政策。宋太宗继位后，为了转移统治者内部矛盾，把视线投向西北边疆。由于夏州政权的民族性，他一时难以下手，只能等待时机。

银川市贺兰县宏佛塔出土的西夏力士头像

这个机会终于等到了，太平兴国五年（980年）十月，定难军节度留后李继筠病故，其弟、夏州衙内都指挥使李继捧继位。次年八月，夏州发生内讧，李继捧的叔父、绥州刺史李克文上书朝廷，说李继捧不适合承袭节度使，请遣使节到夏州，谕令李继捧到汴京开封朝觐。

对宋太宗来说，李克文的请求正中下怀，他错误地判断消灭拓跋夏州政权的时机成熟了，因此，立即遣使到夏州，诏令李继捧携带家属到汴京开封，由李克文知夏州，另从内地调来尹宪同知夏州。李继捧接诏后，面有难色，不愿离开故土。但在李克文和朝廷使节的督促下，只好交出大印。

李继捧入朝后，夏州定难军都知蕃落使李继迁因和知夏州的李克文意见不合，便率部离开夏州，回到老家银州。不久，朝廷诏令李氏五服以内的族人赴京，李继迁也在征召之列，这时，他知道了"五州地尽归朝廷"。在党项民族政权生死存亡的紧要关头，这位年仅20岁的定难军都知蕃落使急忙招来弟弟李继冲和亲信商量对策。众从决定走避漠北，联络豪右，卷甲重来。李继迁诈言奶妈去世，要出城送葬，并偷偷将各种武器装在棺材里，然后带领亲信数十人披麻戴孝，吹吹打打，大摇大摆地出了银州城后，戎马轻装，飞奔地斤泽。

地斤泽距银州300余里，川原辽阔，水草丰美。李继迁一行到来这里，拿出先祖拓跋思恭的画像，打起恢复"故土"的旗帜，"戎人拜泣，从者日众"。从此开始了反抗宋朝、重建夏州政权的事业。李继迁提出"联辽抗宋"方略，派谋士张浦出使契丹。辽圣宗很痛快地答应了李继迁的请求，授其为定难军节度使，都督夏州诸军事。李继迁"联辽抗宋"外交取得了很大的成功，他借助辽朝声威，团结内部，大兴攻伐，屡败宋军。990年九月，李继迁来献俘；十一月，李继迁来献捷；十二月，遣使来告下宋朝麟、府等州。契丹主十分高兴，当年十

银川市贺兰县宏佛塔出土的西夏佛头像

月，赐封李继迁为夏国王。

　　1002年，李继迁攻占河套重镇灵州，次年正月，将都城由夏州迁到灵州，迈出了向西发展的第一步，为日后攻占河西，定都兴庆府，建立西夏国，奠定了坚实的基础。用兵灵州是李继迁由弱变强的转折点，李继迁占领灵州后如虎添翼。宋朝失去灵州，夷狄合二为一，对西夏军事形式由主动变被动，疲于奔命。

　　灵州虽然生产发达，交通便利，民风淳朴，但作为都城，有一个致命的弱点，就是"地居四塞，我可以往，彼可以来"，无险可守。这对新兴的西夏政权来说，显然不是一个理想的选择。所以它作为都城，只有短短的17年，1020年（宋天禧四年），李德明又将都城由灵州西平府（今宁夏灵武）迁到河西兴州（今宁夏银川），李元昊称帝时更名兴庆府。

上师图

　　从1020年李德明迁都兴州到1227年西夏灭亡，前后207年，兴庆府一直是西夏的都城，其中王都18年，皇都189年。1038年十月的一天，在做好一切准备工作后，李德明子李元昊在野利仁荣、杨守素等大臣的拥戴下，在兴庆府南郊筑坛祭拜天地，然后登上皇帝的宝座，受册称帝，接受群臣的拜贺，国号为"大夏"，全称"白高大夏国"，西夏语发音为"邦泥定国"。李元昊自号"大夏世祖始文本武兴法建礼仁孝皇帝"，简称"大夏皇帝"，改元"天授礼法延祚"，表明自己受命于上天。由于其领土位于宋、辽、金的西面，故称为"西夏"。

神龙惊现温泉山
德明迁都怀远镇

黑水城出土的西夏王图

今日银川城，昔名兴庆府，作为西夏国都，前后延续达200年之久，成为银川建城史上的光辉一页。此后，银川一直是宁夏地区的中心城市，其地位历千年而不衰。建立西夏国的党项族拓跋部，五代以前，主要活动在以银州、夏州为中心的今陕西北部与内蒙古鄂尔多斯市南部地区。宋代初期，党项族首领李继迁率兵攻取灵州，改为西平府，迁都于此。

李继迁建都西平府后，强迫银、夏一带衣食稍丰的居民迁至西平府一带，准备把西平府建成党项族割据的大本营。咸平五年（1002年）十一月，李继迁亲率大军向河西进攻，攻陷凉州，吐蕃六谷部首领潘罗支假装投降李继迁，暗中却乘其不备,集合吐蕃各部数万人,向李继迁发动了突然袭击。李继迁仓促应战,身中流矢,兵败逃回灵州。宋景德元年(1004年)正月,旧伤复发的李继迁卒,其子李德明继位。

李德明,小字阿移,母亲是党项大族野利氏,生于宋太平兴国六年(981年)。李继迁死后,年仅23岁的李德明继位为定难军留后。据说李继迁死前流着眼泪对儿子德明说:"宋朝强大,你继位后,千万不要夜郎自大,与宋朝轻启战端,党项所占的灵、夏诸州土地贫弱,没有能力与中原抗衡,你一定要向大宋称臣,以获得朝廷的封赏。这样我们就可以腾出手来,攻打西边的吐蕃与回纥,吐蕃、回纥势力分散,各自为政,正是我党项健儿用武之地。你应该真心诚意地向大宋称臣,如果一次上表朝廷不同意,那就连续多次上表,直到朝廷答应和议为止。"李德明继位后,坚持与宋朝议和、向西攻掠的战备方针,使党项更加强盛。景德三年(1006年),宋朝任命李德明为定难军节度使、西平王,食邑六千户,实封一千户,还赏赐给德明

俄藏黑水城出土文献中西夏贵人像

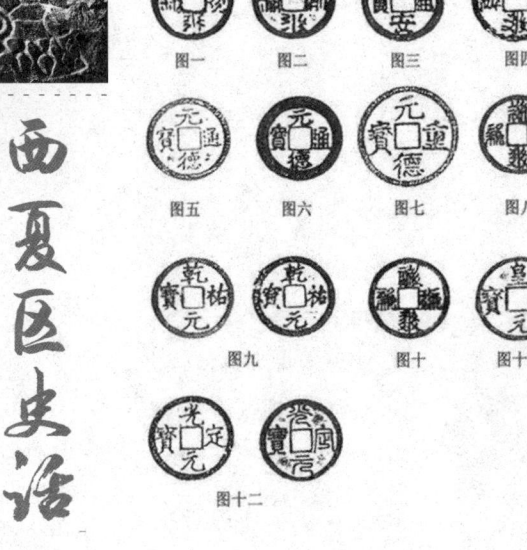

西夏钱币拓印集锦

世袭官服、金带、金鞍勒马、银万两、绢万匹、钱二万贯、茶二万斤。宋夏景德和议后，李德明通过与宋朝的贸易，获得了丰厚经济利益，积累了财富，为西夏建国打下了基础。李德明还用20多年时间，先后多次进攻甘州回纥和西凉府吐蕃六谷诸部，终于将势力深入到河西一带，拓疆数千里。这对于党项李氏割据政权来说，具有重大的意义。

李德明是个很有能力的守成之主，他继承了父亲李继迁的政策，进一步巩固了西夏建国的基础，把国家治理得井井有条。但还有一块心病萦绕在李德明心中，那就是西夏还缺少一个真正的国都，西平府虽然地势险要、土地肥沃，但东距宋夏边境不过数百里，极易受到战争的威胁，且西平府西距河西瓜、沙诸州非常遥远，交通不便，不适合成为国都。因此李德明迫切地想寻找一块党项族的"龙兴之地"，作为未来的党项国家真正的都城。

一天，李德明离开西平府，到西边贺兰山脚下的怀远镇一带打猎消遣，他抬眼望去，只见贺兰山像一条巨龙般横亘在怀远镇西侧，黄河则像一条玉带般围绕着怀远镇城缓缓东流，正是一块阻山带河、依山傍水的绝佳胜地。李德明不禁被这块土地深深地吸引住了，他纵马奔驰在这片广阔的田野上，怀远镇西有贺兰山固，东有黄河天险，北有大漠，南有萧关，这里不正是自己梦寐以求的建都之所吗？可是跟随父亲李继迁和他从夏州、银州等地迁到灵州的党项各部，对迁都的想法不太理解。他们认为：银、夏诸州是党项族祖祖辈辈生活的土地，是他们的故乡，灵州及怀远镇只是临时居住的地方罢了。当初从银、夏诸州迁都到西平府就费了很大力气，很多党项部落不愿意迁离家乡，甚至还有部落叛逃到宋朝国境。如果贸然迁都一定会遭到党项贵族及各部的反对。李德明想来想去，想了一个好办法。他悄悄叫来一个随从，对他耳语一番，随从心领神会地走了。

　　过了几天,西平府城内百姓们都在议论着一个传闻,那就是怀远镇西的温泉山居然有人看到了龙在天上飞舞。这传闻越传越厉害,闹得满城风雨,每个人都猜测着龙出现在怀远镇到底是什么征兆。李德明见传闻已经达到效果,就召集了党项各部首领和贵族们齐集一堂,对他们说:"龙是上天降下的吉祥征兆啊!看来我们党项族将要兴旺了,怀远镇出现的龙,预示着那里是我

——敦煌莫高窟第四○九窟西夏皇帝、皇后供养像

俄藏《水月观音》丧葬乐舞中的西夏秃发男子

们党项族的龙兴之地，我决定按照上天的启示，在怀远镇建筑新的都城。现在的首都西平府虽然民风淳厚，但是地势平坦，没有屏障，我们可以去占领，敌人也可以来偷袭。这不像怀远，西北有贺兰之固，黄河绕其东南，西平为其障蔽，经济富裕且便于防守，是个建立万世基业的好地方。何况这里屡次出现吉祥的征兆，显示出神人一致的意愿，应该及时迁都怀远，才能不违背上天的命令。大家都同意吗？"各部首领和贵族们面面相觑，都觉得既然上天都降下祥瑞，那么迁都怀远一定是正确的，大家都异口同声地说："我们愿追随国主迁都怀远。"就这样，迁都怀远的计划顺利完成了。

李德明任命了一个叫贺承珍的大臣负责修筑新都城。经过十几年的艰辛修建，到1020年，新的都城终于修筑好了，李德明将新都城改称兴州，寓意着兴旺发达。

定都怀远镇，重修兴州城是西夏开国初期的一件大事，城市建设工程是相当庞大的。经过十余年建设,城池宫室才初具规模。李德明的儿子元昊继位后,又大兴土木,在原来宫室的基础上,进一步扩建,改兴州为兴庆府。并在贺兰山滚钟口等地修建避暑宫殿,透迤数里,亭榭台池,都非常豪华壮丽。城内外各项设施进一步充实完备了。

兴庆府的城市设计,直接受到唐代长安和北宋东京的布局影响。城内居民估计在20万左右。城呈长方形,周长18余里,护城河阔10丈。南北各2门,东西各1门,有光化门、南薰门等,城门上建城楼。道路呈方格形,街道较宽,有崇义等20余街坊。皇家手工业作坊集中于宫城官厅。宗教活动场所有承天寺、高台寺等。游览名胜有城西北部避暑宫、贺兰山木栅行宫、城西快活林等。

俄藏汉文清凉答顺宗图

西夏区史话

086

贺兰山下古冢稠
高下有如浮水沤

贺兰山下古冢稠,高下有如浮水沤。
道逢古老向我告,云是昔时王与侯。
当年拓地广千里,舞榭歌楼竞华侈。
强兵健卒长养成,眈视中原谋不轨。
岂知瞑目都成梦,百万衣冠为祖送。
珠襦玉匣相后先,箫鼓声中杂悲恸。
……

——（明）朱秩㷧

这首古诗描述的是西夏王国现存最大的建筑遗址群——闻名中外的西夏陵。西夏陵位于贺兰山东麓银川市西夏区境内一片长约 10 公里、宽约 5 公里、面积约 50 平方公里的蚕形洪积扇带上，雄浑苍凉，空旷寂寥，使人顿生"前不见古人，后不见来者"的怀古幽情。王陵从南到北依次排列，共有 9 座帝王陵，260 余座陪葬陵，被世人称为神秘的"东方金字塔"。西夏陵的分布范围很广，南起贺兰山榆树沟，北至泉齐沟，东到西干渠，西抵贺兰山，地势高亢，背山面河。西夏陵可以说是西夏政治、经济、科技、文化的聚宝库，是与宋、辽三国鼎立的三大皇家陵园之一，是西夏最重要的历史文化遗址，在中国古代帝王陵园建筑史上具有极其重要的地位，是打开神秘西夏历史文化的金钥匙之一。其规模可与北京明十三陵媲美，是国家重点文物保护单位、国家级风景名胜区、国家考古遗址公园，被列入申报世界文化遗产预备名单。规模宏大的西夏陵，历经千年的风雨、雷电、战火、盗掘的无情洗礼，依旧顽强地屹立在贺兰山东麓，向人们无声地诉说着一个王国的兴衰沉浮。

　　西夏陵的修建者，是早已消失在历史尘烟中的党项族。党项人创建西夏王国后，为什么会选择在贺兰山东麓建造自己宏伟的陵墓呢？这里真的是人们传说中"真龙天子"出现的"风水宝地"吗？巍巍王陵的选址到底有什么不为人知的秘密呢？

西夏陵

西夏陵3号陵出土的灰陶迦陵频伽

党项族从青藏高原东北部千里迁徙,归附大唐以来,无论是生活习俗,还是语言文化,都尽染"华风",甚至在陵园选址、修建制度等方面,也深受中原王朝的影响,西夏人在宋、辽陵园制度的基础上,不断继承、发展了我国传统的帝陵堪舆文化。中国古代帝王选择自己的陵寝宝地,十分重视风水形胜。按照中国古代堪舆学说,理想的帝陵居所应该是"龙穴砂水无美不收,形势理气诸吉咸备"之地。西夏时期,受中原堪舆术"五音姓利"之说的影响,帝陵选址的最佳条件是"东南地穹、西北地垂""后有走马岗,前有饮水塘,岗埠形势,小顿大起,延连百里不断者"。按照这种说法,西夏陵现在所处的位置除了地形所限,造成西北地穹、东南地垂的地势外,其他绝佳要素可谓全都具备。具体而言,有以下几点:

一是西夏陵选址背山面河,藏风聚气,大气磅礴,气势非凡。充分体现出党项皇族"君权神授"的皇权思想和作风。

西夏陵背靠绵延数百里雄伟壮观的贺兰山脉,面对着素有"塞上江南"美誉的银川平原和滔滔黄河,山势高峻,大河奔流,湖光山色,相得益彰,可谓是气势磅礴的绝佳胜地。王陵与贺兰山自然融为一体,大气雄伟,自然天成,可谓是天府宝穴,虎踞龙盘,十分符合"龙绕东南""虎踞西北""背山面水""山高水来"的传统堪舆理论,符合"左青龙,右白虎,前朱雀,后玄武"的天文四象特点。明代宁夏文人骆用卿曾称赞西夏陵"山长西北云藏寺,河曲东南水接天",风水形胜十分精妙。正因如此,西夏陵才能够成为与宋、辽帝陵平齐的三大帝王陵园之一。

二是地势高亢,辽阔宽敞,坐北朝南,居高临下,充分显露出西夏皇族"君临一方"的豪情与壮志。

西夏陵址周围层峦叠嶂,聚气藏脉,西高东低,位置优越,可谓是"龙穴宝地"。陵址所在正是贺兰山洪积扇向东突出之处,既离贺兰山较近,又是距西夏都城兴庆府最近的山麓地带。西夏诸陵的海拔都在1156~1220米,与兴庆府(今银川市)约1110米的海拔形成少许落差,王陵居高临下,像巨人般俯视着广阔无垠、沃野千里的银川平原,颇具王者之风范。人们从王陵东边很远的地方就可以清楚地看到高踞山麓、气势磅礴的王陵。遥想当年,前来祭祀的皇室成员、王公贵族看到祖先的陵墓如此雄伟壮观,都会生出对逝去帝王毕恭毕敬、无限仰慕的崇敬之情。

三是避风趋阳,风沙难侵,地基牢固,土高水深,充分体现出党项民族祈求"江山永固"的美好愿望。

陵区像襁褓中的婴儿般依偎在贺兰山的怀抱中。贺兰山既阻挡了蒙古高原的刺骨寒流,又遏阻了腾格里沙漠的漫天黄沙。王陵面向东方,日照充足,每当旭日东升,陵台矗立,其影如柱,呈现出一幅神秘辉煌的景象。郭璞《葬书》曰:"气乘风则散,界水则止。古人聚之使不散,行之使有止,故谓之风水。"西夏陵区半封闭半开放的地形有利于阳气的聚集,气温的适宜,可以吸取日月之精华、天地之灵气,有利于王陵的长期保存。王陵地表土层薄,遍布砾石、粗沙,地基牢固,保水性差,排水条件良好,地下水位深达数十米,有效避免了地下水对墓中尸骨的侵害。陵区附近沟谷不多,降水稀少,山洪灾害相对较轻,水文地质工程条件优越。再加上陵区地壳由数条阶梯状断裂带组成,可以有效减少地震破坏。这就是王陵历经宁夏平原多次大地震,依旧保存较好的重要原因。

四是山关险阻,秀谷林苑,文武戍卫,金城汤池,充分展现出西夏陵"易守难攻"的战略地位。

西夏陵和西夏都城的修建,是李德明主政时的得意之笔,西夏王国的鼎

盛气象从此奠基，其子元昊正是依托这片宝地的王霸之气，建立了雄踞西北的西夏王国。李德明曾把帝陵建设与都城建设及其军事防卫，放在同等重要的战略地位。从西夏地形图上看，西夏都城兴庆府处于平原灌区中央，是全国政治、军事和经济中心；府城西北，以"木栅行宫"为中心，是多座深藏于贺兰山中的皇家禁苑离宫；府城西南的贺兰山东麓，则是党项皇族心目中的"圣墓"西夏陵。三者互成掎角之势，互相呼应，易守难攻。可以说，西夏陵区所处的地带，既是山水形胜的风水宝地，又是护卫都城的战略要地。李元昊建国后，在贺兰山驻军5万，兴庆府驻军7万，以贺兰山和黄河为天然屏障，与宋、辽多次激战，可是居于大三角西南后方的陵区始终没有受到战火破坏。直到西夏灭国之时，蒙古大军为了挑断西夏王国的"龙脉"，才彻底毁坏了王陵。

五是"真龙"显迹、西夏"圣山"、佛教净土、文化荟萃，充分彰显了西夏文化多元包容的恢弘气象。

据史籍记载，李德明时，葬父于贺兰山麓，后因龙见于温泉山（今银川暖泉一带贺兰山）而修建了兴州城（今银川市兴庆区城区），并将王城从灵州迁到兴州。李元昊继位后，又葬其父于贺兰山下，改兴州为兴庆府。"真龙"

成吉思汗

显身当然是统治者演绎的一出故弄玄虚的神话闹剧,但由此也可看出贺兰山在党项皇族和普遍民众中的神圣地位。在古人眼中,既然真龙显迹贺兰山,那么作为"真龙天子"的帝王死后也应该葬于此处,才是最好的安排。在西夏时期,贺兰山既是普通百姓难以随意进出的帝王禁苑,又是佛教文化昌盛之地。作为西夏人的"圣山",贺兰山修建了很多规模宏大的佛寺,直到明代还保留有"云锁空山夏寺多"的景象。史籍中记载的贺兰山名刹有佛祖院、五台山寺等,佛音萦绕,浮图耸立。西夏陵是"贺兰圣山"的命脉所在,它与西夏都城,贺兰山离宫、寺院一起,形成了多元交融的文化纽带关系。

规模宏大的西夏陵,曾以西夏的国力鼎盛而气派非凡、壮丽肃穆,也曾被成吉思汗铁骑的狂踩而满目疮痍、悲漠荒凉,成为一段尘封的神秘历史,但它却在千年风雨、雷电、地震的洗礼中,顽强地傲挺在贺兰山麓,等待着一个呼唤它的伟大时代的到来。

赫赫的北宋永昌陵,巍巍的大辽祖陵、庆陵,曾与西夏陵一样,庄严宏丽,

但现在处在一片荒漠废墟之中，而神秘的西夏陵，却由于风水形胜的绝美与国家保护，成为目前我国保存最大、最完整的帝王陵园遗址之一。

按照《宋史·夏国传》的记载，西夏陵中埋葬的西夏诸帝分别为太祖继迁裕陵、太宗德明嘉陵、景宗元昊泰陵、毅宗谅祚安陵、惠宗秉常献陵、崇宗乾顺显陵、仁宗仁孝寿陵、桓宗纯祐庄陵、襄宗安全康陵。襄宗安全以后，因为蒙古开始进行灭夏战争，西夏亡国在即，致使神宗遵顼无陵号，献宗德旺无谥号和陵号，末帝睍庙号、谥号、陵号均无。但是宋史记载颇为简略，并没有记载这些陵墓的具体位置，使得西夏诸陵的墓主身份变得扑朔迷离，加之西夏陵受到战火摧毁，盗掘严重，大批文物被毁，使得西夏诸陵至今还有没完全弄清楚墓主身份，成为考古界的一大谜团。

西夏诸陵的具体情况虽然没有定论，但埋葬在陵中的西夏诸帝史书是有记载的，西夏陵中埋葬的西夏历代帝王分别是：

太祖继迁。李继迁，银州防御史李光俨之子，其高祖是拓跋思恭弟拓跋思忠。拓跋思恭唐末追随唐王朝，出兵镇压黄巢起义，拓跋思忠战死于东渭桥。继迁曾祖李仁颜任唐银州防御史，祖父彝景，父光俨，于五代后晋、后周时期继续世袭银州防御史之职。继迁生于宋建隆四年（963年），史称其刚出生就有

牙齿,勇悍有智谋,幼年就因智勇双全闻名,成年后被定难军节度使李克睿任命为定难军管内都知蕃落使。太平兴国七年(982年)继迁20岁时,发生了李继捧入朝献夏州等地的事件。李继迁坚决反对入朝献地之举,率数十名亲信逃出银州,至夏州东北三百里之地斤泽。在这里,李继迁网罗旧部,打出了"复兴"党项民族的旗帜,党项各部纷纷响应。李继迁又采取与党项豪酋结亲的方式,与党项诸部结盟,并煽动党项诸部寇扰夏、绥等州。雍熙元年(984年)九

月,宋朝知夏州尹宪与都巡检使曹光实夜袭地斤泽,继迁大败,仅以身免。雍熙二年(985年)二月,继迁在银州党项首领拓跋遇的响应下,伏杀银州守将曹光实,遂据银州,自称定难军留后。为了对抗强大的宋朝,继迁采取了联辽抗宋的政策,辽圣宗统和四年(986年)遣使向辽称臣,辽朝授继迁为定难军节度使,银、夏、绥、宥等州观察处置等使诸官职,并以义成公主下嫁继迁,赐马三千匹。从此,继迁势力日增,基本控制了平、夏等地。宋朝不能以武力讨平继迁,只好于至道三年(997年)恢复李继迁夏州刺史、定难军节度名号,并将夏、绥、银、宥、静等五州之地奉还,使夏州割据势力复兴。咸平五年(1002年)三月,继迁集中兵力大举围攻灵州,灵州知州裴济战死,继迁改灵州为西平府。咸平五年十一月,继迁扬言攻宋环、庆诸州,暗中率大军向河西西凉府发动进攻,城陷,知州丁惟清战殁,吐蕃六谷部首领潘罗支伪降,后乘其不备,突袭继迁部,继迁仓促应战,身中流矢,逃回灵州。宋景德元年,李继迁卒于灵州。死后葬于西夏诸陵中的裕陵。

太宗德明。李德明,小字阿移,母野利氏,生于宋太平兴国六年(981年)。宋景德元年其父继迁卒,德明即位,时年23,自称定难军留后。宋环庆边将建议,乘德明刚即位,内部未稳之机,一举扫除西夏割据政权。鉴于此,德明嗣位后,有意拖延与宋朝的议和,集中兵力进攻河西,攻杀宋朝方节度使潘罗支,报了杀父之仇。后乘辽宋之间战争不断之机,从中谋取政治、经济利益。景德二年(1005年)二月,宋夏议和,七月,辽国为了达到让西夏继续与宋对峙的目的,册封德明为西平王。景德三年(1006年),德明遣使进誓表,十月,宋朝授德明为定难军节度使,夏、绥、银、宥、静等州管内观察处置押蕃落等使,西平王,食邑六千户,实封一千户。并赐袭衣、金带、金鞍勒马、银万两、绢万匹、钱二万贯、茶二万斤。德明在与宋议和的同时,继续与辽结盟,不断遣使到辽朝,接受其封号。在赢得外部和平局面后,德明大力扩大与宋贸易,发展经济,加强政权建设,营都建政,并向西进攻河西地区,拓地数千里,为西夏建国奠定了基础。德明用了20余年的时间,多次进攻甘州回纥和西凉府吐蕃六谷诸部,终于将势力伸入到河西,获得了丰富的农产品和马匹等牲畜,得到了稳固的后方基地。德明还大修宫室,营建新都。天禧四年(1020年),德明在怀远镇营建新都,取名兴州。兴州险要非常,西有贺兰山倚以为固,东有黄河天险环绕,土

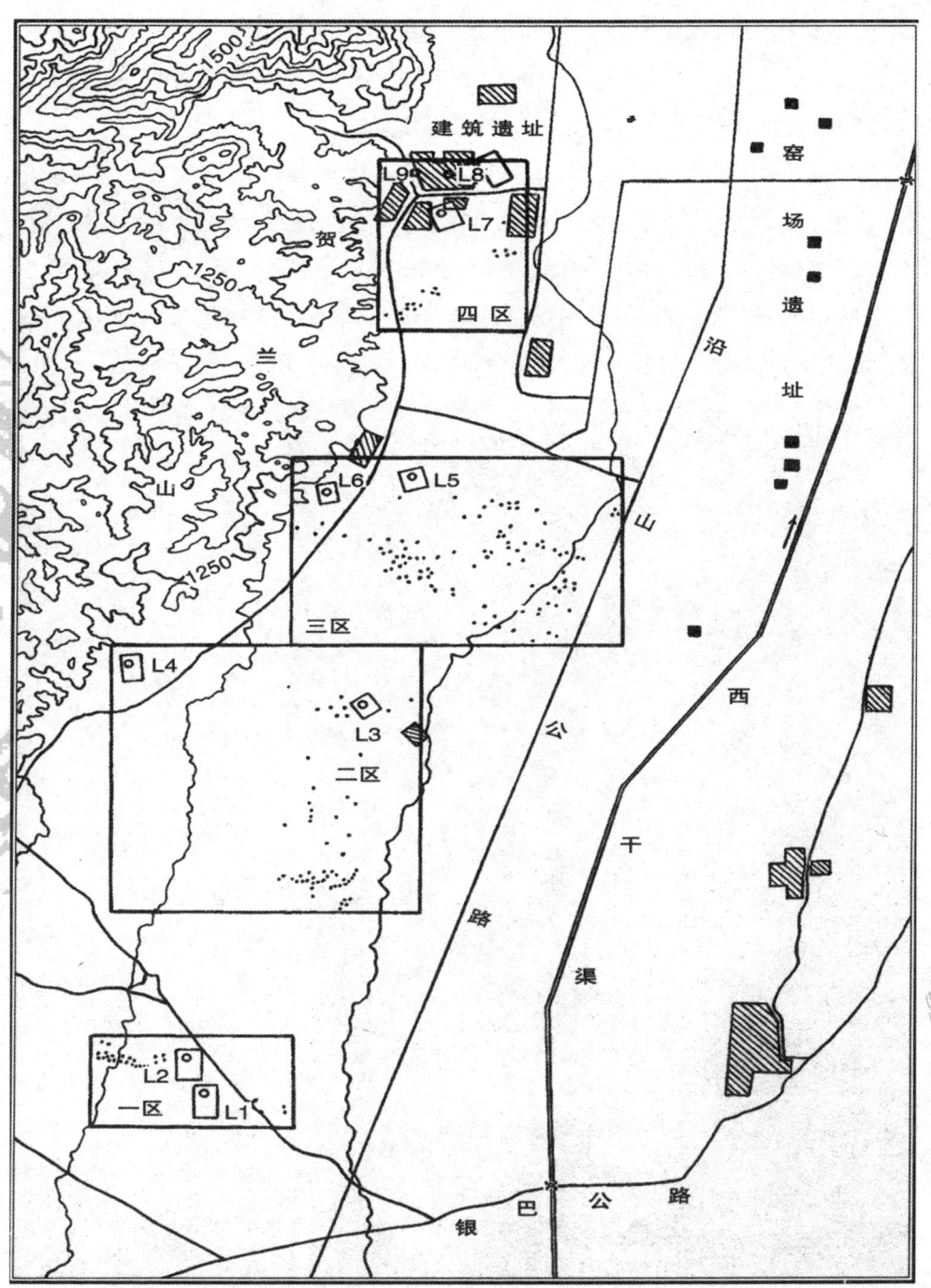

西夏陵分布示意图

地肥沃,且远离宋、辽,是理想的建都之所。德明于宋明道元年(1032年)病逝,年51岁,在位29年,政绩卓著,进一步巩固了党项李氏割据政权,开创了西夏建国的基础。死后葬于西夏诸陵中的嘉陵。

景宗元昊。元昊出生于宋真宗景德元年(1004年),小字嵬理,党项语中"惜为嵬,富贵为理"。母卫慕氏。据史载,元昊圆面高准,身高五尺余,性沉勇刚毅,多谋略,年少时喜欢穿白色袖衣,头戴黑冠,身佩弓箭,外出则骑马,百余步卒相随,遮以青伞盖,前有大旗两杆引道。元昊自幼好学,通晓藏、汉文字,懂佛学和法律。早在年轻时期,就表现出杰出的军事才能,宋仁宗天圣六年(1028年)夏五月,元昊年仅24岁,就率兵突袭甘州,甘州回纥夜落纥可汗仓皇败走。此役之后,元昊被立为太子,母卫慕氏被立为后。元昊多次劝谏德明不要称臣于宋。宋天圣七年(1029年)春二月,德明为元昊请婚于辽,辽兴宗以宗室女兴平公主嫁元昊。宋明道元年(1032年)十月,德明卒,元昊嗣位。元昊以臣属于宋为辱,改姓嵬名氏,自称"吾祖"。宋明道二年(1033年),元昊以避其父"德明"的名讳为由,改宋明道年号为显

西夏陵出土的雕龙石柱

道,开始使用西夏自己的年号。夏显道元年(1032年),元昊颁发秃发令,下令凡三日内不按照命令秃发的,"许众共杀之"。同年五月,元昊改兴州为兴庆府,定为首都。并仿效唐宋官制,在朝中定了一套完整的官制。元昊还用法律的形式规定了官民的服饰,一般平民百姓只准穿青色或绿色的衣服,区分了官民的贵贱。元昊还积极发展经济,为开垦沿贺兰山东麓一带的荒地,开凿了"昊王渠",在国家机构中设置"农田司"管理农业。元昊大兴文教,夏大庆元年(1036年),亲自主持创制能够记录党项语言的西夏文,又建立蕃学和汉学,发展文化教育。元昊在其统治区域内设立了12个监军司,以黄河为界,分左右两厢,各监军司设都统军、副统军、监军使各一员,由党项贵族豪酋担任。元昊还继续进攻河西,打击吐蕃和回纥势力,稳固西夏在河西的统治。经过5年多时间的准备,西夏建国条件日趋成熟,元昊便于夏大庆三年(1038年)冬十月,在都城兴庆府南郊筑坛受封,定国号为"大夏"。西夏建国后的第二年,元昊为了显示其实力,提高其国威,逼迫宋朝承认其合法地位,开始对宋朝边境展开了大规模的进攻,并连连获胜。宋夏间先后发生的大战役有三川口战役、好水川战役、麟府丰攻防战、定川寨战役等。宋朝虽然在这些战役中损兵折将,但西夏的国力也受到了比较大的损耗,双方都陷入了兵疲财竭的困境,双方统治者不得不罢战议和。元昊既不甘心称臣于宋,又不愿成为辽的附庸,和辽的关系也日益紧张。辽重熙二年(1033年)十二月,下令国中禁止西夏使臣采购铜铁,夏天授礼法延祚七年五月,辽出兵镇压境内的党项族叛乱,元昊派兵援助党项叛军,辽招讨使萧普达阵亡,辽兴宗大怒,派兵集结于西南边境,辽夏爆发了河曲之战,元昊用计打败了辽兴宗亲率的辽国大军。元昊称帝建国后,先后与宋、辽爆发了5次规模较大的战役,在军事上取得了重大胜利,在政治上争得与宋、辽平等地位,从此自称"西朝",与宋、辽鼎足而立。天授礼法延祚十一年(1048年)正月元宵之夜,元昊在离宫与诸妃饮宴,因妻子被元昊霸占、母亲被元昊废黜而对元昊心怀不满的太子宁令哥,乘元昊酒醉之机,执剑闯宫,劓元昊之鼻而去。权臣没藏讹庞以诛叛逆为名,杀死宁令哥及其母野利氏。翌日,元昊失血过多而卒,年46岁,在位17年。群臣上谥号为"武烈皇帝",庙号"景宗",陵号泰陵。

毅宗谅祚。夏天授礼法延祚十一年(1048年),元昊被其子宁令哥杀死。在

西夏陵景区

传位给谁的问题上,皇族与后族之间展开了争论。在权臣没藏讹庞的支持下,年仅周岁的谅祚即位,立母没藏氏为太后。另有记载称,"谅祚"为"两岔"谐音,夏天授礼法延祚十年二月,没藏氏从元昊出猎,至两岔河而生谅祚,遂名。没藏讹庞为国相,大权独揽,与以谅祚为首的皇族间矛盾日趋尖锐。且因没藏讹庞不断侵耕宋地,宋先断绝和市,后又禁绝私市,西夏国中财用匮乏,国人多有怨言。谅祚诛杀没藏讹庞,开始亲政,结束了西夏王朝第一次后族执政,但14岁的谅祚未能从中吸取教训,又以梁氏为后,任其弟梁乙埋为国相,并许其世袭,埋下了西夏王朝第二次后族专权的隐患。谅祚亲政后,为了巩固西夏政权,采取了一些重要的汉化即封建化措施。其中最主要的是:穿戴汉族衣冠及学习中原王朝的礼仪制度;向宋求赐经、史书籍;仿中原王朝的官制,完善中央官职,并重用汉族官吏,改用唐所赐李姓等;变更州军的军事制度;等等。谅祚推行的"汉化"措施,包括了礼乐制度、衣冠器物、官制设立及思想观念等各个方面,实际上是全面学习先进的封建文化。谅祚非常崇信佛教,曾三次向宋求赐佛经、翻译佛家经典及修建承天寺塔等。夏拱化五年(1067年),谅祚去世,年21岁,在位20年,谥曰昭英皇帝,庙号毅宗,埋葬于西夏诸陵中的安陵。

惠宗秉常。秉常为毅宗谅祚之长子,母为恭肃章宪皇后梁氏。夏拱化五年

(1067年)即位,年仅7岁,由梁太后摄政。梁太后主国政后,于夏乾道元年(1068年)任其弟梁乙埋为国相,开始了梁氏后族主政时期。夏大安三年(1076)年,秉常年满16岁,开始亲政,但梁氏母党已完全控制了朝政,实权依然掌握在梁太后与国相梁乙埋手中。夏大安七年(1080年)正月,秉常在皇族的支持下复行汉礼,引起诸梁极大不满,梁太后将秉常囚禁,国内大乱。宋利用秉常被囚,西夏国内矛盾加剧的时机,集中数十万兵力,分五路大举进攻西夏,梁氏采用坚壁清野的战略,挫败了宋的进攻,不久又在永乐城之战中,击败宋军。两次战争,宋军损失惨重,但西夏也丢失了西线重镇兰州及横山地区米脂等重要城寨。梁太后为了缓和国内矛盾,不得不让秉常复位,但并未真正将实权交给秉常,秉常不过是徒有虚名,实权仍在诸梁手中。夏大安十一年(1084年)二月,梁乙埋死,子梁乙逋自为国相,继续独揽国政。同年冬天,梁太后去世,国政大权落入梁乙逋及其妹、秉常妻梁氏之手。翌年秋七月,秉常忧愤而卒,谥曰康靖皇帝,庙号惠宗。秉常埋于西夏诸陵中的献陵。

崇宗乾顺。夏天安礼定二年(1086年)七月,惠宗秉常驾崩后,皇位由年仅3岁的太子乾顺继承,国政大权落入乾顺的母亲和国舅梁乙逋手中,乾顺尊母梁氏为昭简文穆太后。梁乙逋为了控制朝政大权,转移国内矛盾,不断发兵侵扰宋朝边境,挑起战争。梁太后对梁乙逋萌生不满,开始削夺梁乙逋手中的兵权。夏天祐民安五年(1094年)十月,梁乙逋阴谋叛乱,被他的政敌、大首领嵬名阿吴等率部平息并诛杀全家。梁乙逋被处死后,梁太后集夏国的军政大权于一身,继续进犯宋朝边境。夏永安二年(1099年)正月,乾顺年满16岁,梁太后仍然不许他亲政。辽道宗因梁太后上表言辞不恭,派人毒死梁太后,扶持乾顺执掌了大夏国政。乾顺亲政后,实行了一系列政治体制和外交政策的改革,对外附辽和宋,采取和平的外交策略,对内则封王固权,总结外戚专权的教训,实行分封皇姓、巩固皇权的措施。乾顺还建立国学,大力推崇儒学,特建国学,聘请教授,选拔皇亲贵族子弟300人入学,从而确立了儒学在西夏政治、文化中的至尊地位,为乾顺、仁孝两朝百年盛世奠定了人才储备的基础。乾顺还将都城兴庆府改名为中兴府,并继续弘扬佛法,使佛教文化得以在西夏境内广泛流行。乾顺还根据当时辽朝衰败、金朝兴起、南北宋交替的局势发展,分别制定了联辽抗宋、联辽抗金、依金扩张等政策措施,目的就是利用当时复杂

的政治形势和大国之间的矛盾,达到维护生存、扩大疆域的目的。夏大德五年(1139年)六月,乾顺皇帝驾崩,年56岁,谥曰圣文皇帝,庙号崇宗,墓号显陵。

仁宗仁孝。仁孝由乾顺的妃子曹氏所生,生于夏元德六年(1124)年九月,传说生时异光满室,成安公主见而爱之,请名"仁孝"。仁孝即位之时已年满16岁,开始亲政。仁孝亲政改变了以前幼主登基、后族擅权的弊端,仁孝深感前朝后族擅权带来的恶果,亲政后的第一道圣旨,就是尊母任氏、曹氏为两宫太后,使之势均力敌,不再干预皇权。翌年二月,又立罔氏为后,罔氏为党项诸族中势力强大的部落,仁孝此举加强了皇族势力,为以后的善政建学打下了基础。夏大庆元年(1140年)五月,金朝册封仁孝为夏国王,加开府仪同三司、上柱国。大庆二年(1141年)八月,夏国群臣上书尊仁孝为"制义去邪"皇帝。仁孝在位时,进一步采取措施,发展政治、经济、文化,改善社会生产关系,使西夏社会在较短的时间内进入了繁荣昌盛的阶段。仁孝时期,加强确立封建土地所有制,颁布和制定的《新法》明确规定了"从来就已利用的渠道、土地、水等,永远属于国君和个人所有"。为了进一步发展社会经济,鼓励农民开垦荒地,仁孝在天盛年间颁布的《天盛律令》中明确允许土地自由买卖,承认了小农土地所有权。仁孝还积极办学校、兴科举。夏人庆元年(1144年)六月,仁孝下令各州县设立学校,让各地官僚贵族子弟入校,继而又立小学于禁中,凡宗室子孙7岁都必须入学。仁孝还模仿中原王朝,在西夏国初立太学。仁孝建立

西夏陵出土的竹雕

唱名法,在宫中新自策试举人。从此,通过科举策试选拔任用官员的科举取士制度,在西夏国内形成风气。仁孝推行汉礼、汉制,尊孔崇儒、弘扬佛教,大力加强西夏国家的封建统治。仁孝积极改革政权

西夏陵3号陵出土的人像石碑座

机构,除了继续奉行乾顺时期的统一官职名称和实行分封外,主要从法律上确立了封建官僚等级制,据黑水城出土的官阶封号表所列,西夏官职机构之完备、品位之系列及等级之严格,已与中原王朝相差无几。仁孝还推行纳谏、节俭、廉政的措施,粉碎了任得敬篡权分国的阴谋,保证了西夏国内政治局势的平稳。对外,仁孝推行附金和宋的政策,为经济的发展提供了有利的外部环境,出现了天盛至乾祐年间近半个世纪的夏国盛世。夏乾祐二十四年(1193年)九月,仁宗仁孝卒,年70岁,在位54年,谥曰圣德皇帝,葬于西夏诸陵中的寿陵。

桓宗纯祐。仁宗仁孝长子,夏乾祐二十四年(1193年)即位,时年17岁,罗氏皇后被尊为皇太后,翌年改元天庆。纯祐在位14年,1206年一月,镇夷郡王安全在罗太后的支持下废纯祐而自立为帝,经纯祐于乾祐二十四年(1193年)

年末嗣立及 1206 年初被废黜，此两年不计外，实际执政 12 年。纯祐在位时，基本承袭及继续奉行仁宗仁孝时期附金和宋的外交政策，使西夏社会继续呈现安定、繁荣的局面。纯祐时期，西夏佛教进一步发展，不仅翻刻大量佛经，还缮写了汉文和西夏文两种。天庆元年（1194 年）一月，金按先例，册封纯祐为夏国王。纯祐执政期间，正值西夏、金日渐没落阶段，而漠北高原蒙古部落的兴起，使得蒙古南面的金和西夏成为蒙古军事侵扰的目标。1205 年，铁木真率兵首次侵入西夏，破边境城堡力吉里寨。甚至南下深入到河西走廊一带纵兵蹂躏瓜、沙等州。蒙古掳掠西夏并没有引起西夏统治集团的警惕，反而爆发内讧。1206 年正月，纯祐被废，当年三月，纯祐突然暴卒于废所，年 30 岁，谥曰昭简皇帝，庙号桓宗，陵号庄陵。

襄宗安全。安全为崇宗乾顺之孙、越王仁友之子，仁友是仁宗仁孝皇帝的族弟，仁友死后，安全请求世袭越王，纯祐不许，降封他为镇夷郡王。安全对此怀恨在心。1206 年正月，安全与纯祐母罗太后合谋，发动宫廷政变，废黜了纯祐，自立为帝，改元应天，是为襄宗。安全在位 6 年，其间蒙古两度征伐，中兴府首次被围。安全纳女请和，打破了纯祐时期夏金双方的友好格局，对外关系上采取称臣蒙古、向金宣战的国策，自是国势日衰。1211 年秋七月，西夏国内再次发生宫廷政变，齐王嵬名遵顼废襄宗安全，自立为帝，改元光定，是为神宗。安全被废后，于光定元年（1211 年）八月五日卒，年 42 岁，谥曰敬穆皇帝，庙号襄宗，陵号康陵。

西夏政权在延续了 190 年后，被草原上兴起的蒙古帝国所灭。西夏灭亡后，西夏陵也难逃厄运，昔日巍峨的王陵建筑被全部摧毁，蒙古军队甚至挖掘陵墓，寻找金银财宝，同时也企图挑断西夏帝陵的"龙脉"，让西夏王族彻底断绝复兴的希望。蒙古军的残酷烧杀，使得西夏王陵最终只剩下了残砖破瓦，只有高大的封土堆还依稀留存了下来。

1999 年 10 月 28 日，时任国务院总理朱镕基参观西夏陵后要求要好好保护西夏陵，同时指示相关部门，划拨专款 1000 万元，作为 3 号陵的保修经费，这是国家第一次划拨巨款，支持西夏陵的抢修保护。目前，经过 20 余年的努力保护与开发，西夏陵已由 1988 年的国家重点文物保护单位，发展为 4A 级国家重点风景名胜区，并成为申报世界文化遗产的重点后备者。

西夏王命丧子手
李元昊血溅离宫

李元昊

西夏国主李德明去世后,他的儿子李元昊准备登基称帝。李元昊出生于宋真宗景德元年(1004年),小字嵬理,党项语就是"珍惜富贵"的意思。母亲是李德明的第一任妻子卫慕氏。李元昊身高五尺有余,性格沉稳刚毅,聪慧多谋,既懂得佛学,又通晓汉、藏文字;既懂得法律,又善于绘画,是党项族难得的英才。宋明道元年(1032年),得知夏国主李德明去世的消息后,宋仁宗派遣工部郎中杨告为旌节官告使前往兴庆府颁布诏书,准备封元昊为继任的定难军节度使、西平王。但元昊对来自宋朝的使臣根本不屑一顾,想要称帝的他不愿意放下架子去给宋朝的使臣下拜叩首。他故意拖延时间,不肯出去接见宋朝使者,经左右大臣再三劝说,才勉强出来见了下宋使,并接受了诏书。

宋明道二年(1033年),元昊以避讳其父名德明为由,改宋明道年号为显道,开始使用自己的年号。同年五月,元昊改兴州为兴庆府,定为首都,大兴土木修建宫城和殿宇。同时在朝中设立一套完整的官制。分文武两班,设中书省、枢密院、三司、御史台等,这些机构都是参照唐、宋官制而定的。党项族原来在服饰上没有贫富贵贱的区别,为了确定等级关系,元昊用法律的形式规

元昊开渠模拟图

暖泉农场昊王渠遗址

定了官民的服饰。规定文官头戴幞头，穿靴，执笏板，身穿紫色或红色官服；武官则按其品级分戴不同的冠饰；一般平民只准穿青色或绿色衣服。为了在文化上和宋、辽一较高下，元昊还让主要谋士、担任谟宁令的野利仁荣创制了蕃书，即党项人自己的文字。元昊下令全国学习这种文字，以后的诏令、法律、佛经等都用这种新创制的西夏文字书写。从形体上看，西夏字方正刚劲，很能体现党项民族纯朴厚重的文化心态。元昊还对西夏国内的军事制度进行了改革，废除了部落军事民主制，开始用兵法管理党项诸部，还从豪族子弟中选取武艺高强、弓马娴熟的年轻士兵，组成5000人的护卫亲军，由元昊亲自指挥。元昊在自己统治辖境内设立了12个监军司，以黄河为界，分左、右两厢。各监军司设都统军、副统军、监军使各一员，由党项贵族担任。下设指挥使、教练使、左右侍禁官等数十人，分别由党项人和汉人担任。

在做好了充分的准备之后，大庆三年（1038年）冬十月，西夏都城兴庆府南郊，修建起一座高坛，这就是为元昊登基称帝特意修筑的。在威严的鼓乐声中，元昊头戴金冠，身着帝袍，缓缓走上了坛顶，在祭祀了天地和祖先，并接受了群臣的敬贺后，正式宣布建立大夏国，自号大夏世祖始文本武兴法建礼仁孝

皇帝,简称大夏皇帝。改大庆三年为天授礼法延祚元年。并遣使送还以前宋朝所给他的旌节敕告。从此,一个雄踞西北190年,先后与北宋、辽及南宋、金三足鼎立的地方政权正式建立了。

元昊一生共娶了7位妻子,他的第一任妻子是卫慕氏,是他的母亲惠慈敦爱皇后的娘家侄女,也是元昊的表妹。卫慕氏从小就失去了父母,被惠慈敦爱皇后一手抚养长大,品行端良淑德,长大后,与元昊成婚。卫慕氏是银、夏一带党项大族,在党项部落中具有重要的影响。卫慕氏首领卫慕山喜因为看不惯元昊穷兵黩武、连年征战,企图刺杀元昊,另立新主,可惜计划不周,被元昊发觉。元昊一怒之下,把卫慕山喜全族男女,老老少少,全都绑起来扔进黄河溺死。可是自己的母亲和妻子也是卫慕氏家族的成员,该怎么发落呢?元昊一狠心,把自己的母亲也赐死,正巧妻子卫慕氏此时身怀六甲,已经有了元昊的骨肉,元昊总算有一点人性,把怀孕的妻子关起来没有杀死。等到第二年,卫慕氏生了一个男孩,满心欢喜的卫慕氏以为元昊一高兴会放了他们母子,可是万万没有想到的是,元昊的另一位宠妃野利氏向元昊吹枕边风,说卫慕氏生的孩子长得不像元昊,肯定是个野种。元昊一听大怒,立即下令把卫慕氏母子统统杀死。元昊的第二任妻子索氏,和元昊的夫妻关系并不好。因为得不到元昊的宠爱,整天以唱歌跳舞、调琴鼓瑟来打发时间,又非常喜欢穿衣打扮。元昊领兵出征,和吐蕃大首领唃厮罗大战于牦牛城,被打得大败而逃,有人就传言说元昊在前线战死了,索氏一听元昊死了,非常高兴,自己可以嫁给别人,不再空守闺房了。于是她整天盛装打扮,喜笑颜开,可是元昊却活着回来了,索氏非常害怕自己也遭遇到卫慕氏一样悲惨的命运,只好自杀了。元昊的第三任妻子都罗氏,年纪轻轻就死了。元昊的第四任妻子咩迷氏,和元昊的夫妻感情也很淡薄。咩迷氏为元昊生了一个儿子阿哩。由于和元昊关系不好,被元昊送到夏州王亭镇居住,连儿子阿哩的面也难得一见。阿哩长大后,知道母亲的悲惨处境后,对元昊非常痛恨,想杀死元昊,接回母亲。可惜被人告发了,元昊得知自己的儿子要杀他,勃然大怒,下令将阿哩五花大绑,扔进了黄河,并且派人到夏州杀死了咩迷氏。元昊的第五任妻子是野利氏,是天都大王野利遇乞的妹妹。野利氏长得非常漂亮,身材修长,面容姣好,善解人意,聪明可人。元昊非常宠爱她,野利氏喜欢戴高高的金饰"起云冠",元昊就下令宫中所有人一律不准戴金冠。野利氏为元昊生了3个儿子,长子宁明,是一位天资聪慧、仁爱孝顺的年轻人,被元昊立为太子,可惜因为笃信道教,练功走火入魔,早早就死了。次子宁令哥长相和元昊一模一样,深得元昊喜爱,被立为太子。三子薛埋,早早就夭折了。元昊的第六任妻子是辽国的兴平公主。早在德明在位时,就为太子元昊到辽国请求赐婚。辽太平十一年(1031年),辽国把兴平公主嫁给了元昊。可是这位辽国公主也得不到元昊的宠爱,只能终日郁郁寡欢,年纪轻轻就病死了。元昊的第七任妻子是没移氏,是党项大族没移氏首领没移皆山的女儿。没移氏长得非常美艳,体态妖娆,顾盼生姿,性情风流。原本准备嫁给元昊太子宁令哥的,可是当元昊这位未过门的儿媳妇来见公婆时,生性好色的元昊一见到没移氏,魂都飞到九霄云外去了,当即不管三七二十一,把没移氏纳入了自己的三宫六院,并且对她非常宠爱,把她立为新皇后。年老色衰的野利皇后不再受到宠幸了,被元昊赶到了别处居住。为了博得新美人的欢心,元昊在天都山修建了行宫,整天和新皇后躲在行宫里面寻欢作乐,不问国事。

元昊异常荒谬的所作所为引起了一些大臣的反对。其中就包括元昊的左膀右臂、掌握西夏军政大权的野利旺荣、野利遇乞兄弟的不满。元昊分境内军队为左、右两厢,野利旺

西夏承天寺塔

荣统帅左厢,为谟宁令,号野利王;野利遇乞统帅右厢,为宁令,号天都大王。夏国君臣之间的嫌隙让宋朝有机可乘。宋朝著名将领种世衡巧用反间计,让元昊杀了野利旺荣。野利遇乞也因为是野利旺荣的亲弟弟而受到了猜疑,被关进了大牢,后来种世衡又略施小计,使元昊把野利遇乞也给杀掉了。

　　野利兄弟被冤杀后,引起了一些党项大族的不满,导致国内政局动荡。元昊为了安抚野利族人,便命人把野利遇乞的妻子没藏氏接到宫里居住。这个没藏氏也是个绝色美人,生得面若桃花,体态风流。没藏氏刚刚丧夫,被接入宫内,对元昊不杀之恩十分感激。风流皇帝元昊一见没藏氏,不禁色心又起,竟在宫内与没藏氏私通。宫内人多眼杂,丑事被皇后野利氏发觉后,大哭大闹不肯甘休,元昊没法子,只好把没藏氏送出宫去,让她出家为尼,居住在兴庆府戒坛寺内,赐号没藏大师。但元昊对这位没藏氏念念不忘,时不时地溜出宫去,借礼佛为名,跑到戒坛寺和没藏氏私通一番。元昊每次出去打猎,都要把没藏氏带上一同出游。天授礼法延祚十年(1047年)春二月,元昊与没藏氏在一个叫两岔河的地方打猎游玩,没藏氏在此为元昊生了一个儿子,取名为谅祚。元昊非常高兴,立即下令封没藏氏为皇后,封其哥哥没藏讹庞为国相。

　　天授礼法延祚五年(1042年),元昊刚刚迎娶了他的第七个妃子没移氏,不久,谣言四起,说什么没移氏本来应该是太子的未婚妻,因天生丽质,貌美倾城,便被元昊霸占了去。一时间,有关没移氏本是太子妃的流言蜚语,充斥

了整个兴庆府。当时元昊为了安定人心,迅速赶回了兴庆府。这样的谣言出自何人之口,自然是无从查起,恐怕除了元昊之外,谁人也不敢过多盘问。当时的太子宁明,也是一心修道炼丹,无心过问此事。时间一长,谣言不攻自破,自然也不再有人提起。

可是,如今又有人旧事重提,兴庆府街头巷尾又开始议论纷纷,说什么没移氏本是太子的未婚妻云云。此时,前太子宁明已经病逝,而新任太子宁令哥,也不过十来岁,谈婚论嫁恐为时尚早。何况,前太子宁明生前也不曾过问此事,不知何等好事之人竟在这前太子刚刚逝去、新太子继立之时,又将这样的流言蜚语传播出来。如此胡言乱语,恐怕背后之人居心叵测。元昊像当年一样不闻不问,别的人自然也不敢过多议论,就这样,任凭流言蜚语,慢慢消逝。然而,野利皇后却从这样的谣言中感受到了一些危险的信号,她知道肯定是有人在背后捣鬼,因此既紧张又害怕。特别是自己娘家兄弟野利旺荣和野利遇乞已经相继被元昊杀害,现在自己无依无靠。这样的恐惧每天萦绕在野利皇后心头,着实叫她寝食难安。

野利皇后整天疑神疑鬼,长期处于精神欠佳的状态,自然就越来越得不到元昊的喜欢,终于,元昊听信了没藏讹庞的建议,找借口废去了野利氏的皇后之位,立温柔善良的没移氏为皇后。

舅舅们相继被杀,现在母后又被废,试问有这样背景的太子还能立多久?

西夏陵

年仅13岁的太子宁令哥心中充满了恐惧和仇恨。身为父王的元昊整日寻欢作乐，竟然也没能察觉到自己心爱皇子的艰难处境。在宁令哥眼中，曾经对他疼爱有加的父王已不再和蔼可亲，已不再爱他。该如何抉择，宁令哥不知所措。而躲在幕后，以妹妹没藏氏的裙带关系登上国相位置的没藏讹庞密切关注着事态的发展。在他看来，宁令哥的太子之位，废黜已经是迟早的事，不足为虑。他所担心的是，元昊新立的皇后没移氏，万一她再给元昊生个儿子，那么他的小外甥，即妹子没藏氏所生的谅祚不就当不上太子，更没有机会继承皇位了吗？没藏讹庞想来想去，终于决定实施下一个步骤：借太子宁令哥之手杀掉元昊，然后再趁机废黜宁令哥太子之位，接着以谋逆之罪杀掉太子宁令哥。只要元昊一死，他的小外甥谅祚别说是接任太子之位，就是立即继承皇位也不是问题。真可谓是一箭三雕。

在没藏讹庞的挑拨教唆之下，一个月黑风高的夜晚，宁令哥带着几个贴身随从，突然来到了父王位于贺兰山下的离宫，熟睡中的元昊被值勤卫士唤醒，看见自己最疼爱的皇儿到来，元昊甚是欢喜，示意卫士退下。心想着，皇儿真是有些时日没有过来了，却不知深夜造访，所为何事。便迎上前去，想要问个究竟，不料，刚走近宁令哥，来不及问话，却见宁令哥突然发疯一般冲上前来，手持短剑，刺向元昊。元昊急忙躲闪，并大喊一声，值勤侍卫应声冲进寝宫，只见太子和他的侍从手持短剑，追逐陛下，见侍卫冲进来，宁令哥只身跳窗、逃之夭夭。宁令哥的同党——贴身侍从却被卫士们瞬间剁成肉酱。宁令哥一剑虽然没有刺中要害，但却割掉了元昊的鼻子。趁乱出逃的太子宁令哥，躲进了没藏讹庞的家中。年少无知的他以为给他出谋划策的国相没藏讹庞会把他保护起来。他哪里知道，在确认元昊驾崩之后，达到目的的没藏讹庞凶相毕露，将惊恐万状的宁令哥乱刀砍死。关在深宫的废后野利氏还不知外面发生了什么，就被没藏讹庞派来的人以叛乱罪杀死了。

天授礼法延祚十一年（1048年）正月，年仅1岁的谅祚登上西夏皇位宝座。他的母亲没藏氏被尊为皇太后，没藏讹庞为国相，集西夏军政大权于一身，西夏进入了外戚专权的时期。从此，西夏王朝开始渐渐衰弱，最终于1227年被新兴的蒙古所灭。

争地盘夏辽大战
破离宫眷属被掳

从西夏府城兴庆府的整体布局来看,府城处于平原灌区的中央,是大夏国的政治、军事和经济中心;府城西北,以贺兰口内"皇城"(木栅行宫)为中心,则有一系列深入贺兰山中的皇家离宫别院;府城西南,山前一组陵墓群体,是西夏统治集团作为精神寄托象征的"祖坟"。这三者正好联成一个大三角,构成相互呼应的态势。在西夏时期,位于银川市西夏区境内的西夏离宫也未能免于战火的摧残,曾被深入夏境的辽国大军毁坏殆尽。

西夏后妃供养像

夏、辽两国都是少数民族建立的政权,它们之间的关系,从某种程度上来讲是在共同对付宋朝的基础之上建立起来的。当年宋太宗借夏州党项宗族内部矛盾重重,难以调休为由,遣使下诏,令夏州党项首领李继捧入朝觐见。李继捧本不愿入朝,但迫于当时的形势和来自宋廷的压力,无奈之下,只好去往汴京觐见宋太宗,并表示愿意献出党项所辖的银、夏、绥、宥四州八县之地。李继捧的这一举措遭到了本家族弟李继迁的强烈反对,他愤然出逃,起兵抗宋。李继迁认识到自己将少兵寡,势单力薄,想要割据一方,与大宋王朝抗争,称王自立,谈何容易。就在这时,李继迁的谋士张浦高瞻远瞩,审时度势,为他分析天下形势,并献上了足以改变党项民族历史发展的两个战略性决策,其中之一便是"联辽抗宋",即通过投靠宋朝的劲敌辽朝,以求得物力、人力、财力等各方面的支持。

宋雍熙三年(986年),宋军第二次北伐辽朝,正当宋军连克沿途州县,节节胜利,辽国感到形势危急的时刻,李继迁觉得时机成熟,便遣使请求投附辽

朝。辽圣宗欣然采纳了西南诏讨使韩德威的意见,准予李继迁归顺,并任命李继迁为定难军节度使,赐给大量物资,支持他和宋朝对着干。随后的历史发展证明,李继迁"联辽抗宋"的策略取得了巨大成功。

李继迁归附辽朝不久,为了进一步密切两国关系,取得辽朝更大的支持,他亲自率领500骑兵到辽夏边境向辽朝求婚,请求辽圣宗下嫁公主。当时恰逢辽与宋作战失利,辽圣宗觉得大辽急需李继迁从西北河朔一带牵制宋军,于是非常痛快地答应了这门亲事。要知道,此前辽朝从未将公主嫁与番邦邻族,以后也是少见。而李继迁刚刚与辽朝结好,辽圣宗就同意把公主许配给他,由此可见,夏辽关系从一开始就非同一般。三年后,辽圣宗兑现承诺,将宗室女封为义成公主,下嫁给李继迁。

李德明即位之时,宋朝方面在位的是宋真宗,也是刚刚继位不久,他实行的是从宋太宗时就开始实施的"守内虚外"和"安定国内"的治国方略,因而不愿与夏州李继迁轻举干戈。李德明心里盘算,只要宋辽能保持互斗的状态,我

——宋夏交战图

夏州力量他们必将各自努力争取,鹬蚌相争、渔翁得利。鉴于整个形势的变化,加上李德明一心想要全力西征,以洗国耻家仇。为了减轻来自宋朝的威胁,便决定与宋朝达成和约,互不侵犯,友好往来。辽朝皇帝也认识到一直依附于自己的西夏如今也有了相当的实力,不可小觑;也意识到长期以来对西夏所采取的压服策略已经行不通了,只好改施羁縻笼络的政策,封李德明为大夏国王。

李德明、李元昊时期的夏辽关系与李继迁时代已发生了很大的变化,虽然两国一直保持着比较好的礼尚往来的关系,特别是实现了夏辽第二次和亲。然而,随着宋、夏、辽三国对峙形势的不断变化,夏、辽两国之间大大小小的摩擦不断发生,两国关系渐行渐远,以至于发展到后来的兵戎相见,夏辽之间一共进行了三次大规模的战争。

第一次发生在1044年。导致战争的原因是多方面的,但真正的导火线是双方为了争夺边界地区的党项族。西夏天授礼法延祚六年(1043年)八月,居住在辽国夹山地区(与西夏接壤)的党项部族呆尔族,因为不愿再接受辽国的统治造反了,辽国几次派兵前去平定都没有成功,于是,辽兴宗就命令元昊出兵,与辽军一起前去镇压。镇压之后,辽兴宗自己独享了所有战利品,一点也没分给元昊。事实上,当时元昊称帝建国以后,为了争取宋朝的承认,发动了几次较大规模的对宋战争,都取得了重大胜利,居住在夏辽边界辽朝境内的党项族看到自己本民族建立的大夏国日渐强大,国运昌盛,纷纷前来投附,本来元昊还一直不太同意他们归属西夏,因为他不想和辽国撕破脸,这次他却欣然接受了他们的归附。

辽兴宗认为元昊不应该接受辽朝边境党项族人的归附,并遣使发函,希望元昊能够及时遣回辽朝境内的党项归附者。但元昊现在不那样认为,他觉得党项族人归附党项族人建立的王国,此乃天经地义、理所当然,所以他不但没有将这些投附者送还辽朝,反而表现出一种要主动派人前去招纳、接收边界党项族人的姿态。是年七月,辽朝出兵征讨背叛的党项族,元昊以同族为由发兵援救,还杀死了辽朝招讨使萧普达等人。如果说之前李元昊对付辽国的动作算小打小闹的话,那么这次他就是捅了马蜂窝,彻底惹怒了大辽国的皇帝。

辽重熙十三年(1044年)十月,辽兴宗亲自率领10万骑兵出金肃城(今内蒙古准格尔旗西北),以皇太弟天齐王耶律重元为骑兵大元帅,率领7000骑兵出南路,北院枢密使韩王萧惠统兵6万出北路,以东京留守赵王萧孝友率师为后援,兵分三路,浩浩荡荡,渡过黄河,向西夏发动了大规模进攻。

一直以来,西夏与辽朝隔河相望,两国长期结盟,互为声援,故黄河沿岸根本就没有修筑过稍微大一点的城堡寨垒,有的只是一些小小的驿站性质的据点。既然无城可据、无险可守,李元昊干脆就统统弃而

辽耶律倍《骑射图》中契丹骑士

不守。因此,辽朝三路大军进入西夏境内后,长驱直入400余里,没有遇到任何阻击和抵抗,甚至连一个夏人也没见。辽兴宗只好率领大军在德胜寺南壁安营扎寨,观察形势,等待战机。只有辽朝北路大军在抵达贺兰山北侧时,遭到了元昊的埋伏。但辽朝大军来势凶猛,不可抵挡,将军萧迭里得英勇无比,身先士卒,左右驰射,率领庞大的骑兵军团直入夏兵军镇之中,左冲右突,才几个回合,便将西夏军团冲散开来,夏兵自知寡不敌众,只好撤退。这个时候,辽朝的后援大军还在源源不断地进入西夏境内,人马越聚越多。一向足智多谋又奸诈狡黠的元昊看到这样的情景,觉得既然自己已经明显处于劣势,如果还要硬拼的话,无疑是以卵击石,自找苦吃。好汉不吃眼前亏,元昊下定决心以退为进,使用缓兵之计,派出使者向辽朝谢罪请降。辽兴宗得到元昊确实

是真心请降的准确消息后,命令北院枢密使萧革率部前去接受元昊的请降。但辽兴宗并不相信元昊会真心投降,决定趁其不备,一举消灭元昊和他率领的西夏主力部队。哪知元昊更聪明,与辽朝特使约定请降之后,依然不放心,眼见辽朝军队人多势众,此刻虽然表示同意他请降,但谁敢保证辽朝不会临时变卦,突然对他发起进攻呢?于是乎,元昊心生一计,立即上书辽兴宗,说古者圣贤帝王,战必重礼,今日陛下前来却不曾相告,臣愚昧以为陛下当发给我夏国宣战之书,如此,夏国请降岂不更加心服口服,他日必当服服帖帖。接着以此次大战没有得到辽朝的宣战书为由,提出容许他率军先后退30里,等待辽国战书。辽兴宗没有理由拒绝,只好应允,哪知,这元昊一口气,一连退了三次,一下子退出辽营近百里地。撤退之时,元昊还下令军卒每退后30里,就将方圆几十里的田园枯草统统放火烧尽。坚壁清野之后,辽军兵无粮,马无草,在这种情况下,辽兴宗只好许和。但元昊又上表说,为了表示对大辽的敬重,他认为应当挑选一个良辰吉日,方便做好各项准备,再与大辽陛下商谈和议事项。元昊故意拖延,迟迟不肯去辽大营接受和议,直到数日之后,他觉得辽军已经出战半月有余,想必此时已经是草尽粮绝,人马疲惫了,估计也没有什么精力再打仗了。于是,便率大军突然向辽军发动了猛烈进攻。辽兴宗难以抵挡,在护卫的重重簇拥之下,这才杀出一条血路,突出重围,落荒而逃。

这里还有一个小故事。话说以前,元昊每次逮着辽国人,都要把他们的鼻子割了,所以这次辽国兵士一个比一个跑得快,生怕被西夏人逮到割掉了鼻子。辽兴宗一路狂奔,总算摆脱了西夏人,正在心有余悸地大口喘气的时候,有一个叫罗衣轻的伶官跑过来,对辽兴宗说:"陛下,赶紧看看你的鼻子还在不在?"辽兴宗听了大怒,心想你一个小小伶官居然敢这么跟我说话,活得不耐烦了!他当时就命人用绳子将罗衣轻五花大绑,捆在了帐后,准备心神安定以后,杀了这个不知死活的戏子。就在所有人都认为罗衣轻必死无疑的时候,辽兴宗却放了他。因为辽兴宗知道罗衣轻并非真的嘲笑自己,而是用一种委婉的方式告诉自己,发动这场战争是错误的。他想明白以后,自然就把罗衣轻放了。

这一仗西夏俘获了辽朝驸马都尉萧胡以及辽朝近臣数十人。缴获的车骑、器服等物堆积如山,史称"河曲之战"。

元昊取得河曲之战胜利后,考虑到西夏连年战事,国内财力困乏,百姓需要休养生息,而辽朝虽然战败,但其综合国力远远强于西夏。同时,在夏、辽、宋三国的关系中,西夏最为弱小,要想生存和发展下去,就必须依靠结盟,要想和强大的宋朝持续抗衡,必须结盟,数来数去,也就只有辽国这个盟友比较可靠了。利用辽、宋矛盾向宋朝讨价还价,还可以取得更多的经济利益。因此,元昊取胜后,不失时机地派遣使者同辽朝讲和。辽朝因为暂时无力与大夏国再战,也乐得就坡下驴,答应和西夏讲和,辽、夏第一次河曲之战宣告结束。

短短几年时间,西夏与宋朝、辽朝连续进行了几次战役,不仅在军事上取得了重大胜利,而且在政治上也取得了平等的地位。虽然西夏在形式上仍要向宋、辽称臣纳贡,然而,实际上已成为西北地区的一个军事强国。至此,西夏王国与宋、辽王朝已形成三足鼎立之势。

辽兴宗是一个虚荣心极强的皇帝,退兵回辽以后,对上次的"河曲战败"一直耿耿于怀。辽重熙十五年,即西夏天授礼法延祚九年(1046年)十一月,辽兴宗再次对西夏大举进攻。辽朝大军渡过黄河后,遇到了跟上一次一模一样的状况,一口气向西夏腹地推进数百里,竟如入无人之境。辽兴宗对上次河曲

榆林窟第二窟西夏供养人像

之战心有余悸,故而在进攻之初,便考虑到退路,他派遣西南面招讨使萧蒲奴把数十艘大型舰船用铁索连在一起,在黄河上搭起十分壮观的浮桥。为了防止黄河顺流而下的漂浮物撞坏浮桥,萧蒲奴又派军士划着小船来回巡逻。可惜的是,有关这次战役的战况,目前所见史料没有留下更多的记载,似乎辽军根本就没有找到西夏军主力。

辽重熙十七年,即西夏天授礼法延祚十一年(1048年),西夏祸起萧墙,元昊被弑身亡,一时间夏国朝纲不振、乱象四起,西夏太子宁令哥旋即被大臣没藏讹庞诛杀。当时元昊的小儿谅祚,年仅周岁,在皇后没藏氏的簇拥下匆忙继位,朝政随之落入皇后没藏氏及李谅祚的舅舅、没藏氏的哥哥没藏讹庞手中。李谅祚继位以后,没藏氏遵照前朝旧规,立即分别遣使携贡赶赴辽、宋,请求予以册封。

一直居心叵测、时刻准备对西夏大举用兵的辽兴宗认为机会来了。他不但不册封李谅祚,反而以西夏贺正使来迟为由,扣压了西夏贺正使。

没藏氏见派出的使者迟迟不归,焦急等待之中,又听说辽朝准备大举进攻西夏,更加惶恐。考虑到西夏国人正因为元昊的去世而悲伤不已,谅祚年幼刚刚即位,没藏氏兄妹二人专擅国柄,遭到不少元昊旧臣的不满,他们不想这么快与辽国发生战争。既然没有别的办法,就只能假装什么都不知道,故作虔诚,再派使者前往辽朝,一来请求为谅祚册封,二来顺便探探辽朝虚实。这次西夏使者带去了更丰厚的贡品,一方面上表请求辽兴宗念及元昊已经去世,原谅夏国,并尽快册封谅祚;另一方面西夏使者每到一处,便留心观察,探看辽朝虚实,以判断辽国是否真的要对西夏采取军事行动。没藏氏兄妹郁闷无奈的是,这次派出去的使者跟上次一样,羊入虎口,又被辽兴宗以各种理由给扣压了,反倒给了辽朝出兵西夏的又一个理由。

就在没藏氏两次遣使辽朝期间,辽朝已经做好了进攻西夏的全部准备工作。辽兴宗发布昭告,摇身一变把自己塑造成了夏国保护神。昭告之中,先是数言辽夏两国人民结盟互助,情同手足,多年的友谊和感情深厚。又转话锋,借口夏国太后没藏氏不遵先王遗命,擅自拥立谅祚继位,企图与其兄没藏讹庞擅权主国,罪在不赦,念及辽夏两国世代交好,今特率大辽精兵前来助夏国铲除奸逆,保夏国民主安泰。辽兴宗一声令下,大军兵分三路,以天齐王耶律重元、北院大王耶律仁为先锋,率先向西夏杀来,三路大军尾随其后,气势汹汹紧随而来。南路以韩王萧惠为行军都统,赵王萧孝友、汉王粘不为副都统。中路由辽兴宗亲自统领,北路以敌鲁古为行军都统。尽管辽朝南路大军由于统帅韩王萧惠轻敌而遭到惨败,但是另两路大军却取得了胜利。辽兴宗的中路大军打败了西夏军队的拦截,渡过黄河,攻克西夏东部要塞唐龙镇。北路辽军在行军都统敌鲁古的率领下,绕道凉州,一路过关斩将,直趋贺兰山,打败扼守贺兰山险要的一千西夏军队后,一路狂飙,杀进元昊时修建在贺兰山上的离宫别墅,俘虏了西夏国母没移氏及一部分西夏臣僚的家眷。

夏辽之战,互有胜负,辽兴宗鉴于夏军固守城寨,颇有方略,也苦于与夏军作战辽军的损耗,遂历数没藏氏几大罪状,并声明此次讨伐乃是给予严正警告,希望好自为之,随后便下令班师回朝了。

本来这次战争,夏辽双方互有胜负,请和当在情理之中。但掌管西夏军政大权的太后没藏氏及外戚没藏讹庞等并没有审时度势,反而不自量力,接连向辽朝发起进攻。就在夏辽战争结束后的第二年(1050年)二月,没藏讹庞派遣大将洼普、猥货、乙灵纪等,率兵进攻辽朝金肃城,遭到早有准备的辽朝南面林牙耶律高家奴、西南招讨使耶律普里笃的迎头痛击,结果夏军大败,猥货、乙灵纪等大将战死,洼普中箭,带伤逃回。三月没藏氏又率兵进屯河南三角洲(今内蒙古达拉特旗南)一带,准备袭取辽朝的威塞堡,结果又被辽朝殿前都点检萧迭里得率领的轻骑兵击溃。是年五月,辽兴宗决心再次发兵西夏,命西南面招讨使萧蒲奴、北院大王耶律宜新、林牙萧撒末等率部出征,行宫都部署别古得监战,北院同知枢密使萧革驻守边城声援。辽军长驱直入,将西夏首都兴庆府团团围住,没藏氏不敢出城迎战,只是下令诸将闭城坚守。六月,辽军攻破了贺兰山西北的摊粮城(今内蒙古巴彦浩特北),大掠而回。

在辽国接连不断打击下,没藏氏深感西夏国力衰减,无法与辽国抗衡,这才下定决心遣使向辽朝求和。而辽国也因与西夏的几次战争,国力消耗不少,虽然在前两次战争中损失惨重,但第三次战争的胜利多少也挽回些面子。辽兴宗心里明白,两国再这样打下去,得利的只能是宋朝,因此,也就答应了西夏的求和。辽重熙二十二年(1053年),西夏国主李谅祚进降表,辽兴宗遣林牙高奴贲招抚谕,夏、辽两国终于重新恢复了和平。

风拂檐铃佛塔密
云锁空山夏寺多

西夏建都兴庆府（今银川市）后，为了满足穷奢极侈的享乐生活和宗教活动的需要，在接近京畿的贺兰山东麓地带大兴土木，建造了大量的皇家园林、佛教寺院，其皇家宫苑除京城之内的宫城和元昊宫（避暑宫）外，就数京畿附近的贺兰山脚下的皇家林苑最为著名了。这一大片皇家园林和佛教场所大多位于今天的西夏区境内。许多达官贵人、王公勋戚也纷纷效仿，在贺兰山脚下建造别墅居所。这里逐渐成为西夏最重要的皇家景观园林场所，是西夏上层人物夏季避暑、活动的好去处。西夏都城由灵州迁至兴庆府的一个重要原因，就是这里西、北靠贺兰山，地理形势好。从军事上说，这里阻山面河，可攻可守。一旦军情紧急，还可逃上林木葱郁的贺兰山，或者通过山间隘口通道避向山后。

据《西夏书事》卷十八记载，西夏天授礼法延祚十年（1047年），夏主元昊"大役丁夫数万，于（贺兰）山之东营离宫数十里，台阁高十余丈，日与诸妃游宴其中"。虽然一座离宫的长度不可能达到数十里，但很可能贺兰山东麓方圆数十里内都建造了高十余丈的离宫台阁，遥遥相望，景色宜人。元昊醉心于贺兰山离宫的优美风景，晚年竟无心国事，居于贺兰山离宫中醉生梦死。天授礼法延祚十一年（1048年）正月元宵夜，太子宁令哥乘其父酒醉，执剑闯入贺兰山离宫，劓其鼻而去，元昊因失血过多卒于贺兰山离宫，年46岁。从侧面印证了贺兰山"离宫"在西夏历史上的重要地位。明代《弘治宁夏新志》卷一记载："元昊故宫：在贺兰山中，遗址尚存。""避暑宫：贺兰山拜寺口南山之巅。伪夏元昊建此避暑，遗址尚存。人于朽木中尝有拾铁钉长一二尺者。"明代时西夏贺兰山宫殿已被毁坏殆尽，但从遗址仍可看出其惊人的规模，就连铁钉都长一二尺，宫殿可想而知有多么雄伟壮观了。清代《乾隆宁夏府志》《乾隆中卫县

西夏地形图

志》也记载：贺兰山东麓"广武西大佛寺口亦有元昊避暑宫"，明代宁夏巡抚王琼《渡河过广武营》诗中有"元昊遗宫长薜萝"之句，可为佐证。

　　详细标注贺兰山离宫和寺院规模与数量的重要历史文献是《西夏纪事本末》所载西夏地形图，在图中可以清楚地看到兴庆府城址、贺兰山九条谷道以及"西夏祖坟"（西夏陵）等的具体位置，还有贺兰山"木栅行宫""卫国殿"等，这两个地方应该是皇室所居的两处离宫。特别值得注意的是"木栅行宫"旁标有"夏贼逃所"字样，可以看出西夏贺兰山离宫不仅是皇家享乐游宴的园林建筑，还是战争时期王室贵族们紧急避难的场所，一旦兴庆府被敌军围困，西夏皇族就可以逃往木栅行宫等处，再沿着贺兰山九条谷道逃向西夏河西地区，由此可以看出西夏离宫的重要性。图中还有"贺兰池"之地名，估计为一贺兰山泉水汇聚之所，图上标明"有泉九十九眼"，无非是说明山中泉眼众多，水量充足，可供各处离宫别院使用。

　　近年来，通过考古挖掘和考察，陆续发现了贺兰山附近多处西夏离宫遗址。它们星罗棋布，互相连接，由南向北，依次排列。重要的遗址有滚钟口、黄旗口、镇北口、拜寺口、西峰沟、贺兰口、大水沟等，南北延伸达数十里。它们的共同特征是：位于贺兰山主峰以下的东麓老林区附近，成环状分布。宫殿基址所在的山坡被切成梯田形，大小不等，以石块垒砌，并筑有石砌台阶，遗址上发现了大量的西夏建筑残件，以及西夏瓷器、货币等物品。

风拂檐铃佛塔密
云锁空山夏寺多

宁夏贺兰县西夏宏佛塔

贺兰山规模最大的离宫遗址，位于贺兰山大水沟的沟口两岸，这里有依山势用石块垒砌的建筑台地数十处，南北逶迤10余里。其中沟口北岸有3组建筑台地，沟口南岸有10余处，台地多呈长方形。遗址上发现有大量西夏时期琉璃砖瓦、鸱吻、瓦当等物，相传这里就是"昊王宫"故址。另外，在沟口南北山麓坡地上，有以双行石块垒砌而成的房基数十处，但其上并无建筑材料，估计应该是西夏保护离宫安全的兵营。

据《朔方道志·重建贺兰庙碑记》载：贺兰山滚钟口（俗称"小口子"）为"西夏古名胜地"，沟口内有20多处西夏宫殿遗址，大多建于离沟口数里的青羊溜山巅上，地表遗有大量残砖碎瓦，其形制特征与西夏陵区出土无异。1984年夏季山洪暴发时，还曾从沟中冲出一罐铜钱，计125公斤，3万多枚，最早为西汉半两钱，最晚是西夏时期的"光定元宝"，可见此处曾是重要的西夏离宫旧址。

贺兰山镇北口（即镇木关沟）内也有四五处西夏离宫遗址，分布于沟北岸的山坡上。其中最高处的遗址是一个北依山峰、三面临沟的台地，地形险要，风景奇特，其上遍布建筑残件，面积约2000平方米，民间俗称"皇城台子"。除以上所述外，贺兰山各沟口内还有众多的西夏离宫别院遗址，规模宏大，数不胜数。

西夏时期，佛教昌盛，近自畿甸，远及荒要，到处修寺，其中又数贺兰山中的寺院最多最繁华。明代《嘉靖宁夏新志》载李梦阳诗曰："云锁空山夏寺多"，可见西夏寺院遗址之多。清人在《乾隆宁夏府志》中也记载道："（贺兰）山口内各有寺，多少不一，大抵皆西夏时旧址，元昊宫殿遗墟，断甃残甓所在……"著名的贺兰山西夏佛寺有五台山寺、佛祖院、大佛寺等。贺兰山佛祖院是西夏时期大量雕印汉文佛经的一个文化中心。贺兰山"五台山寺"，可能是西夏效法山西五台山，在贺兰山中建造的一组寺庙群。山西的五台山是中国佛教的四大名山之一，相传为文殊菩萨道场。西夏早在德明时期就曾派使者到五台山朝佛，后来又在自己的"圣山"贺兰山中建造了西夏的五台山寺，其地点可能即今贺兰山拜寺口寺庙遗址。

拜寺口双塔耸立
宏佛塔惊现国宝

——拜寺口双塔

西夏上乐金刚图

位于银川市西夏区西北贺兰山东麓的拜寺口,是贺兰山诸多山口中比较有名的一个。拜寺口,原名"百寺口",顾名思义,这里曾经有着众多的庙宇寺观,据专家考证,这里发现的寺庙遗址达百余座,真是名不虚传。在这众多的庙宇建筑遗址中,最为有名的当属被列为全国重点文物保护单位的拜寺口双塔。拜寺口双塔矗立于拜寺沟口左侧的一座紫色山峰前的一个方形平台上,双塔相距百米,遥遥相望,它们已经傲然挺立在沟内达千年之久,虽饱经风霜雨雪,却仍然英姿不减。四面八方的游客慕名而来,对这两座宝塔赞不绝口,人们给它们起了很多美丽的名字,如"相望塔""夫妻塔""山神塔""海神塔""飞来塔"等。拜寺口双塔具体的建造时间已经没办法在史籍资料中确切考证了,但根据双塔周围散落的大量与西夏王陵相似风格的建筑构件残片来看,这里应该早在西夏时期就已经建有很多佛寺。西夏人尊佛教为"国教",在全国各地建造了很多宏伟的佛寺和佛塔,特别是在他们心目中的"圣山"贺兰山中,更是大兴土木,建造了规模很大的佛教寺院和佛塔。拜寺口双塔无疑是西夏人留给后人的珍贵佛教文物遗产。拜寺口双塔肯定是与拜寺口寺庙同时兴建,并且是西夏皇帝元昊贺兰山避暑行宫的重要组成部分。明万历年间修纂的《万历朔方新志》卷首宁夏镇北路图中,在拜寺口就标有双塔。根据塔刹发现的文物推测,双塔于元代早期曾进行过装修,修缮了塔刹,粉妆了壁面,但塔身未进行大的修理。明清时期,银川地区地震频繁,特别是清乾隆三年十一月二十四日(1739年1月3日)发生一次八级地震,双塔附近的建筑、房屋均被震毁,可是双塔却仍傲然挺立于崇山峻岭之前,这充分体现了西夏建筑业的高超技术。新中国建立初期,双塔已经残破不堪。1986年,宁夏文物管理部门曾组织对双塔进行重新修缮。在这次重修当中,考古专家们发现塔身多处造像和砖结构并不完全符合西夏时期的风格,根据周边其他经过修缮的痕迹来看,拜寺口双塔在历史上曾多次重新修缮,塔身基本上已经不再是西夏当年初建的原物。此外,在这次重修中,在两座塔塔顶的中心柱上发现了西夏文和梵文的铭文,在对中心

西夏捺印佛板画印本

柱进行碳14测定后,可以确认拜寺口双塔均为西夏晚期所造。1988年,拜寺口双塔被列为全国重点文物保护单位。

关于拜寺口双塔的来历,当地还曾流传着一个美丽的传说。据说很久以前,朝政腐败,民不聊生,贺兰山一带水旱灾频发,人们无法在此生活。在贺兰山拜寺庙中有一位得道高僧,年事已高,仍苦守佛寺净地,不愿逃奔他乡谋生。有一天晚上,他在睡梦中仿佛听到有人在空中说道此地不可久留。老和尚忙出庙察看究竟,只见拜寺庙东西两侧不远处,不知从哪里飞来了两座规模宏伟的佛塔。老和尚十分惊奇,他知道这两座宝塔定非人间凡品,估计是掉落凡间的佛宝。此地水旱频发,民生艰难,如果有这两座宝塔守护一方水土,定能造福桑梓,保护百姓,岂不甚美?想到这里,老和尚心生一计,他在东边塔下偷偷放了一把火,把塔烧伤了,再也不能飞走了,西边一塔也只好留了下来。拜寺口双塔又名"飞来塔",想必就是出自这个传说典故。果如老和尚所愿,自从双塔留在拜寺口后,当地从此风调雨顺,五谷丰登,六畜兴旺,人民过着幸福安康的美好生活。

拜寺口双塔是宁夏境内唯一的一处密檐式砖塔建筑。双塔造型精美,均为平面八角形密檐式,塔身华丽,每层均用各色琉璃瓦装饰,塔顶上仰的莲花瓣刹座,承托着十三层相轮作为塔刹。塔室为圆形,室内采用厚壁空心木板楼层结构,都具有直竖平地、不设基座、厚壁空心的特点,但是细部处理各有不同。在两塔之间原来建有佛寺,现已毁废不存。这里曾是西夏国主元昊离宫建筑的一个组成部分,西夏时期拜寺口内寺庙众多,香火鼎盛,游人如织。华丽的宫殿和寺庙相互映衬,金碧辉煌,庄严神圣,给气势雄伟、古木参天的拜寺口增添了无穷的魅力。今天,昔日的皇家离宫和佛家圣地都已化为废墟,只有双塔如两个昂首不屈的卫士,坚贞地守护着这片昔日的佛门净土和皇家圣地。拜寺口双塔是古代劳动人民智慧和才能的结晶,已成为研究西夏历史的重要文物古迹。同时,也是值得游客登临一览的著名风景名胜。

拜寺口双塔中的东塔,形体稍显瘦削,秀丽挺拔,平面呈八角形,每边长约2.9米,直径7.6米,通高约39米。除第一层塔身较高外,第二层以上,檐与檐之间的塔身高度逐层减少。第十三层之上,砌造上仰莲瓣形刹座,刹座上承托相轮。每层的塔檐下均有两个砖雕兽面,怒目下视,十分威严,使古塔更显神奇壮观。两个兽面之间是云托日月的图案。塔壁转角处是影塑宝珠火焰纹。塔门向南,有一条宽50厘米、高2米的券道进入塔室。塔室是圆形的,直径3米,塔室内第一层高3米,为圆木板阁楼装置。塔室正面墙壁上的彩绘壁画,栩栩如生。各层采用厚壁空心式的木板楼层结构,但木板已经塌毁,不能借其往上攀登。西塔塔身高14层,外形及高度和东塔基本相似,但其外形略显丰硕一些,比东塔更为雄伟华丽,彩绘浮雕装饰更多,显得凝重宏伟。底层每边长约3.2米,直径8.4米,通高约41米。除第一层塔身外,其余各层塔身的八面正中都砌有一个浅壁龛,龛内放置砖雕佛像一尊,都为影塑佛像,尚存36尊。第三至六层为罗汉,这些罗汉有拄杖倚立的老者,有神态潇洒的青年,有的瞑目思索,有的笑容可掬,有的手舞足蹈,有的诵读经文,具有浓厚的人文特色和生活气息。每七至十一层均为护法神,他们神态各异,项挂璎珞,腰系长带,手执法器,或舞动,或跳跃,或伸臂,或抬腿,动作自如,姿态健美。在佛龛的两侧均饰有直径30厘米的圆形砖雕兽头,兽口含串珠,怒目圆睁,獠牙外露,凶猛无比。佛龛左右上角塔身的每面转折处,又雕有一尊佛像。在正东第十二层佛龛内右上侧,发现有西夏文字题记,第十三层正东的平座上放置一完整的绿色琉璃套兽。塔顶佛龛内置有一根六棱木质中心刹柱,直径约30厘米,刹柱上有墨书西夏文题记和梵文字。拜寺口双塔建筑综合了中原佛塔传统特点,又把绘画和雕刻艺术结合起来,构成了两座雄伟壮观、绚丽多彩的艺术珍品。

11—13世纪,宁夏地区是西夏王朝的京畿重地,西夏人崇尚佛教,统治者不惜重金,向宋朝乞赐佛经,还从遥远的西域请来大德高僧讲经说法,西夏皇族和平民百姓无不礼佛,佛教盛极一时。在当时的西夏区境内,名刹宝塔相当多,绝大部分分布在贺兰山东麓的山谷间。西夏开国皇帝元昊信奉佛教,幼年时就通晓佛学,在他的倡导下,西夏人在贺兰山拜寺口建造了佛祖院,寺庙规模很大,随寺庙而建造了拜寺口双塔。历经千年沧桑,1986年,拜寺口双塔的塔身建筑构件已经严重老化,为了抢救文物,宁夏回族自治区文物管理部门对双塔进行了大规模的修缮,修缮时间从当年的4月持续到10月,使古塔的面貌为之一新。2003年,为了保护拜寺口双塔周围的贺兰山植被资源,宁夏回族自治区人民政府决定在贺兰山内封山禁牧,附近的牧民被悉数迁出安置。

拜寺口双塔是贺兰山东麓最著名的佛教古塔之一,早在明代编纂的《嘉靖宁夏新志》中,就收录有安塞王朱秩炅《拜寺口》一诗,盛赞双塔的绝世雄姿:

风前临眺豁吟眸,万马腾骧势转悠。
戈甲气销山色在,绮罗人去辇痕留。
文殊有殿存遗址,拜寺无僧话旧游。
紫塞正怜同卷画,可堪回首暮云稠。

贺兰山拜寺沟是个神奇的地方,除了闻名于世的拜寺口双塔外,还有很多珍贵文物深藏其中,还不为世人所知。特别是曾轰动海内外印刷界的出土文物——西夏文《吉祥遍至口和本续》——的出现,用实物形式无可争辩地证明了中国人是木活字印刷术的最早发明者。

1990年11月的一个漆黑的夜晚,在贺兰山拜寺口的深沟中,突然出现了几个鬼鬼祟祟的人影,这几个人是企图盗窃文物的盗墓贼。他们早就盯上了位于拜寺口深沟内的一座西夏古方塔。经过仔细察看,这伙人断定这座西夏方塔下一定埋藏着不少宝物。他们在古塔下埋下了炸药,企图用最野蛮、最原始的方法来盗取宝物。一声巨响后,古塔轰然倒塌。几个盗贼在大肆洗劫一番后,仓皇而逃。第二天一早,闻讯赶来的历史和文物专家们望着遍地的残砖破瓦,心情十分沉重。这个隐居贺兰山深沟的千年古塔,没有被无数次的狂风暴雨和地震山洪摧毁,却毁在了无比贪婪的盗贼手下,真令人痛心!古塔中到底埋葬着什么奇珍异宝,让丧心病狂的盗贼不惜以玉石俱焚的方式将它摧毁呢?

为了尽可能地减少损失,考古专家们当即对古塔废墟进行了清理和检查。在考古工作者初步的调查中,被毁现场除了发现一根塔中心的木柱外,就只有残垣断壁了,塔中珍贵的文物早就被劫掠一空,没有人奢望能从中找到有价值的文物来。然而让人意想不到的是,这堆废墟里竟然埋藏着一个神秘宝藏。时隔近一年的秋天,宁夏文物保护单位再次组织专家来到这里进行抢救性考古挖掘,功夫不负有心人,奇迹真的发生了,考古人员在一堆碎砖的下面,意外地发现了一些珍贵的西夏文物。它们是西夏文佛经、汉文佛经、汉文文书、西夏文木牌、印花和绣花丝织品,甚至还有一个用彩绸精心包裹的舍利子包。塔中心柱上发现有墨书汉文和西夏文题记,汉文题记是建塔发愿文。部分文字为:"特发心愿,重修砖塔一座,并盖佛殿,缠腰塑甄佛像,到四月一日立塔心柱,奉为皇帝皇太后万岁,重臣千秋,风调雨顺,万民乐业,法轮常转。今特奉圣旨……"从这段文字可知,方塔不仅为西夏所建,而且是与皇族有关的建筑。近年来,有关专家又在塔心柱残片模糊的字迹中,辨认出"大白高国大安二年"等字,"大白高国"是西夏国名,"大安"是西夏第三代皇帝秉常的年号,"二年"当指1075年。这是方塔确切的始建纪年,是目前所知西夏古塔中唯一有具体纪年的高层佛塔。这座历时920多年的古塔,历经兵燹战火,地震破坏,风雨侵蚀,仍然保留到20世纪90年代,是多么不易!竟然毁于盗贼之手,怎能不让人扼腕痛惜!这些西夏文物的发现,进一步证明了西夏时期拜寺口内宗教文化的繁荣兴盛。

西夏供养人像

《吉祥遍至口和本续》

在这座拜寺沟方塔中发掘出的最重要文物是一批用西夏文书写的文书，这些文书大部分是佛教经典。如西夏文印本《吉祥遍至口和本续》以及汉文印本《初轮功德十二偈》、写本《修持仪规》和《吉祥上乐轮略文虚空本续》等，具有很高的研究价值。这些佛教典籍中最珍贵的当数《吉祥遍至口和本续》，该《本续》共计9册约10万字，白麻纸精印，蝴蝶装；有封皮，扉页，封皮上贴有经名，标签；书品高30.5厘米，宽19.3厘米；正文四界子母框，上下高20.5厘米，左右宽31.6厘米；版心宽1.2厘米，无鱼尾，上段为经名简称，下段为页码；经文每半面10行，每行22字。9册《本续》的正文，最多的37页，最少的17页。从经名的不同，知此经包括四部分内容：一是《本续》本身，存卷三、卷四、卷五，计3册；二是《要文》，全称是《吉祥遍至口和本续之要文一卷》，计1册；三是《广义文》，全称是《吉祥遍至口和本续之广义文下半》，计1册；四是《解补》，全称是《吉祥遍至口和本续之解生喜解补第口》，存完本第一、第五，残本第二、第三，计四册。因为不是足本，所以没有首卷和末卷，也无题跋文字，很难确定它的印刷年代。但从与它同时出土的西夏文木牌、西夏时汉文发愿文等文献判断,此经最晚也是西夏后期的文物。专家通过对经名和题款的翻译得知,此经是由梵文译成藏文、又由藏文译成西夏文的,是藏传佛教的密宗经典。在现存海内外的数千卷西夏文佛经中,尚未见此经,当为海内外独一无二的孤本,具有弥足珍贵的价值。更重要的是,人们通过研究发现,此经是世界上现存最早的木活字版印本。

众所周知,我国古代有四大发明,分别是火药、造纸术、指南针、印刷术。这四大发明是中国科学技术史的奇葩,对人类文明和社会进步产生过巨大而深远的影响,是中国人的骄傲。其中的印刷术又分为雕版印刷术和活字印刷术。根据历史学家考证,雕版印刷术发明于唐朝,并在唐朝中后期开始普遍使用。宋代虽然发明了活字印刷术,但是普遍使用的仍然是雕版印刷术。北宋科学家、政治家沈括曾在

被毁前的贺兰山拜寺沟方塔

《梦溪笔谈》中记载了活字印刷术,在《活板》篇中,沈括详细介绍了活板印刷术的全过程,通俗易懂,十分详细。在《梦溪笔谈》中,沈括将此发明归于不知名的工匠毕昇。按照传统权威论著的说法,泥活字是北宋毕昇发明的,木活字是元代王祯所"首创发明"的。但是毕昇创制的泥活字只见于沈括的《梦溪笔谈》,在已知海内外所藏的二千多种活字印本中,并没有发现宋元时期的木活字版印本。这就使国际上对中国是否是活字印刷术的真正创始国产生了怀疑。韩国学者甚至将从唐代传入古新罗都城的汉文《无垢》经印本认定为古新罗所印,以比中国敦煌发现的《金刚经》早100多年为由,试图论证韩国人首先发明了印刷术。率先找到宋元时期的活字印本,成为捍卫祖国珍贵传统文化遗产的燃眉之急。

为了证明中国人是活字印刷术的发明者,科学家们一直在苦苦寻找最早的活字印本。但谁也没有想到,世界上极为珍贵的、最早的活字印本竟然就埋藏在贺兰山这座古塔的废墟下。贺兰山拜寺沟发现的西夏佛经《吉祥遍至口和本续》就是这样一部珍贵的印本。但如何通过科学的手段证明西夏文佛经《吉祥遍至口和本续》是最早的活字印刷物呢?摆在专家面前的这部散发着贺兰山泥土气息的西夏文佛经究竟是雕版印刷还是活字印刷?如果是活字的话,那么又是什么材质的呢?以宁夏文物考古研究所牛达生研究员为首的宁夏专家学者通过严谨考证、大胆推论,终于考证出这部西夏文佛经不仅是活字印本,而且是世界上现存最早的木活字印本!

牛达生研究员经过详细考证,证明此经的确切印刷时间是12世纪后期,很可能是西夏仁宗仁孝(1140—1193年)时期印刷的,这个时期是藏传佛教向西夏传播最重要、最活跃的时期,也是西夏印刷业最繁荣的时期。除此之外,根据更广泛的信息,学者们还认为,在西夏时期,活字印刷术已经得到了较大规模的推广和应用。西夏王国有着较发达的经济和文化,在吸收和融会了中原汉族文化和周边其他民族文化的基础上,创造出颇具特色的党项文化,甚至还成功创制出本民族的文字。在西夏中后期,随着佛教的传入,儒学教育的兴盛,尊佛崇儒的思想在党项文化中占据绝对的统治地位。西夏统治者重儒兴佛,大量印制佛经。宋朝发达的印刷业影响并促进了西夏印刷术的发展,西夏人不仅用雕版印刷,还使用了更先进的活字印刷,为我国中世纪后期文化繁荣和发展作出了杰出贡献。在贺兰山拜寺沟方塔废墟中发现的《吉祥遍至口和本续》就是西夏文明高度发达的又一力证。

经过专家们详细而严谨的科学考证,终于证明《吉祥遍至口和本续》是木活字印刷品,不是雕版印刷品,也不是泥活字印刷品,它有很多活字版印本的特点,更为重要的是专家们找到了它是木活字版本的依据：一是版框四周有子母栏线,栏线四角不衔接;二是版面设计随意加行,随意省去栏线;三是页码、经名用字混乱,有汉文、西夏文、夏汉合文三种形式;四是倒字较多,还有错字,如《要文》第三页左面第二行横书小字"二"倒置;五是隔行有"竹片"印痕,是最终确定《本续》为木活字版印本的主要依据。所谓隔行"竹片"印痕,是指字行间长短不一、墨色深浅程度不同的线条。有没有隔行"竹片"印痕,是区分泥活字与木活字的主要标志之一。虽然《本续》字体大小有差,墨色浓淡不均,个别地方尚有漏字、误字、缺笔字、倒字现象,但是从整体来看,全书字形方正典雅,布局严谨简洁,文字工整秀美,纸质保存良好,是中国古代印本中的优秀版本之一。

《本续》的出土,为我国木活字印刷的研究提供了非常珍贵的实物资料,也为西夏学、佛学、藏学等学科的研究提供了重要的实物资料。对《吉祥遍至口和本续》的深入解读,不仅将中国的木活字技术的使用时期从元代提早到西夏时期,而且用实物证据的方式有力地捍卫了中国对印刷术特别是活字印刷术无可争辩的发明权。《本续》的发现,说明西夏不仅有雕版印刷的能力,而且有活字印刷的能力,并已达到一定的水平;说明元代王祯《造活字印书法》所载活字的造字、贮字、排字、印刷等工艺流程,早在宋代就已存在;说明"排字成行,削成竹片夹之"的技术,早在宋代和西夏时期就已出现,它将木活字的发明和使用时间提早了一个朝代,对中国乃至世界印刷史和古代活字印刷技术具有重大价值。《本续》还是活字印刷技术向西方传播的重要依据。西方的活字印刷,是德国谷腾堡于1450年前后创制的,是在中国活字印刷术的影响下出现的,比中国晚了整整4个世纪。毕昇发明活字印刷术时正是西夏独霸河西走廊的时期,西夏的存在,给东西方贸易和文明的传播带来了巨大影响。《本续》的出现,使人们有理由推断,在活字印刷技术由中国向西方传播的过程中,西夏起到了至关重要的桥梁作用。

《吉祥遍至口和本续》内页

1996年11月6日,文化部科技司组织专家对宁夏考古学界的这一研究成果举行了专业性的鉴定会,著名学者俞伟超任主任委员,潘吉星和郑如斯任副主任委员,委员会由徐苹芳、史树青、冀淑英、史金波等12位考古、西夏史、佛教、印刷、版本、纸张、文献等不同领域的全国知名专家组成。经过认真考察、鉴定和讨论,专家们一致认为:《本续》是"迄今为止世界上发现最早的木活字版印本实物,它对研究中国印刷史和古代印刷技艺具有重大价值"。正因为《吉祥遍至口和本续》对研究中国印刷史和古代印刷技艺的重大价值,2001年8月,国家文物局将它列为第一批禁止出境的文物。2003年3月,国家档案局首次公布中国档案文献遗产名录,在共48种文物中,这部从贺兰山拜寺沟残塔中抢救出来的珍贵佛经也名列其中。宁夏文物考古所研究员牛达生先生,也因在西夏木活字研究中的突出贡献,被国家新闻出版署和文化部授予两项部级大奖。

明代重镇雄关奇
长城堡寨风景异

元顺帝至正二十八年（1368年），朱元璋在南京称帝，国号大明，建元洪武，开始了北伐统一全国的战争。八月，大将徐达攻克大都，元顺帝北逃，元朝灭亡。虽然元朝京城大都被攻克，但在广大的北方地区，元朝残余势力仍然十分强大，洪武二年（1369年），徐达率兵进军西北，企图平定关陇，消灭残元势力。明军一路势如破竹，元将张思道、李思齐等望风而逃。徐达率部先后攻克

在明代镇北堡基础上建成、位于西夏区的西部影视城

隆德（今隆德县）、开成（今固原开城）等地，又派遣左丞薛显率兵进攻宁夏城，击败了扩廓帖木儿。九月，徐达在平定陕西后，留右副将军冯宗异总制军事，率兵还师。扩廓帖木儿得知徐达撤军的消息后，立即从宁夏、甘肃等地向明军进攻，围困兰州数月之久。洪武三年（1370年）正月，朱元璋见扩廓帖木儿久为西北边患，便命徐达第二次挂帅出征西北。扩廓帖木儿闻知明军大举进攻，便退守沈儿峪（今甘肃省定西县西北），明军与扩廓帖

木儿在沈儿峪展开激战，徐达亲临前线督战，给扩廓帖木儿军以歼灭性打击。此役中，明军俘获元郯王、济王及国公、平章以下文武官员1800余人，士卒8万余，获马1.5万匹。扩廓帖木儿与妻子数人逃出突围，渡过黄河，由宁夏府（今银川市）逃奔和林（今蒙古人民共和国哈拉和林）。

宁夏局势平定后，明朝政府曾改元宁夏府路为宁夏府，并派军队驻守。但当时宁夏北部贺兰山后的蒙古残元势力十分强大，他们时刻想夺取宁夏，恢复原来的统治地盘。扩廓帖木儿在败逃漠北后，也时常率兵从宁夏进攻陕甘。复杂的军事斗争局势，使新建的宁夏府难以踞守，朱元璋决定把宁夏府一带的军民全部迁到关中去，在宁夏北部制造一个无人区，成为一个战略缓冲地带，这也算得上是明初银川城市发展史上的一件大事。

在宁夏旧志中记载着这样一个传说：明初镇守宁夏的前军都督马鉴喜欢

明长城

打猎,家里养了一个兔鹘,一天,这只兔鹘突然产下一卵,马都督觉得十分奇怪,便问一些懂得占卜算卦的人,兔鹘产卵是什么征兆。一个老人掐指一算,不禁惊呼道:"这是不祥的预兆啊!难道宁夏府城要变成空城吗?"果然如老者所料,过了不长时间,朝廷就下旨让宁夏府城的百姓全部迁到关中长安一带去,宁夏府城真的变成了一座空城。

为什么兔鹘生卵就意味着宁夏府城要空城呢?有人是这样解释的:兔鹘是一种猛禽,是隼的一种,飞得很快,平时以捕捉其他鸟类和鼠、兔为食,一些猎人常常饲养它们作为宠物,打猎时帮助主人捕捉猎物。"鹘"的读音为"胡",是古代对北方少数民族的称呼,"卵"谐音为"乱","鹘卵"就意味着"胡乱"的意思。明初蒙古部落强大,常常侵扰北方边境,胡乱就意味着宁夏府城要遭到胡人入侵,要发生变乱,人民要逃亡,宁夏府城就将变为空城。把一个地区全

部的人口迁走,在中国历史上十分罕见,只有在战争时期才会发生。这场移民大潮,直接导致了当时西夏区境内人口的大更新和大换血,也奠定了数百年来银川市作为移民城市的根基。

洪武九年(1376年),经过数年的战争,明军终于可以比较牢固地控制银川地区了,明朝政府在元代宁夏府路的基础上,设立了宁夏卫,归陕西都司管辖。可是原来宁夏府人口全部被迁到了关中地区,明政府就在银川地区开始进行大规模的移民,主要是从中原及江南地区调发军民移居银川地区,其中以浙江、江苏地区居多,这些移民本来就来自江南水乡,熟悉精耕细作的农业生产技术,来到引黄灌溉发达的银川地区后,把家乡的农耕技术、文化风俗也带到了银川地区,使银川地区的社会生活习俗发生了很大变化,银川地区开始具有"江左之风"。银川成为塞北边陲一座具有浓郁江南风情的军事重镇。

明代的宁夏城,肩负着抵御鞑靼、瓦剌各部入侵的重任,

明代成化年间大钟

贺兰山中的明长城

是明代九边重镇之一。从兵力部署上,宁夏总镇下设7卫,其中5卫就设在镇城之内。这5卫是:宁夏卫、宁夏前卫、左屯卫、右屯卫、中屯卫。镇城之外还设有2卫,一个是中卫(今中卫市),另一个是后卫(今盐池县)。从行政区域上,宁夏总镇又划分为5路:南路邵刚堡、北路平房城、中路灵州、西路中卫、东路后卫,辖区范围包括今银川平原和盐池县全境及同心县部分地区。今西夏区境域属宁夏前卫及右屯卫。在镇北堡、平羌堡(今平吉堡)各驻兵防守。为加强防御,明朝多年征丁夫修筑长城,至今贺兰山麓仍留有明代长城古迹。为了加强宁夏镇城的防御,明朝政府围绕宁夏总镇修筑了3道坚固的边墙,也就是明长城。一是西长城,西起甘肃省靖远,经宁夏中卫,逾河东北上接贺兰山。二是北长城,有3个部分:旧北长城,自贺兰山红果子口,逾东抵达黄河西岸;平罗北5公里处的"边防北关门"墙;平罗、石嘴山惠农区黄河东岸的"长堤"。三是东长城,西起灵武黄河东岸的横城堡,迤东经兴武营、花马池,进入陕西定边县。今西夏区境内的明长城属于西长城遗址。这些边墙就像臂膀护卫着宁夏镇,而

宁夏镇就像大脑,指挥着这些边墙,它们互为表里,有力地保障着一方安宁。作为边防重镇,实行以军屯为主、民屯为辅的军政合一方式,进行特殊管理,"卫所军卒以十之七屯种,十之三城守"。

明朝的卫所制度设定,每卫下辖5个千户所,千户所下设百户所、总旗、小旗;卫所之下,设有屯堡和烽堠,组成了严密的"镇—卫—所—屯堡—烽堠"军事体系。明代文人潘元凯在《贺兰九歌》一诗中曾真实地反映了当时宁夏镇城的情况:"塞下由来非乐土,况复城中多斥卤。四卫居人二万户,衣铁操戈御骄虏。"

位于今西夏区境内的平羌堡,是明代重要的军事堡寨,其南面是军事要塞玉泉营西关门,西北面是贺兰山天险赤木关。明代的平羌堡规模较大,建有城池,城墙有东西南北4道城门,城墙四周筑有4米多深的沟壕。居民大多住在城内,城周围是不断开垦的家属屯庄。明代先在平羌堡置"操守",后来设"把总"。操守是流动岗哨和固定岗哨,领头的称"操守";把总是一拨执勤的队兵,领头的称"把总",均系玉泉营游击署管辖的军事基层组织。平羌堡把总署在城内,火器局在城内,大教场在城外。

在明清旧志中,留存了很多关于平羌堡的诗作。

明嘉靖十八年(1539年),杨守礼任宁夏右副都御史,他到玉泉营巡察,夜宿平羌堡,写下了《宿平羌堡》一诗:

驻节平羌堡,残霞入照多。
寒烟浮土屋,衰草藉山阿。
立马传新令,张灯奏凯歌。
明朝应出塞,鼙鼓万声和。

诗的前几句描写了平羌堡残霞晚照、寒烟浮屋、衰草漫地的景色,后几句则写他在平羌堡发号施令的威严,欢庆胜利的喜悦。预言第二天早上再出战,一定大获全胜。

宁夏卫佥事孟霦原籍山西泽州,他"明敏廉洁,督储多方,师行有赖。宪台清肃,边人贴然"。他在巡视平羌堡军事防务期间,记录下自己的所见所闻,写了首《奉和宿平羌堡》:

> 山城屯虎旅，日暮觉寒多。
> 荒草连河浦，惊沙暗岫阿。
> 遥临百战地，坐对一樽歌。
> 虏已寒心胆，横戈未许和。

此诗说明，平羌堡周围屯田的军士已成为"虎旅"，虽然塞北荒凉偏僻，但将士们斗志昂扬。当他来到平羌堡，"遥临"当年打过数百次仗的战场，心潮起伏，浮想联翩。孟霦在平羌堡边饮酒，边作诗。如今胡虏已"寒心胆"，再不敢来犯了，明军将士斗志勇猛，不许胡虏前来谈和。

宁夏镇副总兵官陶希皋经常来到玉泉营视察军情，他巡视完军务关防后，多住在平羌堡。陶希皋"虽戎务倥偬，而吟咏不废"，他来到平羌堡，把途中的见闻吟诵成一首《奉和途中口占》：

> 中丞仗钺行边日，十月驱兵度贺兰。
> 猿鸟喜迎霜节驻，山灵应作故人看。

高城击坼千岩应,绝徼观风四境安。
战士感恩如挟纩,朝来那复觉祁寒。

从诗中可以看出,陶希皋来平羌堡这天,正是农历十月间。他是带兵到贺兰山视察路过而来,贺兰山里已是白霜满地,耳听鹰鸣山谷,眼前猿猴在树枝上跳跃。因为有了贺兰山天堑,蒙古兵不敢再来犯境,赤木口、西边墙、西关门使得"四境安宁",士兵见到陶希皋,都"感恩"他的实边功绩。陶希皋夜宿平羌堡,又写了首《奉和宿平羌堡》:

绝塞人烟少,孤城雨雪多。
军声传朔漠,杀气满山阿。
戎虏行诛殄,间闾自咏歌。
单于新败后,闻道欲永和。

由于陶希皋副总兵亲临贺兰山,明军又打了一次大胜仗,只听"军声传朔漠,杀气满山阿",战败后的蒙古军首领"欲永和"。

玉泉营游击傅钟,原籍陕北延绥,宁夏都指挥、前副总兵傅钊之弟。弘治十三年协守,嘉靖十八年充任游击将军。他"沈毅有略,词翰兼善。好文谦己,谙练边务"。傅钟随陶希皋而来,也写了一首《奉和宿平羌堡》:

荒城聊驻马,寒夜柝声多。
斜月悬松际,疏烟上岫阿。
屯兵收鼓角,对酒听笙歌。
德政移边俗,兰山气色和。

诗中写的是当年平羌堡的实景实物。这座荒凉的平羌堡,村边拴着战马,说明又有军士回来了。入夜能听到哨兵打梆子报平安的声音。一弯新月挂在村头的松树梢上,村子里的炊烟袅袅升起,村外的屯军吹响了收工的号角,一家人对酒当歌,羌笛声声。就连往日峥嵘的贺兰山,气色也变得柔和起来。

左参议潘九龄创作的诗赋很多,他夜宿平羌堡,曾写过《奉和宿平羌堡》:

野色寒犹浅,烟光暮渐多。
孤云飞树杪,斜日下城阿。
马首敲佳句,尊前听雅歌。
山村无夜警,地利人更和。

诗中描绘了平羌堡暮色苍茫的晚景,这是一幅"征人梦中小村庄"的水墨画,含蓄深沉而扣人心扉。他对"山村无夜警,地利人更和"的边关和平景象大加赞誉,字里行间暗暗透出对"征战"的厌烦。

刘思唐是提学副使,是位军中的文官。先后在青海、宁夏供职,他写了首《奉和宿平羌堡》:

十月胡霜满,边声出塞多。
旌旗明夕照,笳鼓振岩阿。
已见三军饱,仍闻一范歌。
行当靖沙漠,羌虏莫言和。

从刘思唐诗中的时间来看,是农历十月随副总兵陶希皋来的,两人的诗中都有"十月",都写了平羌堡"秋霜满天"的景色。地上、山上、树上都挂满了白霜,鲜红的旗帜随风舞动,太阳映霜反射出缤纷的色彩,好一幅北国风光。此时,军士们都已吃饱了饭,只听到从军营里传来一阵阵歌声和操练声。诗的后两句表达了作者"不言和"的坚决立场。

清乾隆三年(1739年),平羌堡城因地震倾塌。乾隆五年(1741年)重修,共费帑银8418两。民国初年,平羌堡按谐音更名为平吉堡。民国9年(1920年)12月16日,海原大地震,平羌堡古城毁坏。民国10年(1921年),宁夏镇守使马鸿宾又重加修葺,"益壮观瞻"。新中国建立初期,平羌堡城墙、城门的遗址还很完整,后来因周边单位、居民取土用土,平羌堡古城逐渐消失,只剩下夯筑遗址和几段挖不动、搬不走的坚硬土墙。

明清八景第一奇
贺兰晴雪人称绝

贺兰晴雪,是古代宁夏著名八景之一。被称为八景中最为雄浑壮丽的自然景观。在风和日丽、晴空万里的时候,伫立在西夏区街头或其他任何一个视野开阔之地,抬头向西望去,一座巍峨的山脉映入眼帘,那便是银川平原的天然屏障——贺兰山。贺兰山地处银川平原西部,银川市西夏区位于其中段东

麓,是我国为数不多的南北走向山脉,长约200公里,宽约30公里,最高海拔3500多米。山体巍峨壮观,峰峦叠嶂,崖谷险峻,松涛澎湃。每当初秋或仲春时节,宁夏境内冷暖空气交替,往往会降雪,在地势高寒的贺兰山巅,积雪常能积年不化。当人们在合适的季节里,抬眼向西望向贺兰山巅,往往会惊奇地发现山脉之巅随山势走向呈现出一抹蜿蜒的白色,整个山峰像披上了圣洁的白纱,难道是积雪吗?没错,这便是贺兰山上的积雪——宁夏大地上著名的"贺兰晴雪"景观。

贺兰积雪之景虽然在贺兰山一带常见,但最佳的观景地点莫过于银川市西夏区境内的苏峪口国家森林公园和滚钟口景区。这里四季常绿,树木繁茂,景色宜人,是游客们流连忘返之地。景区内墨绿色的林海盖满高坡山谷,走在登山步道上,望嵯峨山色,听满耳松涛,犹如置身尘世之外。人们身处林海之中,低头看百丈悬崖,放眼望郁郁葱葱,古松立于峭壁之间,残雪留存高山之顶。这种雄伟险峻的景致,使人忆起明代金幼孜咏贺兰山的诗句:"贺兰之山五百里,极目长空高插天,断峰迤逦烟云阔,古塞微茫紫翠连。"

贺兰晴雪

云杉

银川为什么会出现贺兰晴雪的美丽景观呢？这是因为贺兰山是银川平原的天然屏障，这座雄伟的山脉对于阻挡沙漠东移和寒流的侵袭起着巨大的作用，正因贺兰山山势高峻，从内蒙古境内南下的西伯利亚寒流经过贺兰山时，与北上的暖流交汇，便会形成大面积的降雪天气，大量的降雪在平原地区不易留存，但在高耸的贺兰山之巅，则因气温低、光照弱而留存下来，遂出现难得一见的"贺兰晴雪"景观。

虽然近年来随着全球气温的升高，"贺兰晴雪"的美景难得一见了，但那"满眼但知银世界，举头都是玉江山"的贺兰晴雪美景，一直被人们念念不忘。"贺兰晴雪"的美景早在明清时期，就名满塞上。明代就藩宁夏的庆靖王朱栴在其主持编修的《宣德宁夏志》中记载了旧西夏"八景"，其中"贺兰晴雪"位列首景，朱栴更是赋诗盛赞"贺兰晴雪"的美景。其诗：

嵯峨高耸镇西陲，势压群山培嵝随。
积雪日烘岩冗莹，晓云晴驻岫峰奇。

桥松风偃蟠龙曲,怪石冰消卧虎危。
屹若金城天设险,雄藩万载壮邦畿。

朱栴最有才华的儿子朱秩炅也曾赋诗描述贺兰晴雪胜景:

贺兰西望矗长空,天界华夷势更雄。
岩际云开青益显,峰头寒重雪难融。
清光绚玉冲虚白,秀色拖岚映夕红。
胜概朔方真第一,徘徊把酒兴无穷。

民间也有"贺兰积雪六月天"的说法,外地人初来宁夏常有"举目不望贺兰雪,错把银川当江南"的地域错觉。今天,随着气候变暖,贺兰山上的积雪虽没有过去那样厚重,但仍能看到积落于山巅松柏之上的雪。仲春之际的银川平原已是花红柳绿,贺兰山巅却依然积雪不融。人们抬头远眺,不由被眼前的晴天雪景和身边的盎然春意所吸引。

"贺兰晴雪"的典故最早来自明清宁夏"八景"诗。明清以来,由于宁夏政局稳定,文化复兴,一批江南流寓的文人骚客们来到宁夏,或从政,或寓居,或

滚钟口小洞天观音寺

投亲,或谪戍,他们远在他乡,怀念着江南故乡的山山水水、家人朋友。可是故乡却远在千里之外,于是,他们一边欣赏着和自己家乡美景颇为相似的宁夏美景,一边吟诗作对,抒发着心中的感慨与思乡之情。这些文人墨客们聚集在爱好诗文的庆靖王朱栴周围,形成了明代有名的"流寓诗派"。

这些诗人吟诵的主要对象就是宁夏的秀美景色。其中以"八景"诗为其中的代表

| 滚钟口大寺沟冬境

作。"八景"诗,首见于南梁名臣沈约的《金华八咏》。至宋代,名画家宋迪的得意之作潇湘"八景"图——《平沙雁落》《远浦帆归》《山市晴岚》《江天暮雪》《洞庭秋月》《潇湘夜雨》《烟寺晚钟》《渔村落照》——一时好评如潮,"八景"之说遂流传开来。后来名胜之地也多以四言句列称其景物为"八景"。明代流寓宁夏的文人们也不甘示弱,他们也创作了不少"八景"诗来歌颂宁夏的山川美景。其中比较有名的要数明洪武年间,三山(今江苏镇江市)人陈德武流寓宁

夏时所作的一组宁夏"八景"诗,是为最早见到的,现将这组诗收录于后:

贺兰晴雪

六花飞罢净尘寰,富贵家翁作意悭。
满眼但知银世界,举头都是玉江山。
严凝藉雪风威里,眩曜争光日色间。
独有诗人怜短景,贺兰容易又青还。

月湖夕照

百顷平湖月样圆,光涵倒影欲黄昏。
天边乌兔端相望,水底鱼龙不敢吞。
近见钓耕方辍业,远看樵牧已归村。
老夫愿睹升平景,野处人家不闭门。

官桥柳色

边城寒苦惜春迟,三月方看柳展眉。
金塔画栏黄尚浅,丝淹流水绿初垂。
染增新色缘烟雨,折减长条为别离。
可幸娇莺飞不到,等闲乌鹊闹争枝。

梵刹钟声

招提新景锁云烟,宝塔初修出半天。
谁扣鲸音号百八,声传世界尽三千。
分明云卧晨敧枕,恍惚枫桥夜泊船。
独有胡僧浑不省,毡裘拥耳但高眠。

汉渠春涨

昆仑雪化走流澌,九曲溶溶入汉渠。
堤长涨痕过塞雨,壤分公利得河鱼。

匹夫不夺耕耘际，万顷皆沾润泽余。
囊底春秋无用笔，不妨常报有年书。

灵武秋风

灵武凉飕却暑氛，试彼舆地考遗文。
渠流自汉初开郡，草次经唐进抚军。
陈迹事功随落叶，明时禾黍偃黄云。
客怀感此缄离思，恰遇南归雁一群。

黑水故城

一湾黑水尚流东，阳有颓垣草莽中。
不务养人归市德，徒劳蒸土校锥功。
冤骸白露泥中雨，磷火青吹月下风。
顾彼亡胡何足惜，可怜司马没英雄。

黄沙古渡

天堑西来禹迹陈，高桥北下是通津。
造成荡荡摇摇棹，渡尽忙忙汲汲人。
雪浪休风明似练，冰梁映日净如银。
贺兰设险金城固，护此汤池壮塞滨。

此八景当为明代宁夏风景最为秀美的场景。其中"贺兰晴雪"位居首位，可见此景当为宁夏美景中最出色的。阅读宁夏地方志，可知明代以前的"西夏八景"或明代初叶的"宁夏八景"，都有"贺兰晴雪"一景。西夏文百科性文献《圣立义海》第四卷山类中说："夏国三大山，冬夏降雪，日照不化，永积。有贺兰山、积雪山、焉支山。贺兰山尊：冬夏降雪……"这说明早在西夏时期，贺兰山已经有"贺兰晴雪"的美景出现。元末官员贡师泰（1298—1362）在题贺兰山图的诗中有"太阴为峰雪为瀑，万里西来一方玉"两句，反映了贺兰山峰巅白雪皑皑的生动景象。明洪武初年（1380年前后）谪戍宁夏的官员边定在其《送王时敏之京》诗中说："……值兹孟夏初……言睇贺兰巅，雪影袭云虚……"表明农历四月初贺兰山巅常常积雪。同时代另一谪戍官员潘元凯在《贺兰九歌》诗中写道:"……高低远近雪漫漫,六月峰头犹苦寒……"则反映贺兰山盛夏积雪之状。同时代的王逊在《贺兰晴雪》诗中写道:"雪积贺兰尖,寒于霁景严。三冬争皎皎,六月息炎炎。"王逊在另一首《贺兰晴雪》诗中则说:"岩际云开青益显,峰头寒重白难融。"两诗意境相似。明万历年间(1610年前后)文人娄奎写的《朔方风俗赋》中有:"西山屹秀,翠若潭苔,惟绝巘之积雪,历四时而不开。即溽暑兮伊郁,常色泽兮皑皑"等句,明确肯定贺兰山峰巅四季积雪。表明在17世纪,贺兰山地区气候比较寒冷。成书于清康熙三十年(1691年)的《秦边纪略》中有这样的描述:"贺兰山亘延五百余里,高者积雪不消。""贺兰山后……高出云表,雪霜凝积,盛夏而后融。"描写了贺兰山后(即贺兰山西侧)盛夏季节积雪融化的情景。清乾隆年间,浙江钱塘人汪绎辰在宁夏知府家中任家庭教师,他目睹的"贺兰晴雪"则是:"初秋至仲春,微雨即成雪。雪积在山,日照不融,山头常如披絮。"明确指出,贺兰山在夏季并无降雪,而常有积雪。

现在,随着旅游业的发展,游人欣赏"贺兰晴雪"后或可深入贺兰山探寻山巅积雪下的美景,领略每个山口的奇特风姿,感悟沧桑历史的丰厚底蕴。在这里既可游览滚钟口马鸿逵避暑山庄、拜寺口西夏双塔、苏峪口原始森林、贺兰山岩画等,还可一睹贺兰山下西夏王陵的历史云烟,接受历史与人文的双重洗礼。

有感于贺兰晴雪美景,有诗人作"贺兰晴雪赋",曰:"滚钟口者,俗小口子,距川甲子。地形横卧,犹如巨钟,面东开口,内三山环,形似大钟。中有孤峰,曰钟铃山,巨钟铃锤。隆冬最佳,滚钟苍口,贺兰奇雪,塞上独绝,古今奇观。积雪在山,远人兴焉;日照不融,诗画逢缘。各处山头,银装素裹,耀眼争光,莽龙苍苍。可谓'满眼但知银世界、举头都是玉江山'。如诗如画,描绘天涯。密林深处,万籁俱寂,雪压枝头,树挂图景,幅幅难足。山腰相看,绿荫葱葱;山巅不厌,白雪皑皑。笔架峰也,三峰并列;凌空矗立,云天直插,酷似笔架,登砚云墨,但见连山,起伏飞白,势若逐浪,银川平烟,云原浩森,古塔凌霄,天地浑然。"

乾隆地震毁家园
满营新址重涅槃

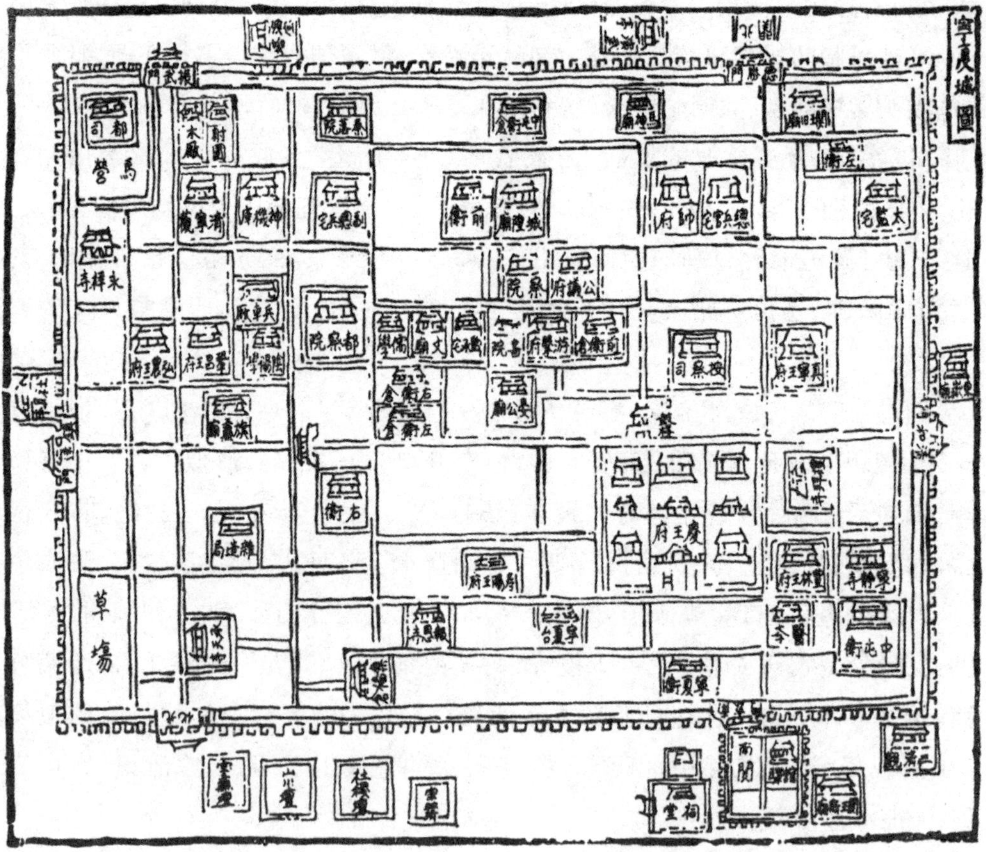

清代宁夏府城图

塞上凤城银川，是在西夏旧都兴庆府的基础上逐渐建设发展起来的。但是从西夏至清代，银川的城市中心只局限于现在的兴庆区城区部分，也就是民间俗称的"老城"，城西的金凤区和西夏区在清代

康熙皇帝

以前还是一片湖泊密布、碧野千里的广袤荒原。清代因为军事防御需要，开始在宁夏府城以西修建规模宏伟的满城，作为八旗官兵驻扎的兵营，这里才开始逐渐兴旺发达。清政府建造规模宏伟的满城，是银川平原城镇建设史上的一次重大事件。现在作为银川市工业基地的西夏区，就是在当时满城的基础上兴建起来的，为今天银川市的布局规划打下了坚实的基础。可以说，这座清代满城见证着银川市向西扩展的历史足迹。所谓的满城，就是满族人居住的城。银川市满城的兴建与八旗军队驻扎宁夏有着极大的关系。

八旗军队入驻宁夏始于清康熙时期。清代康熙年间，先后爆发了以吴三桂为首的"三藩之乱"和蒙古准噶尔部噶尔丹叛乱。以赵良栋为首的宁夏籍官兵在平叛中功勋卓著，贡献颇巨。康熙皇帝运筹帷幄，积极平叛，甚至亲自于康熙三十六年（1697年）西巡宁夏，驻跸银川，以宁夏为大本营平定噶尔丹叛

乾隆地震毁家园 满营新址重涅槃

乱。从康熙十五年（1676年）起，为了平定"三藩之乱"和噶尔丹叛乱，八旗军队曾多次进驻宁夏，均属临时性质，而不是轮班制的换防部队。由于是临时驻扎，没有固定的营房，只得驻扎在宁夏府城（今银川市兴庆区城区）中，圈占民房居住。雍正二年（1724年）七月，清朝政府裁撤宁夏卫，建置宁夏将军府，派遣3500余名八旗官兵进驻宁夏，并在宁夏城东北五里的地方，建造了一座小城，专供八旗官兵驻防居住。从此，旋驻旋调、旋议旋撤的宁夏八旗驻防制度得以正式建立。驻扎宁夏的八旗军系自东北调来，多是吉林和黑龙江各地的满族人、蒙古人。在清朝，宁夏是一个重要的军队驻防点，全国总共设置八旗将军衙门的仅有13处，宁夏就是其中之一，可见当时宁夏政治军事地理位置是何等重要。八旗兵分满洲八旗、蒙古八旗和汉军八旗。八旗兵驻防宁夏，主要任务是攘外安内，保卫边疆不受侵犯，服从朝廷调遣平

乾隆皇帝

地震后的灾民

息内乱。

但不幸的是,乾隆三年(戊午年)十一月二十四日,即1739年1月3日,平罗、银川一带发生了八级大地震,瞬间摧毁了宁夏最富庶、繁华的中心地区,人民生命与财产损失极为惨重。在这场大地震中,宁夏满城受到严重破坏,甚至4个城门陷入地下数尺深,无法打开。驻防的满营官兵也死伤殆尽。这主要是因为旧满城选址仓促,不具备良好的建城条件,所择地基本属低洼地,且土性松浮,原非可以建城之所。旧满城通往汉城(指宁夏府城)的大道,每年夏秋积水泥泞,必须绕道才能通行,十分不便。震后,保证国家机器正常运转是当务之急,因此,清政府极为重视宁夏满城的重建工程,下令班第等钦差大臣进行考察,为满城迁建做好准备。班第等经过详细考察后,认为旧满城"地形更加低陷,若仍旧址建筑城垣,不惟低潮难以居住,抑且城垣庐舍俱不能坚固。况现在房屋俱已倒塌,城垣俱已坍裂,总须重造。与其建于无用之地,徒然糜费国帑,孰若另择高燥地基,以为久远良图"。奏请乾隆皇帝将新满城迁建到汉城西十里平湖桥之东南。迁建满城计划很快得到了乾隆的批准,并要求依议速行。

放弃旧满城,重建新满城,是银川平原城镇建设史上的一次科学决策。对比宁夏府城与旧满城,原来的旧城址地势更加低洼,而且更加接近平罗—银川南北活动断裂带和黄河河岸,这从地震发生时宁夏府城及旧满城受损严重程度可见一斑。当时的政府官员敏锐地觉察到在原址重建满城是极不合适的,将满城由这一地势低洼、地近黄河、工程地质条件不佳的地段迁移到地势较高的贺兰山前洪积二级台地上,是非常正确的用地选择,尽管当时的人们还没有意识到这个决策的英明之处。

新建满城共圈占民地2182亩,每亩给价银四五两不等。满城的建筑基本与原城相同,只是规模较旧城扩大一里多。新满城于乾隆五年(1740年)五月兴工,乾隆六年(1741年)六月告竣,共费帑银156523两,皆宁夏道阿炳安承修。据《乾隆宁夏府志》记载,这座新修的满城比旧满城要雄伟壮丽得多,坐落于"府城西十五里,平湖桥东南。城东西三里七分半,南北亦如之,共延长七里五分。高二丈四尺,址厚二丈五尺,顶厚一丈五尺,垛墙五尺三寸,俱甃以砖。城门四:东曰奉训,西曰严武,南曰永靖,北曰镇朔。城楼四座,马道四座,瓮城门四,门楼四座。角楼四座,铺房八座,炮台二十四座。水沟二十四道。城河一道,宽三丈,深一丈"。城内东西南北大街呈十字形,将全城分为面积相等的4个区,各级官署和八旗驻地都按方位整齐布局,如"万寿宫,在城东南街。将军署,在城西大街。左翼副都统署,在城东大街。右翼副都统署,在城西大街。八旗官兵营房,镶黄、正白在城东北;正黄、正红在城西北;镶白、正蓝在城东南;镶红、镶蓝在城西南。协领、佐领、防御、骁骑校署各在本旗。笔贴式署,在城东北。火药局,在城北。军器库,在各旗档子房。教场,在东门外。马厂,在通义十三堡沿河堤埂外,丈清地五百五十顷八十三亩八分"。全城共64排房,其中"将军衙门一座,计房124间。副都统衙门两座,每座计房64间。协领等官衙署(包括佐领、防御、骁骑校、笔贴式、恩骑尉衙署)80所,计房1924间。"兵房五千间"。清代在宁夏驻防的八旗军队,其编制为满蒙八旗,24牛录,统属将军、副都统及协领以下共88名官佐管辖,其数目均为"八"的倍数。有趣的是,新满城的周长、墙高、垛口数、炮眼数、炮台数、水沟数等,也都是"八"的倍数。

城墙与女墙的截面呈梯形,以其高度与底、顶宽度相乘,其得数亦均是"八"的倍数。新满城这种以"八"为计算单位的建筑形制与空间布局,暗合"八旗",将城市建筑与军队编制巧妙结合,可谓别具匠心,充分体现了劳动人民的聪明才智。

宁夏八旗设防之初,俸饷比较优厚,由将军至笔贴式各官按年领俸饷,领催以下及兵士按月支饷。每岁共支银一十八万七千二百四十三两七钱二分七厘。驻防全体满营官兵的饷银虽然各个时期情况不尽相同,但大体上反映了清初八旗生计比较富裕安定的状况。然而,这种经济体制完全依赖国家,毫无生机可言。清代宁夏满城八旗驻防官兵,经过历年调遣,及裁汰坐甲、空粮等项,人数持续减少。民国4年(1915年)满营解散时,官兵只有2200人,家属2400人,合计4600余人。在银川二千多年的建城史上,新满城作为驻扎满洲八旗军队的军城,对维护清王朝在西北地区的统治起到了重要作用。

民国3年(1914年),北洋政府任命马福祥为宁夏护军使,同年8月,北洋政府下令裁去宁夏驻防满营将军职务,将宁朔县迁入满城,宁朔县行政公署设在原满营将军衙门。民国6年(1917年),马福祥以"化旗为民,筹办生计"的名义,从北京政府领取安置银20万两,作为遣散归农费用,将宁夏满营官兵全数遣散。至此,存在了近200年的宁夏驻防满营彻底解体,满营官兵成为平民百姓。民国18年(1929年),宁夏省主席门致中下令将满城城墙的砖石拆掉运往省城银川,为其建造省主席官邸。民国22年(1933年),宁夏省主席马鸿逵下令将宁朔县迁出满城,迁往王洪堡,满城随之萧条。民国24年(1935年),马鸿逵在满城修建飞机场,把满城的房屋强行拆除,满城再次遭到严重毁坏。但是飞机场建成后由于城墙所限,长宽距离均不足飞机的起落长度要求,不得不把满城废为兵营,至此,新满城完成了历史使命。

西花园繁花似锦
将军楼旧梦难寻

老一辈银川人都记得,清代、民国时期银川市曾经有东花园、西花园等地名。历史上的东花园,位于今天的新华东街新华饭店处,清朝时是宁夏县衙门所在地。现在的东花园,位于新华饭店东侧,是1997年银川市重建的,与东花园原址仅一街之隔。新修的东花园面积虽然比原来的小很多,但它作为一个地名和一段历史,被保留了下来,而且作为银川市的一道风景线,唤起了很多人的记忆。而位于西夏区境内的西花园由于时代的变迁,已不复存在,只有园中的将军楼还孑然独立。如今,很多老银川人仍习惯于把银川铁路分局及其周围的地区称作西花园,在这里设有西花园路街道办事处、西花园路、西花园商场等。102路公交汽车原在这里设有"西花园站",新火车站建成后,"西花园"站名改为"火车站"站,西花园只剩下一个地域名称。

据住在西花园附近的老辈人讲,当年的西花园位于西夏区怀远东路与西花园路交叉路口的西北隅,面积有十余亩,四周有黄土筑成的土围墙,园内外种植杨、柳、桃、杏、葡萄等树木花卉,景色很美,将军楼矗立在西花园中,更是一道亮丽的风景线。将军楼是清末满营将军伊尔根觉罗·常连的住所,时名"一览楼",后俗称"将军楼"。清代旧满城遭地震破坏后,乾隆五年(1740年)修建新满城时修建了将军楼,其也是新满营目前遗留下来的唯一实物证据。该楼占地163平方米,主要由台基、正房、厢房等组成,系典型清代建筑。由于将军楼位于新满城的西花园内,也是昔日银川西花园的重要历史见证。1935年,马鸿逵将其据为私有,1949年解放军十九兵团接管西花园后,将军楼成为民居。20世纪七八十年代,将军楼上住有几户居民,当时的建筑还算完好,但80年代发生的一场火灾,使将军楼遭受重创成为危房。随着时间的流逝,将军楼因缺乏保护,人们随意在那里玩耍、涂鸦,甚至大小便,有些调皮顽童还点火玩,导致这所老建筑雪上加霜,越来越破烂。随着城市建设的日新月异,现在将军楼四周建筑林立,东侧有马路紧依墙体而过,西北侧则紧挨公厕。由于年久失修和人为因素破坏,将军楼损毁日益加剧,其台基墙体苏松、塌陷严重;包砖剥落;台基上的建筑局部屋顶塌落,檐椽外露,地基下沉;四周护栏已不存在。尤其东侧台基占据了马路的一角,台基塌陷严重,台基上面建筑墙体廊檐已处于台基边缘,甚至局部地方伸出台基之外,随时有塌陷危险,严重威胁到行人安全。

近几年来,位于西夏区西花园北巷与中和巷丁字路口西侧的将军楼,在长达数十年的维修保护呼声中,经专家反复论证,终于确定异地迁建。与此同时,老银川人记忆中的西花园也有望得到恢复。在银川市政府的大力支持下,由吴忠礼、鲁人勇等组成的专家组,对将军楼异地迁建备选的几处地址进行了踏察,专家们建议,将将军楼的搬迁在概念上改为西花园迁建,因为老银川人没有将军楼的说法,只有东花园、西花园,恢复一个东花园,再恢复一个西花园,就是为银川市又增加了一处历史文化符号。专家一致建议将原银川民航机场西侧、银川体育馆南边的一块空地,作为将军楼迁建地址。专家们认为,这块空地是市政府即将规划建设的公园,其本身又位于昔日的银川西花园范围,把将军楼迁建于此,既有利于保护将军楼,也为市民营造一个休闲之地,而且借此还可恢复昔日银川西花园的风貌。

根据专家们的意见建议,时任自治区党委常委、银川市委书记崔波就此批示:"原址翻建已不可能,在老满城区域范围内翻建,请文化局组织专家论证,看有无恰当的用地和长期管理的机制。"为此,西夏区提供了两处地点,金凤区、兴庆区各提供了一处地点供有关部门及专家论证参考。专家们对几处备选的迁建地址实地察看后认为,金凤区提供的满春园(三角公园)可以作为迁建地,但需围绕将军楼重新设计,而且不能仅孤零零地恢复将军楼,应连同西花园的恢复整体考虑。兴庆区提供的海宝公园,由于其不属于原西花园的范围,故不宜考虑。西夏区提供的一处地址由于场地狭小,也不予考虑,只有

原银川民航机场西侧的一大块空地适合迁建。用专家们的话说：在一张白纸上画画，可画出最美的图画。他们认为，这块空地本身就是政府规划建设的公园，且没有脱离西花园区域，把将军楼迁建于此，可以按照公园设计，建成后可直接命名为西花园。

为什么不对将军楼进行原址重建或原址加固保护，而是选择迁址重建呢？这是因为种种原因，将军楼无法进行类似鼓楼或玉皇阁一样的古建筑保护。2010年，银川市把将军楼列为第三批市级文物保护单位，文物主管部门才有权限作为管理部门对将军楼进行修缮保护。但将军楼只剩下土垒的高台和木结构主体建筑，而历史上的将军楼面积比现在大很多，拥有私家园林、苗圃、花园等多重设施，占地十余亩，原地建设不现实。将军楼原址所在地产权归军队，周边的小区、市场规划拆迁也无可能。经过几轮论证之后，银川市文物管理处听取专家意见决定迁建。这样不仅能在一定程度上重现将军楼全貌，还可以对将军楼周边的环境进行拓展。最终根据西夏区的土地规划，确定流芳园为新址。流芳园仍在昔日的西花园范围内，园内有湖，与恢复西花园风貌后的功能用途相吻合。新将军楼建成后，将面向社会征集满族文化相关史料，包括清代至民国宁夏政治、军事、文化及满族生活习俗有关的文献资料、图片或者实物等，为新将军楼建成后的首次展出做准备。

2016年，迁建的将军楼正式建成。地处西夏区流芳园西南角的将军楼新址占地2400平方米，主体建筑分为主楼、厢房和山门，主楼坐北向南，东西两侧各有一间厢房，主体建筑都是严格按照1∶1重建。山门建筑样式采用清朝典型府衙灰瓦斜顶红漆大门，整体建筑和院落工整规矩，显示出清朝官府威严的气势。作为展示清朝历史文化的景点，将军楼也以新的方式迎来新生。不过今后来到这里参观的人们会发现，将军楼挂上了"一览楼"的牌匾。根据史料记载，将军楼只是民间对满营将军府的俗称，其真名是"一览楼"，只不过这么多年来大家都习惯叫"将军楼"。此次迁建后将恢复使用"一览楼"的名称，并专门制作

牌匾挂起来让公众熟知。将军楼的迁址重建最大程度地将原有材料进行了保存和利用，比如大梁、立柱等构件，只要损毁不是特别严重，还能满足现在建筑要求规范的，都用在新建筑上了。

　　由于曾经遭遇火灾，昔日将军楼内重要的历史文献被付之一炬，导致后来对将军楼的历史进行考证时，专家很难得到确切的建造时间和相关内容。不过，一首诗的发现揭开了"将军楼"不为人知的历史。民国初年宁夏护军使马福祥编纂的《朔方道志》曾收录一首古诗，名为《题常冠三都护一览楼》，从这首诗中可以发现将军楼历史的蛛丝马迹。这首诗的作者志锐于1907年任宁夏将军。

　　志锐，字公颖，满洲正红旗人，光绪六年（1880年）进士，光绪帝妃子瑾妃和珍妃的堂兄。甲午战争时，志锐上疏主战，被慈禧太后贬为乌里雅苏台参赞大臣。直至光绪三十二年（1906年），"改授宁夏副都统"，次年，任宁夏将军。据专家考证，《题常冠三都护一览楼》并非志锐在宁夏任内所写。1910年，志锐

将军楼遗址

接圣旨赴杭州任将军。1911年9月初,志锐又一次来到宁夏。新任的宁夏满营副都统常连在将军府款待志锐,志锐百感交集,即席赋诗一首,就是流传至今的《题常冠三都护一览楼》:

> 背郭堂成静掩关,黄河如带有无间。
> 为邀佳客频开阁,贪玩奇花每破颜。
> 地敞喜无遮眼树,楼高常对列眉山。
> 主人雅有桑麻意,戴月携锄且往还。

"常冠三",就是主人常连;"一览楼"就是今天的将军楼。都护府是汉、唐等时代中原王朝军事机关,都护府长官称为都护,"都护"指代常冠三副都统。

志锐任宁夏满营将军4年,若在他任前或任内已有西花园和一览楼,他当时早已住用,这位才子将军肯定写下不少咏颂诗篇,而不会在此次登临时才题诗。西花园一带,地势较高,在湛恩渠开凿之前,良田渠之水难以浇灌,乃是满营的牧马之地。1910年湛恩渠开成,这一片荒地得以灌溉,才有可能修建将军府园林。应该就是在修筑湛恩渠同时,满营主宰者在新满城以西的马场,修建了一座花园别墅。西花园和将军楼的修建,应该在1909—1911年,即志锐在任时兴建,志锐离任后告竣。如此说来,1910年离开宁夏的志锐未曾在西花园居住过,1911年任副都统的常连乃第一个受益者。于是,银川民众称"一览楼"为"常将军楼",也就顺理成章了。

银川

志锐满腔报国志
政声卓著有远见

在银川市西夏区镇北堡镇,有一个不起眼的村庄,名叫屯庄。顾名思义,屯庄是为了屯垦戍边需要而建的村落。说起这个村子的来历,还要追溯到清朝末年。清朝末年,当时担任宁夏将军的志锐看到满城八旗子弟终日游手好闲,马甲废弛,不修武备,如此下去,大清一旦灭亡,这些旗人则束手无策,只能坐以待毙。于是就向朝廷上疏,请求发帑二十万修城外故渠,获良田数千顷。准备让旗人到此学习屯田种粮,自力更生。但当时的满营旗人靠吃皇粮为生,过惯了安逸生活,已经退化成"肩不能挑,手不能提"的社会寄生虫,怎么能吃下戍边屯田的苦呢?于是,他们便联合起来抵制劳动生产,暗地里向朝廷控诉志锐,朝廷只得将志锐调离宁夏。宣统三年(1911年)武昌起义爆发,清政府被推翻,民国成立,旗人的优厚待遇也由此终结。此时的宁夏满营旗人们才恍然大悟,终于明白了志锐将军的一番苦心,但悔之已晚。这位具有远见卓识的宁夏将军志锐到底是什么样的人呢?他的一生又经历了怎样的风云变幻呢?

志锐,字伯愚,一字公颖,号伯鲁,他他拉氏,隶属满洲正红旗。生于咸丰元年(1850年)。祖父裕泰于道光十一年擢盛京刑部侍郎,道光二十年任湖广总督,后任闽浙总督,咸丰元年调任陕甘总督,卒后,朝廷优诏以尚书例赐恤,谥庄毅。父亲长敬,曾任四川绥定府知府。堂妹乃光绪皇帝宠爱的珍妃。志锐幼年读书悟性过人,通晓满、汉、蒙古文字。光绪二年(1876年)中进士。之后志锐与其弟志钧都被授翰林院编修,由此成为朝廷官员。光绪六年(1880年)擢礼部右侍郎,深受光绪皇帝器重。光绪十七年(1891年)擢礼部侍郎。其时,志

锐同"文誉噪京师"的官员文廷式政见一致,结为好友。文廷式是维新派官员,翰林院侍读学士,与王懿荣、张謇、曾之撰有"四大公车"之名,曾为珍妃的老师。此时的清王朝,慈禧太后把持着朝政,光绪帝位同傀儡,内政不饬,外患频仍。国际诸强侵凌日甚,瓜分豆剖,国内民生艰难,危机四伏。在这种局面下,志锐选择了维新救国主张,屡次大胆进言,请求变法图强,同时建议加强军力,抵御外侮,以"敢言"为人所称道。光绪帝决定变法与他的支持和影响是分不开的。正因如此,后来光绪帝在给康有为的密诏中才有了"时局艰难,非变法不足以救中国,非去守旧谬衰之大臣而用通达英勇之士不能变法。而皇太后不以为然"等语。光绪十九年(1893年)春,朝鲜爆发了大规模的农民起义,朝鲜当局要求清政府派兵协助镇压。日本乘机出兵,侵入朝鲜。农民起义被镇压后,日军拒不撤兵,并占领汉城等地,撕毁中国使馆的国旗。七月下旬,日本舰队在牙山口外丰岛附近,突然袭击清军的运输船只,接着又在牙山附近袭

宁夏将军志锐

击清军,迫使清军退守平壤。消息传到国内,朝廷一片哗然。"主战"与"主和"两派激烈争论。坚决主张对日作战的有光绪帝老师翁同龢、志锐、文廷式、张謇等人。礼部侍郎志锐反复上疏,力陈讨伐日军的必要性,他指出:"如果一误再误,则中国无安枕之日矣。"他多次向光绪帝陈述中日甲午之战的利与弊,坚决支持光绪帝全力备战。

九月,日军集结重兵对平壤发起猛烈进攻。驻守平壤的清军统帅叶志超想弃城而逃。总兵左宝贵奋起抗敌,登城指挥,不幸阵亡。两天后,北洋舰队和日本舰队在黄海海面激战,伤亡惨重,但舰队主力尚存。此时,军机大臣孙毓汶和李鸿章等串通一气,不顾国家前途,恣意抵制和破坏光绪帝整顿军政的计划,采取投降政策,命令北洋舰队躲进威海卫军港,消极避战,保存实力,不准出海迎敌。志锐得知后,非常愤怒,建议朝廷"立将孙毓汶罢斥"。在紧急关头,他公然向慈禧太后为首的保守派进行挑战,无疑是一片爱国忠心使然。光绪为他的至诚所感动,"召见于便殿",与他议事。志锐论及国家大事,"流涕直谏,无所隐瞒,上以是重之"。《清史稿·志锐传》中记载:"中东事起,上疏划战守策,累万言。"指的就是志锐在甲午战争期间,向朝廷上疏的奏折达万言之多。尽管志锐满腔爱国热情,但清政府的腐败和无能,致使北洋舰队最终于光绪二十一年(1895年)二月惨遭全军覆没。此后,志锐决定继续加强国防建设,自请赴热河练兵。就在志锐立志练兵之际,朝廷内部又发生了变故。慈禧太后对珍妃下了毒手。因为珍妃积极支持光绪抗战,又为光绪与抗战派官员之间传递消息,所以被慈禧以"干预朝政"的罪名降为"贵人"。珍妃的堂兄志锐力陈抗击日寇,抵御外侮,反对和谈,自然也成了慈禧的眼中钉。于是,他被调离京师,由礼部侍郎"降授乌里雅苏台参赞大臣",离开京城,踏上了前往西域的漫长路程。

京城到西域,路途十分遥远。志锐携夫人和仆人一路风尘仆仆,受尽风雪严寒的侵扰,夫人李氏病故途中。志锐掩埋了夫人后,继续赶路,终于到达乌里雅苏台任职。几年后,将军长庚又命其赴边外,厘定中俄边界积案,"凡六月,结千余起"。由此可知,志锐处理中俄两国多年积累下来的遗留问题,历时仅仅6个月,结案就达千余起,有力地维护了国家主权,足见他的干练以及为国效力的忠心。志锐在处理整顿中俄边境遗案的过程中,还敏锐地发现了一

些危及国家安全的苗头,立即上疏朝廷,陈述西北边务诸事及俄国的阴谋,"前后凡五疏"充分表现了志锐虽然被贬官降职,发配边疆整整8年,但仍然竭尽全力为国效力的昂扬斗志。

光绪三十二年(1906年),志锐被"改授宁夏副都统",谕旨暂护宁夏将军。志锐只身来到宁夏后,立即四地调查走访,了解民情,决心治理好这片土地。首先,他努力发展农业,开渠垦荒。由于国内连年征战,宁夏大片土地荒芜,秦渠、汉渠、唐徕渠长年不修,壅塞严重。正如他的一首诗中描绘的那样:"良田未辟何人种,大漠无垠任马窥。"为了开辟良田,发展农业,志锐先向朝廷上疏"请发帑二十万,浚城外故渠",这一措施的施行,"获沃壤数千顷"。随后,他又同宁夏知府赵维熙一起商讨,决定开掘长一百余里的湛恩渠。为了解决开渠款项的困难,他四处奔走,努力筹集款项。湛恩渠开凿完工后,又获得沃壤数百顷。在湛恩渠的末梢,志锐鼓励百姓占地开荒,盖房建村,发展农业生产。当时建立的村庄叫屯庄,就是现在的镇北堡镇屯庄村,地处银川市西北部,距离银川市区约20里。宁夏满营的官兵生活来源依靠供给制,按官兵等级发给粮饷。由于清政府一连串的不平等条约,导致一次次的赔款割地,朝廷元气大伤,国库入不敷出,满营军饷屡有克扣,加上贪污腐败行为不断发生,军饷被层层盘剥,满营官兵的生活支出日益拮据。为此,志锐专门上疏朝廷,要求满营"驻防归农",并开垦马场

等官属荒地,令满营官兵种地务农。他还督饬不事农业生产的旗民学习农事,为的就是自给自足,减轻朝廷负担。这一举措不仅可以解决满营官兵军饷的不足,也可以对发展宁夏地区农业生产起到良好的推动作用。

其次,他整顿军纪,操练新军。宁夏满营地处西北边陲,消息闭塞,官兵思想陈旧迂腐,仿佛与世隔绝。满城广大旗民长期过着养尊处优的消闲岁月,人心涣散,军纪松懈,更有甚者,不少官兵开始吸食鸦片,严重削弱了军队战斗力。志锐目睹种种弊端,决心一一革除整顿。针对官员思想陈腐,他及时裁减冗员,派人外出学习,强调学习西学,加快文明步伐。针对满营仍采用的老式

操练方法,他积极组织新军,训练新操,组织了洋枪队,命令各级军官恪守职责。经过他的整顿,满营驻军面貌为之一新。针对军中吸食鸦片现象,他颁布戒禁令,设立了戒烟所,组织人手配制戒烟药,派专人管理督查,规定:官不戒烟则罢官,兵不戒烟则除籍,并停发粮饷;民不戒烟者,以家长是问;等。当时镶黄旗骁骑校保昌、正蓝旗佐领孟赉、骁骑校文广等因吸食鸦片均被报部革职,满营军纪为之大振。

再次,他重视教育,注意培养人才。志锐在宁夏期间,十分重视办学。为了加强满营八旗子弟的教育,培养更多的有用之才,他把满城原有的一所"维新书院"扩大成"驻防满营两等小学",充实了设备,广购图书仪器,增加了教员,督促各旗青少年必须入学读书。他亲自书写校训"八旗子弟,孜孜学习,祖宗当年,勤劳匪易",以此激励八旗子弟朝夕诵读,孜孜求学。学校用刊刻木版作为红模,为学生习字之用。课程设置有"格致",即今日的物理、化学;有"钩股",即今日的数学;有"舆地",即今日的地理。国文学习除教学生学习汉文外,还要学习一些经史类的书籍。还有军事课,向学生介绍西学先进的军事知识。新学校一扫旧学堂之固陋,开阔了学生的眼界,培养了学生的读书兴趣。

宣统二年(1910年),志锐被擢授杭州将军离宁赴任,至杭州后,志锐事必躬亲,注重调查研究,他发现杭州吸食鸦片者甚多,以往的禁烟很不得力,于是,他便按照在宁夏实行禁烟的章程,设立禁烟局,颁布禁烟令,取得了成效。当时,伊犁地区不断发生骚乱。朝廷认为志锐熟悉新疆风俗民情,加之在新疆任职期间深受边民拥戴,遂于宣统三年(1911年)初,将他调任伊犁将军,加赏尚书头衔。九月,志锐再次到新疆伊犁就职。

志锐就职伊犁将军不久,武昌起义爆发,各省陆续宣布独立。在西北,陕西、宁夏相继发生兵变,伊犁也发生兵变。"伊犁协统杨缵绪以兵叛,夜据南北军器库,攻将军署。群议,举志锐为都督。"志锐坚决不从。在返回衙门途中,被起义士兵"发枪击之,遂遇害",享年61岁。朝廷赠志锐太子少保,谥号"文贞"。

哥老会响应共和
革命军围攻满城

辛亥革命前夕,宁夏虽然偏居西北一隅,但战略地位非常重要,是拱卫关中和秦陇的屏障,又有"塞北江南"的美誉。随着中国半殖民地半封建局面的形成,清政府成为外国侵略者的走狗,对内采取高压政策,对外俯首乞怜,为了筹集镇压各地农民起义的经费,清政府变本加厉地进行盘剥搜刮,导致城乡破产,民不聊生。宁夏地区民族矛盾激化,外国洋行和传教士也开始进入,进

贺兰山缺

行商业侵略和宗教渗透,加剧了宁夏地区的社会动荡。清同治年间,清廷派左宗棠任陕甘总督,指挥湘楚各路大军镇压西北回族人民的反清斗争。与此同时,哥老会这一活跃在社会底层的帮会组织,也随着清军传入宁夏。这些哥老会会员,成分复杂,生活窘迫,成为社会主要的不安定因素。哥老会原是民间秘密结社组织,其宗旨是"反清复明"。成员主要是社会底层的小手工业者、遣散军人、破产农民和矿工。在清末社会动荡的局面下,反清浪潮在各地激荡,孙中山领导的同盟会革命活动及其政治纲领也深深地吸引了哥老会这一社会底层群众组织。西北同盟会革命组织与宁夏哥老会互相联系,秘密发展同盟会员,建立革命组织。由于同盟会的纲领"驱逐鞑虏,建立民国"与哥老会推翻清王朝统治的宗旨相一致,其纲领很快就得到了宁夏哥老会会众的响应。哥老会组织在银川、平罗、灵州、中卫等地秘密结社,先后建立"贺兰山堂""西泉山堂""武威山堂""铁血山堂"等组织。清朝统治者已经坐在即将喷发的火山口上。

早在1911年6月,在兰州的西北革命同盟会就派出同盟会员刘先质、吕锡有等人,到宁夏开展工作,积极联络具有广泛社会影响的会党组织。宁夏哥老会首领高士秀、刘华堂等人,被孙中山的革命思想所吸引,纷纷加入同盟会组织。为了适应革命形势的发展,宁夏建立了"宁夏革命同盟会支部",由刘先质总负责。革命党人和会党组织密切合作,把哥老会组织变成革命的骨干力量和战斗指挥部。

1911年10月10日,武昌起义爆发,敲响了清朝统治的丧钟。10月22日,武昌首义的浪潮波及陕西,陕西同盟会在西安发动起义,一举光复省城,组建了陕西革命军政府。然而,清王朝在西北的势力仍很强大。陕甘总督长庚和陕西巡抚升允等人共同准备万一清廷危急,即联络新、甘、蒙为一气,拥宣统皇帝西迁,暂谋偏安,慢慢图谋恢复。长庚、升允为了实现割据西北、拥立帝制的美梦,立即调兵遣将分三路出兵:一路以固原提督张志行的"壮凯军"十三营兵出凤翔;一路以总兵马安良的"精锐军"十四营和陆洪涛的"镇武军"一营兵出长武;一路由黄钺、崔正午马兵、步兵五营驻守泰州;并派彭英甲为前敌营务处,由升允亲自统帅。气势汹汹,意在扑灭西北革命火焰。为了使革命迅速成为星火燎原之势,陕西革命军政府要求宁夏革命党人火速起义,策应西安的革命活动,牵制甘肃清军反扑,以减轻陕西的军事压力。宁夏同盟会接到陕西传来的十万火急的"鸡毛传帖"后,于11月14日晚在府城东岳庙召开各方联合紧急会议,决定举行起义。

11月14日夜,宁夏府城东岳庙里,宁夏同盟会主要领导人刘先质、吕锡有会同宁夏哥老会骨干高士秀、刘华堂等人秘密集会,商议起义事宜。东岳庙会议后,刘先质、刘华堂、刘复泰等立即召集会众,组织宁夏起义民军,准备兵分四路,在11月15日晚9时,向宁夏府城发起进攻。谁知起义的消息不慎走漏,驻防府城的清军早已有了戒备,他们荷枪实弹,在全城巡逻,严加防范。起义民军并不知情,仍然按原计划宣布起义,向府城发动进攻。早有准备的清军利用装备精良的枪炮,与民军展开激战。由于原定的第四路主力巡防续补五营动作迟缓,未能及时策应,再加上刘先质、刘华堂指挥不当,以及起义民军武器低劣等原因,未能攻克府城,只好撤退到城北八里桥一带休整。

东岳庙会议后,东路起义军负责人高士秀、高登云按计划秘密到达灵州后,即与接应的马连弟等会首研究部署灵州起义。高登云,是灵州哥老会"西北山堂"的首领,出生于清光绪三年(1877年),是灵州花马池(今盐池县)鸦儿沟乡狼儿沟村人,自幼喜爱武艺,喜欢抱打不平,9岁时就到灵州磁窑堡一个叫"黑疙瘩"的地方,拜当地老拳师学艺,22岁时已练就一身硬功,袖中常藏有一把防身铁尺,三五个青壮年也近不得身。他常在灵州城里摆场卖艺,闯荡江湖。高登云臂力极好,手提两桶水奔跑如飞,且水不溅地;枪法极准,百步穿杨,弹无虚发,他从少年起,就随师傅一起加入了哥老会。因其武功超群,颇有胆识,常常扶贫济困,锄强扶弱,加以具有出众的组织才能,34岁时即被推举为哥老会"西北山堂"第十代坐堂大爷,成为灵州哥老会的首领。马连弟为灵州城内一名屠户,平时以杀牛宰羊为生,也是哥老会的一名重要首领。高士秀决定和马连弟、杨忠厚率领起义民军攻占灵州城。行动方案是:先占领守备衙门,夺取武器,再攻占州署衙门,然后占领税局、鼓楼等处;朱邦科、孙学文率领部分起义民军攻取宁灵厅和董府等地;高士秀率领部分起义民军攻取横城,拔除援敌据点,呼应府城起义民军。高士秀等人还申明军令:不准贪财好物,不准妄杀好人,严禁奸淫妇女,违者斩首!行动时不准狂呼怪叫,惊慌失措。规定夜间联络口令为"虎、豹",双方相见,一方言"虎",一方言"豹",即为自己人。

　　二更时分,高登云、马连弟率领100余人前往攻打守备衙门。这支队伍装备十分简陋,只有高登云手里拿着一支毛瑟枪,其他人都手执大刀长矛。队伍来到衙门口,高登云派人请守备衙门的朱守备出来答话。朱守备在几个兵丁陪同下,走出衙门,来到高登云面前,朱守备也是哥老会的兄弟。高登云义正词严地对朱守备说:"现今满清大势已去,民心尽失,你不必为清廷卖命。况且大家都是哥老会兄弟,更没有必要骨肉相残,请你命令手下将士放下武器,我们起义民军可以优待你们。"朱守备原本就无心抵抗,听到高登云一番话语后,连忙命令守备衙门的士兵放下武器出来投降,有不少人当即表示愿意参加起义队伍。起义队伍一下子增加到近千人。起义军没有费一枪一弹就攻占了守备衙门,并且缴获了大量枪支弹药,壮大了队伍。

攻占守备衙门后,高登云和马连弟立刻率军攻打州署衙门。州署衙门是灵州知州余重基的官署,平时都是由一位姓潘的守备把守。这位潘守备平时只知道骑在士兵头上作威作福,打起仗来就当缩头乌龟。潘守备听到起义军攻打州城的消息,立刻吓得魂飞魄散,连忙带了几个心腹兵丁打开城门逃跑了。等高登云率众赶到州署衙门时,里面的士兵们群龙无首,纷纷投降。就这样,高登云不费吹灰之力,又攻占了州署衙门。正在州署衙门后院睡觉的灵州知州余重基,听到外面的呐喊声,从床上爬起来一看,只见外面火光冲天,一群起义军士兵正在放火烧州署衙门的后堂。余重基顿时吓得面如土色,连衣服都来不及穿,让衙役背着他从后门跑到聚义园商号里躲起来了。

高登云率领数百民军前往攻打灵州税局。清末灵州苛捐杂税非常繁多,压得老百姓气都喘不过来。特别是灵州税局的杨姓局长,贪暴无耻,平时欺压

西夏区新貌

良善，无恶不作。高登云率众人砸烂了灵州税局的大门，从后院里拖出吓得半死的杨局长和税局师爷王文炳，杨局长一见高登云，跪在地上，体似筛糠，不住地喊饶命。高登云不由分说，手起刀落，把杨局长当场砍死。然后又提刀来杀师爷王文炳，王文炳命大，被高登云一刀砍在脸颊上，赶紧躺在地上装死，逃过了一劫。后来王文炳养好伤后，不敢再在税局任职，民国初年在灵州完小当了一名老师。灵州起义不费一枪一弹，只杀了一人，刀伤了一人，事后，灵州的社会上流传着两句民谣："高登云乱了灵州城，杀了个半人。""个半人"，就是一个半人，指高登云杀了杨局长，刀伤王文炳。

第二天天亮后，灵州的老百姓打开屋门，惊讶地发现灵州鼓楼上飘扬着一面巨大的白旗，上面用红字写着"顺南"两个醒目的大字，街上有很多手持枪支、佩带大刀的民军来回巡逻。人们恍然大悟，原来一夜之间，灵州真的"变天了"，大清朝的"天"变成了民国军政府的"天"。街道的显眼位置，都被贴上了布告，上面的内容大意为："奉支那大元帅孙谕……各省起义，驱逐满清，上应天意，下合民心。宗旨正大，切合国情……第一保商，第二护民，回汉等教，一视同仁，不准妖言惑众，不准抢掠奸淫。凡我军民，其各凛遵，倘敢故违，定予严惩。"灵州城的老百姓们看到民军纪律严明，秋毫无犯，非常高兴，自发地组织起来，给民军送来了粮食、草料等，踊跃参加民军的人也非常多。

灵州光复的消息传到宁夏府城后，极大地鼓舞了起义军的斗志。哥老会首领刘华堂等联络府城驻军中的会党人员，决定里应外合，一举攻克宁夏府城。11月19日晚，在事先联络好的宁夏府巡官刘照黎、镇台衙门教官刘复泰的响应下，刘华堂率领会党组成的民军围攻中营衙门，枪杀代理镇台贺明堂。接着在内应士兵的帮助下，刘华堂、刘复泰等人率领民军一举攻占宁夏府城。宁夏军政官员闻风而逃，宁夏道台孙廷寿和知府庆隆逃匿民间，宁夏县知县陈元骧逃到城郊，被民军杀死。宁朔县知县高秉彝带领全城文武官员投降民军。经过一夜的激战，宁夏府城光复。此外，起义民军"南路策应队"还攻占了府城以南的大坝、叶盛、玉泉营等地。11月21日，平罗义军在王之滨、马跃川等领导下也光复了县城。宁夏全境到处飘扬着革命胜利的旗帜。11月23日，"支那宁夏革命军政府"正式宣告成立。为了进一步稳定社会秩序，宁夏军政府颁布了《临时新政大纲》十条。宁夏府城内外，城乡各地，家家户户纷纷插上写有"顺南"二字的三角小旗,表示响应革命,归顺南方,服从武汉革命军政府的领导,清廷在宁夏的统治在革命的风暴里土崩瓦解。

宁夏府城光复后,距银川西10余里的满营新城尚有清朝政府的驻防旗兵2000余人,装备精良,弹药充足,且城池坚固,虎视眈眈。为了巩固新生的革命政权,宁夏革命军政府决定新组建的宁夏革命民军的任务是"先扫荡满城,以清侧敌",并任命刘先质、刘华堂为正副总指挥,挑选精兵,分三路攻打满营新城。宁夏革命军政府在积极准备攻打满营新城的同时,还派遣与满营副都统常连有旧交的军政府总文案胡宝森,前往满营劝说驻防清军旗兵缴械投诚。但顽固的满营将军台布和副都统常连自恃兵力较强,武器精良,推诿拒降。此前台布和常连早已从奸细口中获悉宁夏革命军政府秘密会议的情况,以及有关宁夏民军攻打满营新城的作战计划。所以,他们一面派人向甘肃求援,一面踞城固守,严密整饬,将潜伏在满营内的170余名哥老会成员解除了武装,并派人严密监视,严阵以待。12月2日,宁夏革命军政府开始向满营新城发起进攻。双方交战不久,民军即败退下来,伤亡三四十人,初战失利。当晚,刘先质重整旗鼓,从各地抽调人马继续围攻满营新城。哥老会骨干张兴、唐开选、马四虎、吴说书等率众前来参加战斗,并准备云梯爬城。此后,民军昼伏夜攻,与满营清军激战10日。但负责攻打满营新城的刘先质不幸中弹牺牲,民军失去领导,先后伤亡200余人,始终未能攻克设防坚固的满营新城。

宁夏府城等地的光复,使得宁夏的革命形势变得非常有利,西安、宁夏府城(今银川市)都成立了革命军政府,组建了新的政权,与灵州相邻的陕北三边等地,也出现了许多支由哥老会首领组建的民军。一时间,陕甘两省的革命力量有联合作战的趋势。逃到兰州的陕甘总督长庚、陕西巡抚升允、宁夏镇台张绍先等清廷大员们,面对革命形势的发展已经无计可施。唯一可以倚重的效忠清廷的军事力量是俗称西军的"精锐军"统领马安良部。这支回族军阀部队成为当时能挽救清廷西北危局的唯一救命稻草。此时,马安良正率领西军主力在关中一线与民军激战。为了扑灭宁夏的革命烈火,长庚、升允命令马安良部帮统、循化营参将马麒率领马步兵6个营,星夜奔赴宁夏镇压起义,长庚、升允还丧心病狂地利用回汉矛盾,允许马麒攻占宁夏后,"敞刀三日",即部队可以不加约束地抢劫杀掠三天,以报复支持民军起义的宁夏普通民众。

在马麒率军进攻宁夏的同时,原宁夏镇台张绍先也率领一部分清军从兰州潜回到同心、广武一带。准备伺机进攻民军。张绍先还利用宁夏镇台的身份,要求宁夏金积、灵州一带的地主豪绅组织民团,配合清军攻打民军。金积堡的豪绅马学文、董福祥的后裔董某,吴忠堡的马玉书、张俊的后裔张四,灵州城南的马玉赞、王生元等,甚至还有西吉沙沟马仁武、马广武纷纷组建民团,为清廷卖命。

12月中旬,马麒统领的清军(时称西军)杀气腾腾地到达广武,与张绍先所部及各地方豪绅民团会合,分东西两路围剿起义军,分别进攻河东、河西的起义中心宁夏府城和灵州。东路由马麒部李自正率领马、步军2000余人,直扑灵州城、横城等地;西路由马麒亲自统领,沿黄河西岸进军宁夏府城。东路清军和河东地主豪绅的民团从广武出发后,进攻灵州和横城,民军首领高士秀指挥所部进行坚守,但由于兵力不足,又多为临时招募,武器低劣,坚守灵州和横城的高登云、高士秀二人,为了保存实力,以图再举,都先后率部向陕蒙地区撤退,途中因受到敌人袭击,其队伍基本上解体。12月19日,马麒率领西路清军攻占叶盛、杨和两堡,先头部队直扑宁夏府城近郊满营附近,并派遣人马沿贺兰山迂回前进,以包抄围攻满营民军的后路。满营里的清军也全部出动,向民军发起疯狂反扑。民军腹背受敌,无力抵挡,只好退回府城,准备固守待援。12月20日,马麒和满营清军会合后,迅速从东、西、南三面包围府城,城中义军首领刘华堂、刘复泰等率众坚守城池,多次击退西军进攻。马麒和张绍先见强攻不成,便派奸细混入城中,策动民军标统、原清军管带牟宪章和营官王成银等人率部叛变。牟宪章等将民军首领王连升、李麻花等人杀害,并打开城门投降西军。府城民军在猝不及防的情况下,虽然奋力抵抗,坚持战斗,终因力量过于悬殊,被西军攻破府城。刘华堂率领起义军余部突出重围,向平罗、石嘴山一带转移。在途中遭到清军的不断打击,最终全部溃散。

宁夏辛亥革命的熊熊烈火,虽然最终没能完全摧毁清王朝在宁夏的坚固堡垒,但却打破了西北顽固派妄图保清废帝西逃、重新复辟的美梦,并使民主共和的观念初步深入到宁夏百姓心中。

西花园修建机场
民航业从此腾飞

西花园银川机场航站楼

航空运输在经济发展和国家交通运输体系中居重要地位,是国民经济的先导性基础行业。它具有高科技、高投入、高风险以及快速、安全、舒适等特点。航空运输在促进地区经济发展和对外改革开放中具有重要意义。宁夏的航空运输业最早就是在西夏区这块热土上茁壮成长起来的,在宁夏历史上运营数十年的老西花园机场,是宁夏航空事业发展的活化石。

宁夏民用航空事业始兴于20世纪30年代中叶。民国23年(1934年)6月,欧亚航空公司开辟兰(兰州)宁(银川)支线,是为宁夏民航之始,此后中国航空公司、陈纳德空运大队,先后开辟银川至兰州、包头、北京航线。当时民用

解放军解放银川

航空运输主要服务于军事、政治,其次兼顾邮政通信、政要及富有阶层行旅之需。中华民国时期,宁夏民用航空活动时断时续,欧亚航空公司、中国航空公司在宁夏只运营5年多时间,陈纳德空运大队运营时间未及半年,民用航空在交通运输中所起作用甚微。民国23—34年(1934—1945年),宁夏曾修建过东昌、满城、西花园和韦州、同心等5处简易机场,机场设施简陋,技术落后。

民国22年(1933年),宁夏省主席马鸿逵提出发展宁夏航空事业计划,并列入当年《宁夏省政府计划》中。民国23年(1934年)1月,宁夏省政府在省城东教场修建简易机场,供部队使用,并对孙殿英部实施突袭。该年春,宁夏省政府在省城东20千米处(今银川市兴庆区通贵乡)修建东昌机场。6月20日,欧亚航空公司开通兰(兰州)宁(银川)支线,航班每周一班。11月,航线延至包头。10月19日,蒋介石自兰州乘飞机首次到宁夏,东北军司令张学良及青海省主席马麟同行。次日,离宁飞抵西安。

民国24年(1935年),马鸿逵命令宁夏县长戴义赞,以奉"中央"命令在新城(今银川市西夏区东部)修飞机场的名义,命令新城居民限期搬家。经过一番折腾,在新城内修建了一个飞机场。但此机场东西只有八九百米,南北更短,飞机跑道至少要1000米以上,不拆掉城墙,飞机难以起降,即使拆去城墙,东面是湖,西面是渠,也没有发展的余地。只好又在新城以西的西花园附近的空地上修了一个飞机场。西花园机场修建完成后,承担起民国时期宁夏航空事业的重任。民国25年(1936年)10月,蒋介石乘飞机第二次到宁,宋美龄、张学良等人同行。民国31年(1942年)9月1日,蒋介石由甘肃酒泉飞抵宁夏,随行人员有:陈布雷、吴忠信、谷正伦、陈诚、朱绍良、傅作义、宋美龄。次日,蒋介石主持召开第八区高级军事会议,3日,离宁飞抵太原。1949年9月1日,马鸿逵乘机飞离宁夏,逃往重庆。9月24日,中国人民解放军十九兵团六十四军一九一师五七二团进驻接管西花园机场。

在军管会忙着接管的时候,在西花园机场却发生了一件"煮熟的鸭子飞走了"的离奇事件。在国民党宁夏兵团十一军一六八师向接管的解放军呈报的上缴清单上,开列了长长一串各种物资、武器的名称和数目,头一项就是国民党的飞机一架。这架飞机原是国民党当局派来接宁夏当局军政要员的,没想到宁夏解放十分迅速,该飞机未及飞离就被扣留。但这架飞机的驾驶员来头不小,飞机是蒋介石专机组的运输机,驾驶员毛昭宇是国民党空军司令毛

银川西花园机场候机室

邦初的侄子,又是蒋介石前妻毛氏的近亲。他和机组成员的下落,引起了国民党方面的格外关注。但这些情况,解放军六十四军丝毫不了解,接管机场的解放军干部和战士,对毛昭宇和机组人员放松了戒备。连日阴雨,机身上出现了斑斑锈迹。机场军管人员让毛昭宇到机场维修和擦洗飞机。毛昭宇来到机场,看到驻守机场的解放军怕飞机飞跑了,用许多绳索把飞机一道道捆起来,又用一根绳子牢牢地拴套在一个木桩上。这个情景,惹得毛昭宇暗自发笑,心想:这些解放军没见过飞机,啥也不懂,正好用谎话哄骗,乘机飞走。于是他装出一番好意,说飞机要定时发动,不然内部机件就要锈坏,何况下了好多天大雨,更要好好保养以防生锈。驻机场连队的连长一听,认为很有道理,就派两位战士押毛上了飞机。毛昭宇又说一个人不行,机组都要上来各司其职,一起干才能发动起来。4名机组人员就这样都上了飞机,两名解放军干部怀着好奇心跟着上机看稀罕。毛昭宇发动飞机前后滑动,突然加大油门,沿跑道向前窜去。一根绳索哪能拽得住,瞬间就被崩断了。飞机滑行半圈就拉起机头,呼啸着上了天空。飞机升空后,毛昭宇驾机直飞汉中机场降落,重庆国民党政府很快得到消息。于是,毛昭宇一时成为国民党报纸大肆颂扬的新闻人物,被誉为"胆识过人,智逃虎口"的英雄。

中华人民共和国成立后,中国共产党和中央人民政府十分重视民用航空事业的发展。1949年11月2日,中央人民政府革命军事委员会民航局成立。1958年10月20日,中国民用航空局银川航空站成立。至此,自1949—1958年中断了9年的宁夏民用航空运输业得以恢复。1964年2月,在原银川航空站基础上,组建成立中国民用航空宁夏回族自治区管理局。1986年5月1日,民航兰州管理局迁至西安,更名为民航西安管理局,管理宁夏、陕西、甘肃、青海四省(区)民用航空业务。1989年10月,在原民航西安管理局的基础上组建成立新的民航西安管理局,民航宁夏区局属其管辖。

民航宁夏区局原有西花园机场是中华民国时期遗留下来的唯一民用机场。1958年春季,中共银川市委决定重新修建西花园机场。新修的机场跑道长1415米、宽40米,为南北向土质砾石道面。1958年10月20日13时41分,伊尔-14型客机降落该机场,正式开通北京—包头—银川—兰州航线。20世纪60年代,西花园机场因地势低洼,每年春季跑道翻浆,水淹机场致使航班停运时有发生。1958年10月—1982年6月,宁夏仅开通北京—包头—银川—兰州1条航线。1986年9月,银川西花园机场改扩建为3C机场,修建了1条长2200米、宽30米的沥青混凝土跑道,可起降Bae146及50吨以下机型。1993年,机场安装了助航灯光,相继开通了银川至西安、北京、广州、上海、成都、乌鲁木齐、武汉等地航班。

1993年7月23日,西北航空公司甘肃分公司Bae146-300型B-2716号飞机执行银川至北京的航班任务,在西花园机场起飞过程中冲出跑道,造成一等飞行事故。当日14时41分飞机冲出跑道失事后,机场塔台管制员立即通知现场保障单位及人员实施救援,按机场应急救援程序及时传递信息,并通报民航总局和民航西北管理局,自治区党委、政府,宁夏军区,自治区公安厅、卫生厅等单位。民航宁夏区局成立救援领导小组,组织机场164名职工参加救援,驻场武警中队于14时44分赶赴现场,随后,银川市消防中队、银川市第二人民医院等消防、医疗人员和车辆赶至现场进行救护,机场附近群众自发参加救援工作。当日15时50分,自治区党委书记黄璜,自治区主席白立忱、副主席任启兴,宁夏军区司令员李良辉,银川市委书记张位正等赶赴现场,并成立了以自治区主席白立忱为组长,由政府、民航、宁夏军区、武警宁夏

银川西花园机场

总队、驻宁空军等单位领导为成员的"7·23"空难事故处理小组,指挥抢救工作。人民解放军和武警部队100多人担任事故现场的保护与警戒。当时,国务院副总理邹家华,劳动部部长李伯勇,民航总局局长蒋祝平、副局长闫志祥及自治区党政军领导赶赴现场,听取了事故救援和调查处理汇报,并到医院看望了伤员。邹家华指示要全力做好事故善后处理工作,尽最大可能减少人民群众生命财产损失。民航西北管理局、西北航空公司"7·23"事故调查组于当日抵达银川,对事故进行调查处理。7月25日18时,经民航总局批准,机场开放,恢复航班运营。在机场关闭期间,民航班机转场临近部队机场。7月30日,民航总局组织召开此次空难事故调查情况讲评会议,认为民航宁夏区局本次飞机保障符合要求,排除机场责任因素。民航事故调查组现场检查认为:"飞机在滑跑过程中,机尾3次擦地,没有刹车及中断起飞迹象。飞机残骸中的滑油及燃油漏尽,现场没有起火。4台民动机均与机翼分离,残骸严重撞击损坏。检查操纵系统时发现襟翼在0°位,襟翼指位表在机械0°位,襟翼操纵手柄在24°位,襟翼系统连杆、接头均无异常现象。"造成此次事故的原因主要是机组违反规定,起飞前未按规定念检查单,也未看襟翼指位表的指示,在襟翼未放出情况下起飞,造成滑跑距离长,飞机拉不起来冲出跑道。

事故发生后,银川机场的选址问题重新进入人们的视野。银川西花园机场跑道比较短,新中国建立后几经改造,直到第六个五年计划时期,跑道才延长到2200米,宽30米,仅能起降中小型客机。随着宁夏国民经济和社会事业的发展,西花园机场已经不能适应需要,是在原址扩建还是选址新建,成为自治区党委、政府的重要议题。1990年,自治区副主席任启兴、自治区计委主任董家林等经过和中国民航设计院、贺兰山军用机场及专家咨询组详细研究,认为:西花园机场和军用机场的空中距离过短,达不到现行设计规范的要求,且老机场与宁夏广播电视塔、包兰电气化铁路之间的干扰无法避免。扩建西花园机场还对新市区的建设规划带来诸多影响等。自治区党委、政府审时度势,决定重新选址建新机场。

自治区党委、政府原计划选择曾经考虑建设的"白鸽机场"。早在1984年9月下旬,在银川举行宁夏首届国际经济技术合作洽谈会期间,当时的自治区主席黑伯理就提出过新建或扩建银川机场的问题。自治区计委根据黑伯理主席的专题,进行过相关研究,其中新建方案之一就是"白鸽机场"。该机场位于永宁县境内,按4D型标准设计,跑道长2800米,能起降波音737、麦道、图154,占地约3700亩,基本都是良田,需搬迁约120户,工程建设估算投资需2亿元以上。由于资金不足,搬迁难度大,该计划被迫放弃。

  1991年,银川至古窑子公路开工建设,使河东这片亘古荒原进入了自治区相关领导的视野。相关领导和专家经过详细考察,认为灵武县临河乡一带半荒漠平原多,不占良田,距银川不远,机场建在这里较为理想。1993年3月,宁夏收到了国家计委转发的国务院、中央军委关于银川河东机场项目建议书的批复,同意按4D型标准做可行性研究报批。至此,按基本建设程序的要求,银川河东机场完成了立项工作。1995年11月29日,经国务院研究批准,银川河东机场工程开工建设。12月18日,银川河东机场正式破土动工。河东机场建设期间,国务院副总理邹家华专程于1996年5月到施工现场视察,对河东机场建设工作表示了赞扬和肯定。1997年9月4日,历时18个月,银川河东机场通过了国家验收委员会的验收报告,6日,举行了盛大的通航典礼。银川河东机场属4D级国内干线机场,跑道长3200米、宽45米、厚0.34米,站坪面积约5万平方米,安装有Ⅰ类精密进近仪表着陆系统和先进的航行管制、航空气象、通信导航设备。机场供电、供油和机场服务及其他保障设施完善,可满足波音、空中客车等各种飞机机型安全起降。宁夏没有现代化机场的历史从此结束了。

莽莽荒原现绿洲
日新月异话农垦

垦殖事业在人类社会发展中具有十分重要的地位和作用,而宁夏又是我国历代重要的屯垦地区。自秦始皇统一中国至民国时期,各朝代都在宁夏进行过垦殖,使宁夏地区的农业得以发展。中华人民共和国成立后,党中央、国务院及宁夏回族自治区党委和政府,更加重视垦殖工作。1949年12月5日,中央人民政府人民革命军事委员会主席毛泽东在发布《关于一九五〇年军队参加生产建设工作的指示》中指出:"人民革命军事委员会号召全军,除继续

| 贺兰山下垦荒

作战和服勤务者而外，应负担一部分生产任务，使人民解放军不仅是一支国防军，而且是一支生产军，借以协同全国人民克服长期战争所遗留下来的困难，加速新民主主义的建设。"根据毛泽东主席的指示，1950年4月，西北军

支青抵达宁夏

政委员会决定将所属的部分部队转为生产队，创建国营农场；同年12月1日，西北地区第一个国营机耕农场——灵武农场，在灵武县境内宣告成立。1952年2月，毛泽东主席发布人民革命军事委员会命令，批准中国人民解放军31个师为建设师，其中参加农业建设的有15个师。遵照毛泽东主席"我批准中国人民解放军西北军区独立第一师转为中国人民解放军农业建设第一师的改编计划，将光荣的祖国经济建设任务赋予你们"的命令，中国人民解放军农业建设第一师于同年8月，在平罗县境内的西大滩创建了国营前进机械化农场。随着国营灵武、前进农场的建立和发展，党中央、国务院以及宁夏回族自治区党委和政府采用国家投资、军队屯垦，复转退军人参与，社会青年、城市知识青年支边、黄河青铜峡库区移民搬迁等办法，在亘古荒原和湖泊沼泽地创建国有农场，大力发展农垦经济。农垦经济已经成为宁夏回族自治区经济的重要组成部分，农垦事业已成为宁夏回族自治区的重要事业，在宁夏社会中具有重要地位，发挥着巨大作用。

宁夏农垦的国有农场，分布在贺兰山东麓和黄河两岸，由北向南有序排列，北自石嘴山的惠农区起，经过银川市、吴忠市至南边的中卫市中宁县，全长270多公里。其中位于今银川市西夏区境内的农场有平吉堡奶牛场、南梁农场和贺兰山农牧场。

平吉堡奶牛场于1959年建成，是在原银川市新城公社平吉堡大队8个陕西移民点的基础上发展起来的。1965年改为农建十三师一团，1970年改为兰

州军区生产建设兵团第五师三十二团,1974年又分为平吉堡农场和平吉堡奶牛场,1978年合并为平吉堡奶牛场。位于银川市西夏区南郊。平吉堡奶牛场是宁夏历史最久、规模最大的奶牛生产基地。1981年,鲜奶产量占全区产量的45%,使银川市成为20世纪六七十年代全国为数不多敞开供应鲜牛奶的城市之一。1980年起,进入全国高产奶牛场行列,1980—1983年获全国高产奶牛三等奖,1984—1988年连续5年获全国高产奶牛二等奖。生产的"贺兰山"牌酸奶畅销市场。累计向陕、甘、豫、鲁、鄂、内蒙古等省区提供奶牛2430头。1999年以后又建起4个职工自营奶牛养殖区,有184名职工养殖奶牛1330头。党和国家领导人江泽民、李瑞环等先后到平吉堡奶牛场视察。1988年9月26日,国家副主席王震视察后题词:"发展奶牛是农业的一件大事。"奶牛场从1984年开始就实行职工自费开发荒地、饲养奶牛、兴办开发型家庭农场,是农垦系统最早放开发展职工自营经济的农场之一。平吉堡奶牛场酸奶厂是宁夏第一家最早生产酸奶的厂家,有20多年的生产历史。它利用本场优质、健康的鲜奶,配以白糖、乳酸菌经过科学加工而成。成品中活乳酸菌含量高,口感

西夏区农垦事业日新月异

鲜纯,自然芳香,有增进食欲、帮助消化的功效,是青少年和老年人最佳食品。

贺兰山农牧场,前身是中国人民解放军总后勤部西安军马局所属的贺兰山军马场。1976年1月移交宁夏农垦局管理后,更名贺兰山农牧场。场部位于银川市西北16公里宁夏大学北部的沙城子。农场充分利用畜牧技术力量强的优势,大力发展养鸡业,建成祖代、父母代和商品代鸡场各一个,成为20世纪七八十年代银川地区主要的种鸡和肉鸡生产基地。农场利用靠近城市优势大力发展工业,生产的汽车拖车弹簧钢板、锅炉除尘器和消音器被评为自治区优质产品。随着市场经济的发展,20世纪90年代后,加大农业产业结构调整的力度,一是发展农产品加工业。建起一座具有国内先进水平、年生产能力5000吨的精米加工厂,生产的"金夏贡米"荣获上海国际食品博览会金奖和北京国际农业展览会名牌产品称号。二是发展草产业。大力种植紫花苜蓿草,并引进日本、美国的先进牧草收获加工设备,形成收割、加工、储存一条龙的草产业,其种植加工的加密草捆、草颗粒、草粉等畜禽专用饲料,畅销宁、陕、内蒙古等市场。三是草畜结合,发展以肉羊育肥为主的羊产业。建成面积较大的

种羊场和标准化育肥羊舍多栋,拥有多只国外纯种肉羊和国内优质种羊。四是从1992年起发展以温棚为主的蔬菜产业,其中"贺兰山"牌温棚黄瓜获农业部"绿色食品"认证,在银川及周边地区享有盛誉。精米、牧草、肉羊、蔬菜四大产业格局的形成,促进了农场经济的发展。

南梁农场,建于1953年,原为南梁畜牧试验场,1965年11月改为农建十三师五团,1976年3月改为兰州军区生产建设兵团第五师三十六团,1974年6月改为南梁农场。农场位于银川市西夏区境内。碧宝牌富硒枸杞,是宁夏枸杞集团公司南梁农场枸杞园生产,果实粒

大、肉厚、籽少、色艳、味甘甜,含有人体所需的18种氨基酸、30多种常量元素和微量元素,是宁夏枸杞中的极品。是宁夏最大的规模化、无公害SOD富硒枸杞种植基地。1997年,南梁农场被自治区财政厅、农业厅、农垦局等单位确立为"万亩优质富硒枸杞生产基地"。

南梁农场科研人员历经4年,在生产培育优质枸杞的同时,加大科研投入,运用生物高新技术,在宁夏枸杞原有活性物质的基础上,通过生物体自身转化使枸杞果实内硒元素的含量大大提高,并同时提高了SOD、CAT、POD三种酶的活性。在国际上首创了从保护酶系统和非酶系统两个方面达到清除人体内剧毒物质自由基的目的,使"碧宝"牌富硒枸杞在防癌、治癌、预防和治疗老年多发病、增强人体免疫力、延缓衰老等方面的作用大大提高,填补了国内外该类保健品的空白。此项技术已于1996年经自治区科委通过鉴定,并获得国家专利和绿色食品证书,荣获自治区科技进步三等奖。

在开发建设过程中,党和国家领导人王震、江泽民、李鹏、朱镕基、李瑞环、胡锦涛、李岚清、温家宝等先后亲临宁夏农垦视察指导,在银川市西夏区境内的平吉堡奶牛场等地也留下了足迹。

1991年6月16—20日,时任中共中央总书记、国家主席、中央军委主席江泽民来宁夏视察工作。6月16日下午2点半,江泽民总书记一行在自治区党委书记黄璜、自治区主席白立忱、兰州军区司令员傅全有和宁夏农垦局党委书记、局长柳登旺等陪同下,同乘一辆面包车前往平吉堡奶牛场。在车上,柳登旺向江总书记汇报了宁夏农垦的概况和发展情况,特别是十一届三中全会以来和正在进行的大农场套小农场双层经营管理体制改革的情况。江总书记听后高兴地说:"大农场套小农场,也就是国营农场套家庭农场,这种体制符合宁夏农垦的情况,也符合我们国家农垦的情况,这种体制既统又分,发挥了大农场——国营农场——家庭农场的优越性,也调动了千家万户家庭农场的积极性,这种经营体制好。"柳登旺接着汇报了农场的积累和分配问题,他说:"兴办家庭农场后,分配和效益都要从家庭农场说起,如果分配和积累的比例不适当,要么会挫伤家庭农场的积极性,要么会使国营农场没东西、没积累。我们实行的是'生产长一寸,分配低一分',因为农垦企业办的是社会,农林牧副渔、党政工青妇、工农商学兵,都由企业负担,还要再生产,所以不能采

西夏区西干渠

取分光吃光的办法,分配和积累要有适当的比例,否则企业就没后劲了。"江总书记听后很赞赏,说:"我很赞同你的观点,有的地方向我反映嫌分配少,没有很好处理积累和分配的关系,我们要考虑到发展的后劲,再生产的需要,要预防灾荒,要以丰补歉,要有储备,不能搞短期行为。"车到了平吉堡奶牛场场部后,江总书记同在此迎候的平吉堡奶牛场党委书记康正明、场长高佩孚等同志亲切握手,并一同走进奶牛一队的牛舍察看奶牛。江总书记看得很细,边看边问,称赞道:"这种奶牛确实不错,从体质、毛色上看,膘肥体壮,看来你们在饲养管理上也不错。"他问:"这种奶牛居全国什么水平?"时任国家计委副主任的刘江回答说:"这种奶牛在全国属中等偏上的水平。"又问:"像这种奶牛盛奶期,产奶期是多长时间?"柳登旺回答道:"八至十年。开始三年产得不多,十年以后奶量逐渐减少。"又问:"年平均产奶量是多少?最高产奶量是多少?"柳答:"年平均产牛奶 7000 公斤,最高产奶量 13000 公斤。"继问:"这种产量的奶牛有多少头?"柳答:"这种产奶量的牛不多,就是几头尖子奶牛。"接着,直问刘江:"像这样的产奶量在我国是什么水平?"刘江答:"这个产量在我国是上等的。"总书记听后高兴地说:"好,这种奶牛确实不错。"

那天的天气很热。柳登旺、康正明、高佩孚在江总书记看完奶牛后要请他

垦荒闲暇之余知青们将盐碱荒滩当舞台就地演出

品尝场里自产的酸奶。虽然事先也做了准备,但没请示任何领导,拿不定主意。柳登旺当即请示黄璜书记和白立忱主席。他们二位让柳请示随行的中央办公厅副主任杨德忠。杨德忠对柳说:"我看你和总书记交流得不错,你直接问问总书记。"于是,柳来到江总书记身边说:"总书记,宁夏农垦的情况向您汇报了,奶牛您也看了,今天天气很热,您到这里已将近一个小时,我们这里有自己加工的酸奶,请您品尝一下。"江总书记问:"在什么地方?"柳用手一指说就在您身边这间房子里。江总书记说:"那好,就进去品尝品尝你们的酸奶。"说着走过去用手掀开门上挂的竹帘进了房子。其他陪同人员也随着进了屋。江总书记坐下后,一边喝酸奶,一边问柳登旺奶牛多大配种,柳回答18个月。江总书记又从配种、产仔、产奶、断奶、吃草料到盛奶期,每个阶段是多长时间问得很具体、很详细。在场的柳登旺和康正明、高佩孚都一一做了回答。江总书记得知奶牛场的奶牛是采用日本设备人工冷冻精液配种的方法时提出要看看设备。当即,农场的同志就给总书记播放了冷冻精液配种的录像资料片。江总书记边看录像边问奶质情况,柳回答乳脂率是 3.12,刘江接着说 3.12 是比较高的。又问产的牛犊公的多还是母的多? 公牛效益好还是母牛效益好? 柳回答:"开始 60% 是公的,40% 是母的。母牛效益好,价格高,能产仔,能产奶。母牛下母牛,三年五头牛。公牛饲养时间长,成本高。"江总书记说:"那要通过高新技术提高母牛数的产量。"柳回答:"我们正在研究控制性别技术,解决这个问题。"总书记听了后高兴地说:"好,希望你们研究出来向全国推广。"从四面八方闻讯而来的职工群众,聚集在门口,想见见总书记。总书记走出屋子后,微笑着向大家招手示意,职工群众热烈鼓掌欢迎江总书记来到农场视察。

1993 年 8 月 25 日下午 3 时左右,中共中央政治局常委、全国政协主席李瑞环在自治区党委书记黄璜的陪同下到平吉堡奶牛场视察工作。车到奶牛场后,李瑞环同在奶牛一队迎候的农垦局党委书记柳登旺、平吉堡奶牛场场长高佩孚等同志亲切握手,并一同走进奶牛一队养殖场。李瑞环边走边看,边看边问,看到养殖场内茂密的树木,盛开的鲜花,整洁的牛舍,健壮的奶牛,连连称赞道:"真是花园式的养牛场,生产环境好,既干净卫生,又防病防菌,这是养牛事业的创举。"8 月下旬,正值盛夏,这天的气温很高。在李瑞环一行看完奶牛后,柳登旺、高佩孚请领导到奶牛一队办公室品尝场里自产的酸奶。李瑞环进屋落座后,柳登旺、高佩孚一边请他喝着酸奶,一边向他简要汇报了宁夏农垦和平吉堡奶牛场的奶牛养殖及生产经营情况。李瑞环听得很认真,并频频点头表示赞赏。当柳登旺、高佩孚汇报结束后,李瑞环勉励道:"你们的工作做得很好,很有成效,希望你们在现有的基础上继续努力,加快发展。"

三线建设建厂矿
特殊年代铸根基

"三线建设"是指从20世纪60年代中期开始到70年代末,在中国西南、西北内陆地区开展的一场以备战为中心,以军工为主体的大规模的经济建设运动,包括全国的"大三线"建设和各省的"小三线"建设。这是以毛泽东为主要领导的中共中央从对当时国际环境的认识出发,根据国防需要对全国经济建设所做的决策。大、小三线的集中建设,在20世纪六七十年代的国民经济建设中占有很大的比重。它曾是中国经济建设的中心环节和首要任务,投资之集中、地域之广、持续时间之长,都是新中国建设史上所仅有的。宁夏作为西部内陆地区的一个省份,由于其独特的地理位置、地形状况及资源条件,成为"三线建设"规划中的一个重要省份。由于银川市西夏区地势高亢,平坦宽阔,可用荒地多,而且背靠贺兰山,隐蔽性强,非常适合"三线建设"需要,所以西夏区成为宁夏"三线建设"的重点地区。由此拉开了西夏区工业化轰轰烈烈的发展序幕。

"三线建设"是在特定历史条件下做出的一个带有战略性的决策。它从决策形成到付诸实施有着复杂的时代背景。进入20世纪60年代以来,世界形势动荡不安,中国周边的国际关系趋于紧张,中国面临着来自多方面的军事压力、战争挑衅和侵略威胁,"三五计划"被迫中断。首先,在中国的

南面,美国在越南的战争严重升级,威胁到中国南大门的安全。与此同时,在东南沿海,盘踞于台湾的国民党当局积极策划反攻大陆。其次,在中国的北面,随着中苏关系的急剧恶化,苏联向临近中国的边境地区派驻的军队达100万人。增兵的同时,苏联还把战争矛头指向中国。再次,在中国的西面,中印边境动荡不安。1962年,印度军队悍然由中印边境东段向中国领土发动大规模入侵,中国军队被迫进行自卫反击,将印军击退。其后,虽然由于中国方面的主动停火,战争停止,但双方边界的军事对峙局势尚未得到根本缓解。在四面受敌的严峻形势下,毛泽东等党和国家领导人不能不对随时可能爆发的战争有所准备。而从当时的国内战备情况来看,也确实存在着严重的问题,主要体现在四个方面:一是工业过于集中。全国14个百万人口以上的大城市,就集中了约60%的主要民用机械工业和52%的国防工业。二是大城市分布不合理,全国有14个百万以上人口、25个50万~100万人口的大城市,大都在沿

20世纪60年代,公社送优秀青年参军

天津知青

海地区,易遭空袭。三是主要铁路枢纽、桥梁和港口码头多在大中城市及其附近,易遭轰炸破坏。四是所有水库的紧急泄水能力都很小,一旦遭到破坏,将酿成巨大灾害。

外有强敌,内有隐患。这引起了中共中央与毛泽东的高度重视。在1964年5月召开的中央工作会议上,毛泽东明确提出要把全国划分为一、二、三线的战略布局,下决心搞"三线建设";同时提出,各省都要有自己的军事工业。同年8月,中共中央书记处会议根据毛泽东在会上的讲话精神做出决定,首先集中力量建设"三线"。1964年10月,毛泽东在一份批示中明确指出:"必须立足于战争,从准备大打、早打出发,积极备战。""我们不仅要在战备部署、后方设施、作战准备和国防工业建设等方面充分注意这个问题;同时,也要在国民经济建设方面充分注意这个问题。"10月30日,中央工作会议通过并下发了国家计委提出的《1965年计划纲要(草案)》。这个计划的指导思想是"争取时间,积极建设三线战略后方,防备帝国主义发动侵略战争"。《纲要》提出的

"三线建设"总目标是:"要争取多快好省的方法,在纵深地区建立起一个工农业结合的、为国防和农业服务的比较完整的战略后方基地。"

1965年9—10月召开的中共中央北京工作会议上,各省、各部及军队各部门着重汇报、交流了全面加强战备、加速"三线建设"的情况和计划。会议同意"三五计划"的基本方针是:"国防建设第一,加速三线建设,改变工业布局。"自此,经济建设的中心从解决吃穿用转变为备战,"三线建设"的战略决策终于确定。从1964年下半年开始,由国务院有关部委和有关省市领导组成的西南、西北"三线建设"委员会相继成立,西南"三线建设"指挥部由李井泉、程子华、阎秀峰负责,1965年彭德怀到西南三线任副总指挥;西北"三线建设"指挥部由刘澜涛、王林、安子文、宋平负责,刘澜涛任主任兼总指挥。三线建设开始于1964年,进入70年代前期,国际国内形势都发生了巨大变化,国家开始调整建设方针,"三线建设"和沿海地区建设开始得到并重。1980年,国家建设方针实行大转变,"三线建设"基本结束。

鉴于宁夏所处的战略位置和工业基础薄弱的状况,国家决定在宁夏安排一批"三线建设"重点项目。从1965年初开始,由沿海和内地陆续向银川迁移了一批大中型工业企业。随着工业基地的建设,其他与之配套的工业、交通运输业等单位以及与人民日常生活紧密相关的轻纺工业、商业网点及文教卫生事业等单位相继迁入,在短短的几年内吸引了大批的人口迁入。自20世纪60年代后期开始,从华北、华东、东北等地通过全厂搬迁、部分迁厂、包建和技术援助等形式,向银川西夏区迁入不少大中型工矿企业和大量职工。

1965年国家实施"三线建设"后,由辽宁、北京、河北、安徽、上海、天津等沿海和东部一些城市企业搬迁部分职工、设备来银川作为主体,组建了一批大中型企业,并投入近10亿元的基本建设资金。1965年2月,中共银川市委根据中共中央西北局《关于加强支援"三线建设"的指示》,成立了银川市"三线建设"领导小组,制定全市支援"三线建设"规划意见,指定新市区(今银川市西夏区)为银川工业建设的重点区域。从此,西夏区工业建设进入了高潮,开始形成了大中小结合的、比较合理的结构。由于"文化大革命"的影响,这些内迁企业的正常生产受到了严重干扰和破坏,生产秩序混乱。但"三线建设"并没有因为"文化大革命"而停止,经过几年的建设,一批内迁企业先后建成

投产,彻底改变了西夏区工业面貌,如由沈阳中捷友谊厂援建的长城机床铸造厂于1969年建立投产,由瓦房店轴承厂援建的西北轴承厂于1970年建成并投产。这些新建企业素质都比较高,有比较雄厚的技术力量和经营管理能力,发展成为国内各行业中的重点和骨干企业。同时,在这些大中型企业的帮助支持下,宁夏自己也建成了一批企业,如宁夏电子仪器厂、宁夏标准件厂、宁夏汽车配件厂等。由于这些企业投产,"文化大革命"时期西夏区工业实力大增。但因为受到极左思潮影响,许多企业管理混乱,生产难以走上正轨。同时又在"三线建设"靠山进洞备战思想指导下,出现了一些企业布局问题,导致这个阶段企业经济效益差。

"三线建设"时期银川市西夏区建立的工业体系主要有:

一、冶金工业

宁夏有丰富的硅石和石灰石矿藏,加之还有比较充足的煤炭和电力资源,为发展铁合金工业提供了非常有利的条件。1958年,在全民大炼钢铁时,银川市新城(现银川市电线厂厂址)建成宁夏第一家铁合金厂,有两台400千伏安矿热炉，开始生产硅铁，但因技术不过关，1962年关停。1974年，上海市计划与宁夏合办铁合金厂，由上海提供资金和设备发展硅铁生产，为上海市提供硅铁产品，支援上海的钢铁生产。为此，银川市计委将原银川市钢铁厂改建为银川市铁合金厂。该项目于1976年开始建设，第一台矿热炉于1978年9月投产。

二、石化工业

1958—1960年，国家和宁夏地方政府相继投资570万元，先后在银川市建成了银川磷肥厂、宁夏农垦磷肥厂、银川橡胶厂等化工企业，为自治区的石油化学工业发展打下了基础。1965年，"三线建设"时期，化学工业部所属青岛橡胶二厂和沈阳橡胶三厂部分搬迁到宁夏，在原银川橡胶厂的基础上扩建，到1966年建成西北地区最大的轮胎生产企业。

1963年11月筹建银川氮肥厂，1966年4月6日一次试车成功，生产出合格的碳酸氢铵。

1966年1月开始筹建的银川化肥厂，是1965年西北局协作会议期间，宁、青两省区达成协议，各投资2500万元，共同兴建银川化肥厂（当时曾称为宁青化肥厂）。该厂原设计规模为年产合成氨4.5万吨，加工成尿素7.75万吨。1973年4月中国燃料化学工业部重新核定生产能力为年产合成氨4万吨，加工成尿素6万吨。

20世纪60年代初，国家做出了关于"三线建设"中重点加强战略大后方的整体部署。为了加强少数民族地区工业建设力量和调整全国橡胶工业布局，经国务院批准，化工部决定将东部地区重点橡胶工业企业部分搬迁至宁夏，同银川橡胶制品厂合建银川橡胶厂。银川橡胶厂迁建工程于1965年4月破土动工。这项工程，从一开始就在基建投资体制和组织管理体制方面进行了一系列新的尝试。其一是改变了以往基建工程分别组成甲、乙方的办法，而改变为由中国第十化建公司按施工单位全包核算制办法将承建任务一包到底，不再另设筹建机构，这样有利于解决好基建工程中甲、乙方通常遇到的统一领导和协调配合方面的问题。其二是在化工部基建总局的直接领导下，成立施工现场党委领导下的总指挥部，不再实行党政领导分设的基建工程领导体制。1965年上半年，迁建工程同时在山东青岛、辽宁沈阳和宁夏银川全面展

开。三厂广大职工发扬艰苦奋斗、支边光荣的革命精神,较快较好地完成了人员和设备搬迁工作。银川橡胶厂于1965年底基本建成,同年12月31日试制成功第一条航空轮胎,创造了当年破土动工、当年基本建成的大型橡胶工业企业建设的新速度,受到国家有关部委的高度赞扬。这次大规模的建设是在原国营银川橡胶制品厂的基础上扩建,由化学工业部北京橡胶研究院承担设计任务。全部生产设备均由上述两厂负责配套搬迁,干部、技术人员和工人亦配套搬迁,企业管理基础良好,技术力量较强,属化工部直属军民结合的轮胎生产企业。1966年建成并一次试车投产成功,当时设计规模为20万套民用轮胎和5万套航空轮胎,建厂初期生产5种规格7个品种的民用轮胎。

  1966—1978年,银川胶带厂、银川长城橡胶厂、银川前进橡胶厂等小型橡胶加工企业也相继建成投产。这些小型集体企业虽然规模较小、技术力量较

为薄弱,但互相配套,填平补齐,也壮大了宁夏的橡胶工业。1965—1966年,银川橡胶厂建成航空轮胎生产线,工业总产值突破4500万元,宁夏成为我国轮胎生产的重点省区之一。从20世纪70年代开始,宁夏轮胎工业总产值超过了1亿元。从此,宁夏轮胎工业生产步入了快速增长的新时期。银川橡胶厂虽然是老厂搬迁,但具有较完善的轮胎检测设备仪器,对进厂的生胶、炭黑、硫化剂、促进剂、防老剂、软化剂、辅强剂以及各种骨架材料(棉帘子布、人造丝、尼龙帘子布)等原材料均按化学工业部和国家标准进行严格的质量理化检验。配有橡胶拉力试验机、磨耗试验机、橡胶硫化仪、疲劳试验机等物理机械性能测试设备和X光轮胎无损探伤机、轮胎里程试验机等试验设备,为轮胎质量检验和技术研究提供了必要的测试手段与保障。1976年,银川橡胶厂在原来的基础上进行了30万套民用轮胎项目的扩建设计,由化学工业部北京橡胶研究设计院与银川橡胶厂共同负责完成了扩建工程设计任务,并通过了化学工业部和自治区的扩建审查。航空轮胎主要是扩大尼龙帘线应用,整体配方改进,无内胎配方及工艺,提高临界速度,解决航空轮胎使用中"甩胎面"等质量问题,增强胎圈部强度等项研究工作,均取得良好效果,使航空轮胎的质量进一步提高。1979年11月,银川橡胶厂被国家有关部门确定为全国重点化工生产企业,橡胶类50个重点企业之一、轮胎类15个重点企业之一。

银川胶带厂始建于1969年,是西北地区定点生产输送带的国家中型二档企业、自治区一级企业。1969—1978年,主要生产矿用输送带、传动带、三角带等橡胶制品。

银川前进橡胶厂,建于1972年。原名为银川橡胶厂家属小工厂,建厂初期仅由40多名银川橡胶厂家属组成,从事扒帘线胶、清洗

邮局

垫布等工作。后来逐步增加了轮胎翻新、胶管、再生胶、橡胶制品、汽车垫带等产品的生产。1979年,在银川橡胶厂的大力支持下,工厂更名为银川前进橡胶厂,为集体所有制企业。

三、机械电子工业

大河机床厂是1965年根据第一机械工业部的决定,将沈阳中捷友谊厂搬迁到宁夏中卫建立的。1965年搬迁当年就实现了"当年设计、当年施工、当年搬迁、当年生产"的建厂任务。1966年初,工厂开始投入生产,到年底,完成生产设施建设项目8项,有职工769人,固定资产403万元。1966年生产的产品是由原中捷友谊厂带来的仿苏立式钻床。1967年进行更新设计,开发新式立钻。1966年设计立式珩磨机床,1968年试制,1971年投入批量生产。1969年承接了当时国家重点建设项目——为第二汽车制造厂设计制造68种109台专用机床的任务,由于按时保质保量完成了任务,曾多次受到第一机械工业部的表扬。为二汽提供的68种专用机床中,有39种已作为生产汽车的定型设备,编写成册,推荐给国内外汽车制造厂家选用。1970年9月,第一机械工业部将大河机床厂由部属企业下放地方管理,是国家骨干重点企业、宁夏一级企业。1975年为洛阳矿山机械厂设计的DH-142、DH-143转塔组合机床,采用先进的SKJ-02型顺序控制器系统,是国内组合机床行业应用顺序控制器最早的厂家之一。1986年,大河机床厂搬至银川市西夏区。

西北轴承厂

长城机床厂是1965年根据第一机械工业部的决定,从大连机床厂搬迁部分人员和设备到宁夏建厂。1965年2月3日起,从大连机床厂抽调的一、二批人员,先后到银川,在尚未建成的银川铝厂厂址筹建。在边搬迁边建设边生产中,当年装配成功C720K液压仿形半自动车床,这是建厂生产的第一台机床。1965年底,长城机床厂有职工444人,生产设备112台,装配机床52台,完成工业总产值212万元,实现利润100万元。1966年,该厂又设计生产出CD7112型仿形车床,这是它的第一个定型产品。1971年,为兰州长津电机厂设计制造的电动机转轴车加工自动线,首创生产自动线的历史。此后,分别为一汽、二汽、上海齿轮厂等汽车、拖拉机、电动机制造厂、军工企业设计生产各类车加

工自动线25条。自1969年淘汰仿苏产品，开始自行设计制造CE7112型、CE7120型等仿型系列产品，1973年，成为第一机械工业部组织的全国第一次试制数控车床单位，承接了设计国内第一台数控车床的任务。经一年的试制，CS删型数控车床问世，1975年正式通过国家鉴定，投入批量生产。

1970年，第一机械工业部决定将长城机床厂由部属企业下放宁夏地方管理。该厂是当时我国生产半自动液压仿形车床的最大厂家，也是我国数控车床、组合车床和车加工自动线的生产基地之一，成为国家生产金属切削机床的骨干重点企业。

长城机床铸造厂是根据第一机械工业部的决定，1965年5月由沈阳中捷友谊厂和大连机床厂派人，组成筹建小组，经考察选址，提出设计规划方案。1966年9月，长城机床铸造厂在银川市新市区开工兴建，1969年基本建成，开始试生产，1970年正式投产，向主机厂提供机床铸造毛坯。长城机床铸造厂原设计规模为年产铸件15200吨，为已建和将建的5个机床厂提供毛坯件。该厂除了为长城机床厂和大河机床厂配套生产立式钻床、珩磨机、仿形车床等机床铸件外，还承担了多头钻、组合机床等系列产品的铸件毛坯及部分出口、军工、农机产品的铸件任务。1972年，长城机床铸造厂的职工总人数为1143人。

银川长城液压件厂位于银川市新市区（现西夏区）同心南路，为集体所有制企业，专业生产为长城机床厂液压仿形车床配套的液压元件，原是长城机床厂的家属工厂，一切技术装备都由长城机床厂配备。1977年移交银川市新城区管理。当年完成工业产值50.01万元，生产液压仿形机床专用液压元件中、低压阀三类9个品种6114件。

西北轴承厂按第一机械工业部的计划于1965年开始筹建。当时定名为西北轴承总厂。总厂的概念包括西北地区4个厂，即兰州轴承厂、天水海林轴承厂和西北轴承一厂、西北轴承二厂。1966年3月1日，第一机械工业部决定在宁夏青铜峡建厂。施工人员于3月15日进入工地，动工兴建水电等临时工程和部分住宅，后因为"风沙大、隐蔽条件差"而放弃。一机部银川建厂指挥部于5月18日组织轴承分公司、第一设计院轴承设计处以及筹建厂等单位会同自治区有关部门重新选择厂址。6月18日决定在平罗县境内贺兰山大水沟进沟

4.5公里的一块台地上建厂，厂址海拔1390米，四面环山，山的相对高度100~300米。该厂由辽宁瓦房店轴承厂包建和搬迁部分人员与设备，隶属第一机械工业部管理。1969年一机部撤销西北轴承总厂筹建处，元月7日正式改名为西北轴承厂，1970年9月下放改为自治区属企业。1970年3月试生产，1971年8月正式投产。当年有职工3792人，生产设备535台，生产轴承7个类型66.4万套，产值882.2万元。1972年生产出口轴承，当年出口1.3万套，1973年生产特大型轴承360套，1974年经一机部批准建特大型车间。至1975年西北轴承厂生产的轴承发展到九大类147个品种，年产151.4万套。1987年西北轴承厂厂部由平罗大水沟迁到银川市新市区（现西夏区）厂址。

宁夏标准件厂前身是一机部搬迁配套生产机床的机床一厂、机床三厂、机床锻造厂。根据国民经济体制改革，经国务院批准，将一厂、三厂、锻造厂下马，于1971年初改名银川机床附件厂。当年有职工54人，设备3台，生产机用平口钳1412台。1972年4月21日，根据国家计委、一机部通知，从天津标准件厂、材料改制厂、螺纹工具厂、生活服务站等单位分迁部分设备和人员组建宁夏标准件厂。1972年，银川机床附件厂与宁夏标准件厂筹建处合并，并在此基础上扩建，厂名为宁夏标准件厂。设计投资440万元，计划职工500人，产品项目为标准紧固件、机床附件。

宁光电工厂于1968年9月根据国家计委、国防工办决定，将纺织部所属银川新立织造厂移交第四机械工业部改建半导体器件厂，定名为宁光电工厂，原设计规定的产品为雷达、指挥仪、电台和计算机配套，年产半导体器件195万只，实现投资额1525万元。20世纪70年代初，主要生产硅小功率晶体管、硅小功率开关管等。

宁夏兴庆机器厂由宁夏计委批准筹建，1967年6月动工，1970年4月落成，设在距银川市老城区45公里处的贺兰山榆树沟内。是宁夏唯一的"小三线"军工厂，也是国家国防科工委1984年"小三线"调整方案确定保留的全国93个地方军工企业之一，防步兵地雷定点生产厂。当年建成投产的有两条生产线：一条是67式木柄手榴弹生产线，设计生产能力为50万发/年；另一条是二号岩石硝铵炸药生产线，设计生产能力为2000吨/年。

1970年4月，自治区计划会议决定筹建宁夏汽车配件厂，厂址选在银川市贺兰山腊塔沟，1972年8月，初步形成了一定生产能力，主要生产嘎斯69、北京吉普传动轴。1976年改名为宁夏交通机械厂，在新市区重新选址建厂。1979年迁到新市区（现西夏区）。

四、纺织工业

银川毛纺织厂原名宁夏省毛纺织厂，于1952年开始动工筹建，1954年建成投产。1965年，纺纱车间从银川毛纺织厂分出，在银川市新市区重新建立了宁夏亚麻纺织印染厂。1965年，为开发宁夏纺织行业的新品种——绒线产品，抽出部分人员，组成绒线车间筹建组，开始筹建工作。1970年9月，为了充分利用本地区发展毛纺织工业的有利条件，自治区人民政府从合理布局出发，决定建立绒线厂。

从银川毛纺织厂分出，移建到灵武县，改建成灵武绒线厂。1972年9月建成投产，总投资780万元，拥有1120精纺、年生产850元/吨的生产能力。

1958年，纺织工业部批准筹建银川棉纺织厂，最初设计规模为棉纺锭1.5万枚，自动织布机420台，这是宁夏兴建的首个现代化的棉纺织企业。主要产品为中支棉纱和白市布。1964年"三线建设"开始后，银川棉纺织厂改建为军工企业，设备拆除封存，一部分自动织布机调拨给吴忠棉织厂，厂房移交第四机械部组建新立织造厂，生产金属网。随着宁夏橡胶和其他纺织工业的发展，需要配套发展棉纺织工业。据此，1965年决定重新恢复建设银川棉纺织厂，主要生产橡胶和其他工业用帆布、民用白市布和售纱。该厂于1969年建成投产。

银川亚麻纺织厂是1966年由地方财政投资180万元，以固原并入银川棉纺织厂的原有技术力量和设备为基础，在银川市新市区（现西夏区）筹建的。主要生产亚麻防水帆布和消防用水龙带。

值得一提的是，因"三线建设"，大量的技术人员、工人调入位于今银川市西夏区的工厂，他们为西夏区工业注入了充足的能量，基础薄弱的西夏区工业因此得以腾飞。2009年，讲述20世纪60年代老一辈"三线建设"者的生活经历，反映大西北"三线建设"巨大成就的40集大型电视连续剧《爱在苍茫大地》在银川投拍，在国内播映后引起强烈反响，这从一个侧面反映出，银川西夏区的"三线建设"在当年曾产生举足轻重的影响。

工业兴区绘蓝图
和谐发展谱新篇

2001年7月27日,国务院办公厅复函宁夏回族自治区人民政府,同意建立银川经济技术开发区。10月9日,银川(国家级)经济技术开发区正式挂牌运行。自治区领导毛如柏、马启智、任启兴、陈希明、王正伟、周秋英、刘仲、于革胜、张来武出席挂牌仪式,外经贸部周更生处长宣读《国务院办公厅关于宁夏银川经济技术开发区的批复》,中国开发区协会副会长谭汉怀代表全国各经济技术开发区对银川经济技术开发区的成立表示祝贺。毛如柏、马启智为

西北轴承

开发区揭牌。揭牌仪式上,自治区党委常委、组织部部长陈希明宣布了银川经济技术开发区党工委和管委会干部任命名单。自治区主席助理张来武任开发区党工委书记、管委会主任。这是国家批准建设的第47家国家级经济技术开发区,也是宁夏第一家国家级经济技术开发区。12月11日,自治区政府印发了《银川经济技术开发区整体运行方案》。12月31日,自治区党委、政府做出了《关于银川经济技术开发区规划建设有关重要问题的决定》,就开发区建设目的和宗旨、定位和产业布局、优惠政策和优质服务、发展模式和管理体制等问题做出了明确规定。开发区依托银川高新技术产业开发区的基础进行建设,总规划用地面积7.5平方公里,主要由两大区块组成:区块Ⅰ面积2.26平方公里,北起银新北路,南至银新南路,东起唐徕渠,西至气象局路。该区起步于1992年,经过9年的建设发展已初具规模。区块Ⅱ为新建区,位于新市区工业区南部,面积5.24平方公里,北起银西铁路专用线,南至2010年城市规划用地界线,东起自治区果品公司仓库专用线,西至规划的西外环路。开发区建设开局良好。10月,开发区挂牌运作之际,在国家没有投资的情况下,已有6个上亿元资产的龙头企业入驻,共为开发区注入了12亿元的优质资产。同时,开发区在尚无办公地点,大部分管理人员尚未到岗的情况下,已在上海、

经济开发区通宇电梯生产车间

北京等地搭起了资本运作的平台,向自治区党委确定的高起点、高速度、高效益的建设目标迈出了坚实的一步,这在我国经济技术开发区建设史上实属"经典之作"。

2002年,银川经济技术开发区积极组建机构,管委会工作机构为"四局二室",即经济贸易发展局、土地规划建设局、财政局、人事局、党政办公室、法制办公室,其组建和人员聘用工作已完成,已进区的25名工作人员,成为各部门工作岗位的骨干。工商、国税、地税、公安等派驻机构陆续入驻,机关党群系统相继建立。在组建机构的同时,以制度创新、环境创新、科技创新为动力,以招商引资为核心,围绕建设高起点、高质量、高效益的创业园区和高科技园的目标,开展了大量的基础建设工作。截至2002年底,进区企业已有40家,企业注册总资本达33亿元。开发区完成了5.24平方公里起步区总体规划的编制、论证和报批,编制了园区防护林工程和生态公园的规划设计方案,协助银川市政府完成了开发区1.4公里主干道——文昌南街的拓建任务。开发区营造了一个公开透明、优质高效的政策环境,简便快捷的行政环境,优质高效的服务环境,严明规范的法治环境。投资软环境的营造和形成,有利于招商引资。截至2002年底,引进自治区以外资金6.5亿元。为加快银川经济技术开发区的建设和发展,进一步实施"大银川"和"工业强市"战略,11月,自治区党委、政府决定将开发区交由银川市管理,开发区党工委、管委会为市委、市政府的派出机构。体制调整后的党工委、管委会提出了"一年见形象、三年上规模、五年大发展"的目标,组建了开发区建设发展有限公司和开发区建达实业发展有限公司,开展土地清理协调和资金筹措工作。

2003年,银川经济技术开发区完成国内生产总值4.1亿元,同比增长4.5倍;完成工业总产值14.2亿元,同比增长3.1倍;实现财政收入4610万元,同比增长7.7倍,其中,本级财政收入922万元,同比增长18.4倍;完成固定资产投资6.2亿元,同比增长5.6倍。基础设施建设完成土地清理3.1平方公里;利用国债资金完成了文昌南街、经天东路共3.65公里道路建设及其供排水等工程。投资3800万元建设的区域内主干道济民东路、同心南街道路工程以及供水、供电、供暖、供气、通信等各项配套设施工程已开工;用于安置拆迁居民的金安园5万平方米住宅小区已完成工程招投标;清运垃圾15万立方米,填垫土方5万立方米;平整绿化带17万平方米,植树近1万株。招商引资成效显著,截至2003年底,共批准入区企业110家,注册资金总额42.5亿元,其中,2003年入区企业74家,注册资金11.95亿元,引入自治区以外资金的项目19个,协议引进资金额26.96亿元,实际到位11.23亿元;有18家企业已经选址,其中,捷美化工、国飞电气、金岛食品、富邦印刷、协力机械、玉林石膏等8家企业已开工建设。捷美化工年产40万吨合成氨、70万吨尿素的

丰友化工

第三套大化肥项目和美宁天然气管道项目,总投资20.5亿元,是开发区引进的最大外资项目。

2004年,银川经济技术开发区(高新区)实现GDP22.6亿元,同比增长25.7%;工业总产值36.8亿元,同比增长22.8%;工业增加值10.9亿元,同比增长31.9%;财政总收入3.5亿元,同比增长12.4%;完成本级财政收入1.9亿元,同比增长18.7%;固定资产投资19.3亿元,同比增长65.5%;技工贸总收入68亿元,同比增长15%。10月,自治区、银川市党委、政府做出银川经济技术开发区和银川高新技术产业开发区调整合并的决策后,开发区上下认识明确,坚持一手抓调整合并,一手抓工作落实,调整合并工作有序推进,各项工作扎实有效开展。招商引资效果明显,一是精心准备,以"中国光彩事业银川行"、宁夏投资贸易洽谈会、"中国青年企业家宁夏行"以及随自治区、银川市党政代表团赴发达省市招商考察等重大活动为契机,精心筛选项目,周密部署,使招商活动取得了显著成效。全年批准进区项目67个,合同总投资59.8亿元,其中已开工建设项目26个,项目实际到位资金12.64亿元。基础设施和科技创新载体建设取得突破。多方协调,获得金融机构中短期贷款2亿多元,有效缓解了资金压力。二是坚持依法清理和人性化拆迁的理念,重点抓好一区(二期)和二区土地清理工作,共清理土地7.25平方公里,拆迁企事业单位15家、居民948户,拆除各类建筑物近14万平方米,完成了15幢安置住宅楼的建设,一次性安置农垦"两厂"职工348人,为项目建设创造了条件。三是坚持基础设施建设高标准、高起点不动摇,严把规划审批和建设质量关。一区(原高新区)完成了二号道路、二期"两横三纵"道路等基础设施工程。二区完成了同心南街、济民东路2条主要道路等基础设施配套工程,完成了《区域环境评价规划》和《远景规划》的初审方案。四是加强宁夏留学人员创业园、软件园、中小企业创业园等科技孵化载体建设,不断建立和完善科技创新体系。通过优惠政策、资金扶持和支撑服务等措施,积极帮助企业建立企业研究开发、孵化机构3家;申报各级各类科技计划项目6项21个,为企业争取各类科技专项资金2122.5万元。

2008年,银川经济技术开发区(银川高新技术产业开发区)完成GDP55亿元,同比增长35%;完成工业总产值首次突破100亿元大关达到104亿元,增长32%；实现工业增加值31.2亿元,增长36%；实现技工贸总收入185亿元,增长45%；完成固定资产投资22亿元；实现财政一般预算收入3.7亿元,增长43%；完成进出口总额5.6亿元,增长15.7%；实际使用外资7300万美元,增长30%。围绕"工业总产值以2007年为基础,三年翻一番,五年翻两番"的目标谋划工业发展。突出发展优势特色产业,全力实施机械装备制造业"铸龙"工程和"小巨人企业"培育工程,17家企业被银川市命名为"小巨人企业"。出台《银川市机械装备制造业"铸龙"工程实施方案》,投入扶持资金2250万元。小巨人机床、新瑞机床、恩德风电、天净电力、共享铸钢等装备制造企业保持了产销两旺的良好势头,舍弗勒轴承、新瑞铸造、崴骏拖拉机等一批大项目开工建设,新大地汽车、凯沃工程车基本实现当年建成,机械装备制造业完成产值28亿元,同比增长40%,占工业总产值的26%。新材料产业步入了快速发展期,发电集团计划投资15亿元的高纯硅、多晶硅项目、华盈矿业投资10亿元的镁合金项目开工建设,预计这些新材料项目全部建成达产后,可新增工业产值超过100亿元,可为实现工业产值两年翻一番的目标奠定基础。强化招商措施,成立招商中心,探索市场化招商引资的新途径,逐步推进招商引资由政府主导向市场主导转变。全年新引进项目16个,合同总额80.2亿元。其中,投资过亿元的项目13个,是开发区成立以来投资规模最大、引进区外项目最多的一年。创新平台建设取得新突破。争取国家有关部委的支持,全

宝塔精细化工技改项目区一厂装置

经济技术开发区"4580"项目建成投产

力推进银川高新区申请国家高新区进程。坚持完善创新创业体系,对宁夏留学人员创业园超期培育、发展缓慢的企业进行清理。高新技术创业服务中心孵化企业98家,使孵化企业总数达到286家,转化为产业化的企业总数达到65家。科技创新项目主要有:小巨人公司数控机床的数字化和智能化水平达到了国际一流水平。共享铸钢承制的三峡水轮机转轮叶片通过专家验收并交付使用,"重型燃气轮机大型关键铸钢件制造技术引进与创新"项目列入科技部国际科技合作计划,企业技术中心被认定为国家级企业技术中心。恩德公司成功开发具有自主知识产权的兆瓦级风力发电设备,并具备了批量生产能力。银星能源利用日本三菱技术自主生产的1MW风力发电机组正式下线。大河数控机床采用CAD、CAPP技术开发生产的多种产品荣获国家新产品奖。亚微米级碳化硅粉体、碳化硅精细陶瓷等高新技术产品实现了产业化。大力支持高新技术企业发展。组织申报国家、自治区和银川市各类科技计划40余项,争取扶持资金2400万元。完善知识产权保护工作机制,建立了知识产权举报投诉服务中心。高新技术企业累计达31家,占全区高新技术企业62%。新建企业技术研发中心3个,各类研发中心累计达到67家,有79种产品拥有自主专利。

2013年，面对复杂多变的发展形势，银川经济技术开发区（银川高新技术产业开发区）党工委、管委会积极应对，采取有力措施保增长，促投资，经济发展平稳运行。截至年末，完成规模以上工业总产值151.3%亿元，同比增长18.9%；完成规模以上工业增加值36.9亿元，同比增长21.2%；完成固定资产投资98.08亿元，同比增长26%；完成财政一般预算收入14.6%亿元，增长20.1%；规模以上高新技术产值达43.2亿元，占规模以上工业总产值比重达到28.5%。全年新增自治区级企业技术中心1家、工程技术研究中心1家、自治区工程实验室（工程研究中心）1家，创全国驰名商标新增1件、宁夏著名商标7件，隆基硅被工信部认定为国家级"两化融合"示范企业，开发区被评为十佳最具投资竞争力园区和中国软件信息服务业最佳服务园区。

截至2015年，银川经济技术开发区（银川高新技术产业开发区）确定实施各类建设项目51项，开工率100%，其中被列为银川市重点建设项目的4项，分别为天通蓝宝石、大成饲料、隆基硅1.2GW单晶硅棒项目。全年实现工业总产值313亿元；实现工业增加值87亿元，完成固定资产投资62亿元，完成财政一般预算收入13.93亿元；招商引资实际到位资金36亿元。一是战略

宁夏石化公司全景

| 不断发展的西夏区工业区

性新材料项目快速跟进。浙江天通蓝宝石项目完成81台长晶炉安装投产,并于11月实现入规;隆基硅年产1.2GW单晶硅棒项目安装210台单晶炉并投产;佳晶蓝宝石项目进一步扩大生产能力和规模;晶明科技公司投资2.5亿元建设的高纯氧化铝项目正式投产;东梦科技公司投资2.3亿元建设的3000吨太阳能级多晶硅及1000吨晶硅方棒项目,年内建成投产。二是智能装备制造项目实现创新突破。投资23.29亿元的西部高端轴承项目部分产线完成设备安装并投产,舍弗勒公司年产700万套高端轴承项目第一条生产线完成设备安装并投产,建成了西部最大的轨道交通轴承生产基地;投资12.8亿元的共享3D设备铸造项目完成研发,2016年进入产业化阶段;投资10亿元建设的神马直升机制造项目,具备生产条件,首批组装旋翼机14架。通过实施技术改造升级,小巨人机床、舍弗勒汽车轴承打入欧洲高端市场;天地支护装备公司液压支架出口俄罗斯,共享铸钢研发的水轮机产品,被应用到法国、巴西等多个国家的水电站;大河数控机床的数控珩磨机床达到国际先进水平,开发区装备制造产业实现了由传统向智能化、数字化方向的转变。三是绿色健康消费品产业规模不断扩大。投资3.3亿元的蒙牛乳业低温酸奶冰激凌项目建成投产,产品销往全国;投资10亿元的康师傅高端饮品项目,6条生产线完成安装并投产;统一饮品进行厂房主体建设;正大饲料完成基础设施建设并投产;大成永康饲料生产项目完成基础设施建设并进行部分设备安装。

重视教育文化兴 培养人才书香浓

新中国成立前,西夏区境内的教育事业十分落后,仅有一所私办小学。新中国成立后,教育事业不断发展,1995年,新城区通过了自治区"基本普及九年义务教育,基本扫除青壮年文盲"的"两基"工作验收。为确保教育优先发展,新城区党委、政府提出"科教兴区"战略目标,不断增加教育投入,加大改革力度提升教育发展水平。在办学条件标准化建设和教师队伍建设中取得可喜成绩。2003年,通过自治区"两基"复查验收。西夏区党委、政府在大力实施"科教兴区"战略的同时,提出建设"教育重地"的目标,坚持把教育放在优先发展的地位,健全和完善办学体制、管理体制、教育投入体制和运行体制,形成了适应建设现代化区域性中心城市的辖区教育办学体系。

西夏区有着十分优良的教育环境和丰富的教育资源,境内有宁夏大学、北方民族大学、宁夏大学新华学院、中国矿业大学银川学院、宁夏工业职业学院、宁夏职业技术学院、宁夏工商职业技术学院、宁夏财经职业技术学院、宁夏司法警官职业学院、宁夏建设职业技术学院、宁夏艺术职业学院、银川职业技术学院、宁夏旅游学校、宁夏地质工程学校、宁夏体育运动学校、宁夏

新工业学院、宁夏光彩中等职业学校等一大批大中专院校。这些大中专院校自建校以来,为自治区的经济社会建设培养了大量的高素质人才,成为人才的摇篮和基地。

宁夏大学,始建于1958年,1997年12月,与宁夏工学院、银川师范高等专科学校(含宁夏教育学院)合并;2002年2月,又与宁夏农学院合并,组建新的宁夏大学。截至2016年,学校占地面积2938亩,教学实验农场1695亩。在校教职工2677人。面向28个省、自治区、直辖市招生,有全日制普通本、专科在校生16000余人,研究生3300余人,少数民族预科生2489人,在校留学生近400人,成人高等学历教育在籍学生20000余人。宁夏大学是教育部与宁夏回族自治区政府共建的以文、理、工、农为主体的综合性大学,国家"211工程"重点建设大学,"中西部高校综合实力提升工程"高校,是国家"卓越工程师教

贺兰山体育场

育培养计划""卓越农林人才教育培养计划""国家大学生创新性实验计划"和"国家建设高水平大学公派研究生项目"实施高校,是教育部批准的首批招收留学生和中国政府奖学金来华留学生培养高校。学校设有人文学院、政法学院、外国语学院、新闻传播学院、教育学院、阿拉伯学院、经济管理学院、数学统计学院、物理电子电气工程学院、信息工程学院、化学化工学院、生命科学学院、资源环境学院、葡萄酒学院、农学院、机械工程学院、土木与水利工程学院、体育学院、音乐学院、美术学院、国际教育学院、马克思主义学院、民族预科教育学院和高等职业技术学院23个二级学院和宁夏大学中卫校区,1个独立学院宁夏大学新华学院,以及继续教育学院、创新创业学院和远程教育学院。共有77个本科专业。有1个国家重点学科、1个国家重点(培育)学科,18个自治区重点学科,7个"211工程"重点建设学科、1个"211工程"重点培育学科,5个一级学科博士点、26个二级学科博士点,26个一级学科硕士点、163个二级学科硕士点,8个专业硕士学位授权点。有民族学、水利工程、草学3个博士后科研流动站。设有能源化工、设施农业、生物技术、生态恢复、土建与水利工程、草畜产业等11个自治区院士工作站。学校专任教师中,高级职称人员占65%,硕士以上学位人员占86%。有"长江学者奖励计划"特聘教授1人,国家"万人计划"哲学社会科学领军人才3人,教育部"长江学者和创新团队发展计划"创新团队1个,自治区科技创新团队9个。柔性引进院士29人,入选"国家百千万人才工程"第一、二层次6人,入选"国家百千万人才工程"第三层次16人,入选宁夏回族自治区"新世纪313人才工程"25人,1人获国家科技进步二等奖,2人获"国家有突出贡献的中青年专家"称号,2人获"国家级教学名师奖",18人享受"国务院特殊津贴",18人享受"自治区政府特殊津贴",15人入选教育部"新世纪优秀人才支持计划",3人被遴选为教育部普通高校学科教学指导委员会委员,3人入选宁夏回族自治区"塞上英才"工程,10人入选宁夏回族自治区"海外引才百人计划",8人入选宁夏回族自治区"国内引才312工程"。

北方民族大学位于银川市西夏区,直属国家民族事务委员会,是中国唯一一所建立在少数民族自治区的部属综合性高校。学校始建于1984年,其前身是西北第二民族学院,2004年国家民委与宁夏回族自治区签署共建协议,

2007年在教育部本科教学工作水平评估中获得优秀,2008年5月经教育部批准更名为北方民族大学,由国家民委、教育部和宁夏共建。由合肥工业大学对口支援北方民族大学。截至2013年,学校总占地面积1624亩,校舍总建筑面积40万平方米。固定资产8.4亿元,其中教学科研仪器设备总值超过2亿元;图书馆馆藏纸质图书124万册。设有21个教学院和6个研究所。共有63个本科专业、6个一级学科硕士点、28个二级学科硕士点和工程硕士1个专业学位硕士点。本科专业涵盖经济学、法学、教育学、文学、历史学、理学、工学、医学、管理学、艺术学10个学科门类。学校面向31个省市自治区招生,有56个民族1.8万余名全日制在校生在校共同学习、生活。学校曾多次荣获自治区"民族团结进步先进集体"称号,全国绿化委员会授予"全国部门绿化400佳单位"荣誉称号,并被银川市人民政府命名为"花园式单位"。

除了高等教育外,自治区党委、政府还努力将西夏区打造成为职业教育的重地。建于西夏区境内的宁夏回族自治区职业教育园区,是自治区党委、政府为发展宁夏现代职业教育,适应全区经济社会跨越式发展对高素质劳动者和高技能型人才的迫切需要,为打造西部职业教育高地而建成的西部最大的职业教育园区。

职业教育园区总体规划占地14.13平方公里(位于西夏区贺兰山路以北、丽子园路以西、沈阳路以南、文昌北路以东区域),规划建筑面积171.3万平方米,计划总投资60多亿元,建成后可同时容纳10万人学习和实验实训,涉及15所学校调整入驻。园区自2008年启动建设以来,截至2016年底,已完成投资33.04亿元,完成建筑面积85.6万多平方米,已整合入驻的院校有宁夏建设职业技术学院、宁夏司法警官职业学院、宁夏育才学校和中国矿业大学银川学院、宁夏工商职业技术学院、宁夏职业技术学院、宁夏财经职业技术学院、银川市职业教育中心、宁夏艺术职业技术学院、宁夏旅游学校。全区3所国家级骨干示范高职学院全部集中在职业教育园区。还预留教育用地4000多亩。

2014年1月,自治区出台了《关于加快发展现代职业教育的意见》(宁党发〔2014〕6号),对加快发展现代职业教育、建立现代职业教育体系做出了全面部署,首次提出依托职业教育园区把宁夏打造成"机制一流、特色领先"的

西部职业教育高地。

截至 2016 年底,园区入驻高职院校 6 所、中职院校 7 所、独立本科学院 2 所,有在校生 6.8 万人,教职工 4260 人。同时,园区紧临宁夏大学、北方民族大学和银川经济技术开发区,园区职业院校对接产业、校企结合、顶岗实习条件便利,具备了产、学、研结合的先天基础。

园区内宁夏职业技术学院、宁夏工商职业技术学院、宁夏财经职业技术学院、宁夏建设职业技术学院均已建成国家级示范性高职学院,成为宁夏职业教育的领跑者和技能型人才培养高地。同时,园区内普通高中教育、职业教育、高等教育融合渗透,交相辉映,园区职业教育聚集规模发展的态势基本形成。

2008 年以来,自治区职教园区教学实训水平不断提高,涌现出一批精品专业和品牌院校。现已建成 3 所国家级示范(骨干)高职学院、2 所自治区级示范高职学院、2 所国家级示范性中职学校,14 所学校进入国家级示范性中职学校建设行列,19 个自治区高职骨干特色专业和 32 个自治区中职骨干特色专业。宁夏职业技术学院成为全区农牧业人才培养基地,宁夏工商职业技术学院成为全区现代服务业和装备制造业人才培养基地,宁夏财经职业技

学院成为全区财经类人才培养基地,宁夏建设职业技术学院成为全区建筑类人才培养基地,宁夏工业职业学院成为全区煤炭开采及煤化工人才培养基地,其他职业院校都能立足专业特色稳步发展,职教园区职业教育质量在稳步提升,办学效益日渐显现。

自治区党委、人民政府在《关于加快发展现代职业教育的意见》中提出,依托自治区职业教育基地内的公共实训中心,建设"西部领先、国内一流、特色鲜明、成效显著"的国家级"宁夏现代职业技能公共实训中心"。自治区教育厅等有关部门在充分考察调研论证的基础上,经报自治区政府同意,决定依托自治区职业教育园区现有实训资源,委托宁夏职业技术学院等6家单位承建现代物流等11个职业技能公共实训中心,确定为国家级"中国(宁夏)现代职业技能公共实训中心"。目前,现代商贸、现代物流、电子信息、现代农业、现代煤化工、现代装备制造、现代建筑技术、枸杞加工与保鲜等9个专业实训中心全部建成投入使用,现代纺织与服装和现代葡萄与葡萄酒职业技能公共实训中心正在建设。宁夏现代职业技能公共实训中心逐步建成投入使用,必将成为宁夏经济社会发展急需人才培养深造的坚实平台。

银川火车站

华西村移民吊庄
东西部合作典范

面积 6.2 平方公里的华西村,在西夏区地域内,只是一个小地方。但小地方却有大名气,它的盛名,不仅因为它是"天下第一村"江苏华西村在宁夏设立的对口帮扶的移民村;不仅是因为它的贫困曾震撼许多人,不少人为它捐过款赠过衣;更因为它不甘潦倒,不愿屈服,用智慧和汗水改天换地,华丽地实现了从贫困村到明星村的嬗变,更成为西夏区异地搬迁移民新的家园。

宁夏华西村成立

镇北堡镇华西村

于1996年,是自治区党委、政府根据中央"东西互助"的方针,在江苏华西村的支持下建立起来的。由自治区农建委代管,设宁夏华西扶贫开发试验区(县级)管委会。1995年7月27日,自治区副主席、扶贫开发领导小组组长周生贤主持召开了自治区扶贫开发领导小组会议,会议原则同意《关于宁夏华西村在镇北堡建设的实施方案》,同意成立以自治区副主席周生贤为组长的宁夏华西村建设协调领导小组。新建的宁夏华西村暂由农建委归口管理,村设管理委员会。同年,江苏华西村与宁夏回族自治区人民政府签订合作协议,将一方水土不能养活一方人的宁南山区贫困农民搬迁一部分到宁夏华西村(镇北堡)居住,条件是初中以上文化程度,年龄在35岁以下,本着边移民边开发的原则,迁来了600多名移民,江苏华西村每人补助300元的安家费,命名为宁夏华西村三区。2000年9月15日,林草试验场和宁夏华西村正式移交银川市郊区人民政府管理,合并成立镇北堡镇。2002年底镇北堡镇移交银川市西夏区管理。

移民初期的华西村,一年四季,有三季隔三差五是黄沙蔽日,黑天昏地,大风刮起的石子打在脸上刀割般的疼,春季遍地浮出白色盐碱,道路返潮泥泞难行,交通困难,要进城办事,每天只有一趟13路客车,拥挤不堪,想租车也没有,全村只有两辆手扶拖拉机是唯一的交通工具,可以说有钱无处花,土地因盐碱高几乎绝收,吃的是救济粮,穿的是捐赠衣,喝的是地表水,住的是帐篷,早上起床,脸上、被子上及满屋尽是黄沙,有时门都被沙土封堵,有的睡在露地,天当房子地当床,无奈地迎接着风沙的侵袭和蚊虫的叮咬,有的被蚊子咬过敏昏迷过去,老天爷就用这样的方式为朴实憨厚的南部山区移民接风洗尘,土块垒起的房子,用"天牛"啃过的杨树当椽子,整天提心吊胆,茅草刺围起的院墙,挂满了塑料袋,"三石垒起一顶锅"就是灶台,因买不起煤,有的村民只好到沿山公路捡煤,有的村民用草根树枝做燃料,用柴油灯照明,收入几乎等于零;精神压力巨大,个别村民因受不了自然条件的困苦等因素,又搬回老家去了,有少数村民把这里当成了"歇马店"处于观望状态,生活的艰难难以想象。但华西村的干部群众没有"等靠要",他们在一穷二白的局面下,积极组织修渠、排碱、修路、拉电,改变华西村的落后面貌。

在困难面前,华西村党支部书记秋万全带领全村干部积极找对策,想办

法。他们感觉到,要改变现状,要发展,须先稳人心,增强信心,必须把大家集中起来进行学习鼓励。当时集体没有场地,就向村民借了一间房子,利用晚上和刮风下雨的机会,召集村民开会,学政策,拉家常,绘前景,秋万全说:"困难是暂时的,坚持下去就是胜利,搬出大山就是迈向胜利的第一步,吃饱肚子不是目的,目的是要过上富裕的日子。"要生存要发展,必须先改变环境,班子一班人带领大家修路、植树、挖渠,用的工具是凿子、榔头、洋镐,面对的是石子和水锈石,要栽树,必须用凿子和榔头,一榔头下去也凿不出鸡蛋大的坑,抡起洋镐只是一个小白点,衣服磨烂了,手磨破了,路修平了,树也栽下去了,村民在自家井里挑水浇树,树木成活率达到了95%。进入冬季开始挖排碱沟,早上迎着冻茬上工,晚上迎着寒风回家,硬是用一个月的时间,挖开了深3米、长1000米的排碱沟。没有亲身经历过的人,是无法想象当初的艰苦,曙光永远照耀着最勤奋的人,在这个特殊的时段,造就了一群特殊的人,当年在这群特殊人奋斗的地方,道路平坦,树木成荫,土地肥沃,肆虐的风沙畏惧了,白色的盐碱也退去了。

经过两三年的努力,盐碱地里终于能种出粮食了,温饱问题得到了一定程度的解决。在援建过程中,江苏华西村在人才、资金、项目等方面给予了极大的支持和帮助。华西村选派的驻村干部手把手地教村民打井,传授种植、畜牧等知识,引导群众发展枸杞、大枣等经果林特色种植和家禽养殖,吸引企业投资并吸收村民就业。引进项目支持,1996—1998年,宁夏华西村先后引进制板厂、华源钛铁厂、磷肥厂、制衣厂、羊绒厂5家企业。开展技能培训,使90%的移民基本掌握了1~2门专业技术和技能,通过劳务输出,引导移民外出务工,提高收入。

华西村一带土地盐碱化严重,种植粮食作物产量低,但却适合枸杞种植,华西村又引导一部分村民专门从事枸杞种植业。当时村民建房子拉石头、运砖都需要车辆,村委会就向湖北十堰一家汽车厂借了150辆车,又联系农机培训机构对农民进行驾驶技术培训,使一部分村民开始跑起了运输,还有一部分人则搞起了养殖业。经过几年的努力,村民的收入逐步提升,由最初人均

镇北堡万亩有机枸杞园

不足600元增长到2009年的5800元,这在全区也处于较高水平。

到2009年,华西村村民整体解决了温饱问题,形成了一批产业发展好、规模较大的致富能人,家庭年收入超过10万元的富裕户达到50多户。但是,家庭年收入在2万元以上的贫困户还有300多户。如何带领全村群众共同脱贫致富?从2009年开始,华西村又提出开展"百富带百贫"活动。引导村里429户富裕户与573户困难户结成帮扶对子,村互助社给予资金扶持。组织村党支部班子成员和党员致富能手带头与贫困户结对,动员年收入超过10万元的种养殖大户、农民经纪人和企业与贫困户结队帮扶,建立健全党群共富联合体。从帮资金、帮技术、帮项目、帮信息入手,逐步向创业就业、开拓市场转变,使村民由原来相对单纯的邻里关系,转变为融资信用担保关系、农业技术

华西村移民在泾源老家的房子

师徒关系、产销链条关系、资金流转关系、合资合伙生产生态互学互帮、互促共富新型关系。华西村已经形成以枸杞种植、第三产业、运输业和劳务输出为主的产业格局,村民的生活条件得到了极大改善,农民人均纯收入2015年底达到1.38万元,年均纯收入10万元以上的家庭近200户。

华西村还积极谋求转型升级,大力发展乡村旅游业。华西村东接镇北堡万亩有机枸杞观光园,南邻5A级景区西部影城,西靠贺兰山滚钟口和贺兰山国家森林公园,紧邻温泉度假中心暨红酒街旅游休闲中心,旅游资源丰富且集中,交通便利、环境优美,是发展乡村旅游的最佳场所。2015年,华西村立足区位优势,打造"土地流转+兴趣耕种+农夫乐园"的创新旅游发展模式,流转土地300亩,建立"华西村农夫乐园",发展乡村旅游项目。农夫乐园采用

"实体农场耕种+网络管理平台+手机客户端"的运行模式。园区分别由世界百种向日葵观光园、学耕园、农耕园、采摘园、学养园、餐饮休闲区、综合服务区以及特色产品展示区八大园区组成,集游玩观光、餐饮住宿、体验娱乐、养生购物为一体,旨在打造银川市民的休闲基地、农事体验基地、宁夏特色花海基地、西北向日葵观光摄影基地。

2016年,华西村抢抓乡村旅游发展热潮,大力推广发展农夫乐园,着力打造"一心两廊两园一基地"("一心"即游客接待中心,"两廊"即新村历史文化长廊和本地特色餐饮长廊,即农夫乐园和有机枸杞体验园,"一基地"即华西村野营自驾游基地),接待游客达到4万人次,实现收入300万元,解决就业100人(游客人次、实现收入解决就业较2015年翻一番),当地农民人均纯收入达1.44万元,增长20%。

扶贫攻坚建小康
政府移民兴泾镇

20世纪80年代初,宁夏回族自治区政府针对"贫困甲天下"的宁南山区西海固出台了"贫困山区,有水走水路、无水走旱路、水旱路不通另找出路,以山济川,山川共济"的移民扶贫政策。在国家"三西"扶贫资金的支持下,宁夏根据自身情况,将居住在宁南山区的部分因生态环境恶劣、土地贫瘠、生存压力大而无法维持生活的群众,集体搬迁至引黄灌区,土地由政府划拨。对这部分地区兴修农业水利工程,使其初步具备农业灌溉的基本条件。迁入区受原来迁出县政府的管理开发。等移民区建设取得一定规模后,移民生活稳定了再将移民区交由当地政府管理。宁夏的吊庄移民既属于扶贫移民,也属于生态移民。从移民意愿上讲属于自愿移民。兴泾镇就是在这样的政策环境下,由泾源县各乡各村选迁的1万多贫困人口大规模迁到了千里之外的银川市芦草洼建立起来的。这些移民虽住在芦草洼,但隶属关系仍归泾源县,就像"吊在空中的村庄",因此叫"吊庄"。最初的"吊庄"共有3个乡36个村,移民中绝大部分是回族,皆由县政府派出的"芦草洼吊庄指挥部"(后改为管委会)管理。

兴泾镇地处银川平原西部,银川市国家经济开发区以南,东起包兰铁路,与银川林场为邻,西接平吉堡农场,南隔西干渠与黄羊滩农场相望。移民前该地名为"芦草洼",因而也被称为"芦草洼吊庄"。"芦草洼"在移民前属银川市永宁县管辖的荒滩资源区,"三西"项目启动后被自治区政府确定为泾源县的移民吊庄,由泾源县管辖。1999年由银川市原郊区管辖。2002年底,银川市重新划区后,归西夏区管辖。该镇南北长16.8公里,东西平均宽2公里,占地总面积28.85平方公里,辖6个行政村,从北向南依次为十里铺村、黄花村、泾华村、兴盛村、泾河村、西干村,回族占总人口的98%以上。刚来银川的时候,因为环境不适应、生活没保障,一些移民无奈地"逃回"了山区老家。如今,这里已经从当初寸草不生的荒滩戈壁,变成了"旱能灌、涝能排"的稳产高产田,柏油路修到了村口,水电装到了农民家里,小学、中学软硬件建设赶上了城市学校。移民发挥吃苦耐劳、善于经商的特点,纷纷外出打工、养肉牛、做生意,生活由当初基本靠救济,发展到逐步摆脱贫困,奔上了致富路。

经过近30年的发展,兴泾镇这个昔日"满目荒沙无草木,野兔山鸡难涉足"的沙漠区,已经变成了"砖房院内牛羊壮,良田周围树成荫"的富庶地区。昔日曾是"等靠要吃救济"的"泾源吊庄"的落后典型,如今已经变成"端着金饭碗"的生态移民示范村镇。就算是用"巨变"来形容兴泾镇这些年来的变化,也不算夸张。根据银川市农村社会经济调查队的相关调查资料,早在2010年,西夏区兴泾镇农民人均纯收入就达到3420元,比上年增加705元,增长

1986年开发时的兴盛村

26%,增幅居自治区第一。2010年以来,兴泾镇政府主要采取四项措施促进农民增收。其中,依托国家和自治区在本区域内进行的重大项目建设,不失时机地抓好劳务输出和运输工作,仅此两项就为农民带来人均纯收入1600元以上,占人均总收入的48.76%。

近年来,养牛业逐渐成为兴泾镇的支柱产业,成为实实在在的全区第一"牛镇"。2000以来,兴泾镇和西夏区政府开始鼓励农户家家都养牛,同时,协调金融机构和相关部门,为养殖户提供资金贷款和项目支持。2007年,西夏区政府更是加大了支持力度,在地方财政收入非常有限的条件下,一次性拿出

老街道赶集情景

200多万元用于补贴养殖户对设施棚圈的改造,并合理规划,建设大型养殖园区。实行人、畜分开,大大改善了养殖户的生活环境。示范的作用是巨大的。2007年底,兴泾镇的养牛大户人均收入突破万元,最多的达到上百万元时,兴泾镇农民养牛的热情空前高涨。不用政府指导,家家户户扩大养殖规模,改造设施棚圈。兴泾镇牛羊交易市场从以前一个不起眼的小市场,一下子发展成为全区最大的鲜活牛羊交易市场,来自内蒙古、陕西、山东等地的客商纷纷聚集在这里进行交易,浙江的客商更是投资3000万元在兴泾镇兴建了养殖规模达4500头的养殖公司,养殖户足不出户便有人上门收购产品。兴泾镇已经形成了庭院养殖、大户带动、园区上规模等三种模式,以及集养殖、贩运、加工和销售为一体的产业链。2010年,兴泾镇积极抓住被列为全区优质肉牛标准化规模养殖基地的机遇,扶持农民发展肉牛养殖业,大力实施肉牛扩群提质工程,并争取到银川市注入450万元的放大贷款担保保险金,完成放大贷款1700万元,促使肉牛饲养量达到了3.2万头。

随着城市规模的扩张,失地农民的安置问题成为头等大事。为了解决兴泾镇失地农户的就业问题,2016年8月18日,西夏新市民劳务市场正式投入使用。西夏新市民劳务市场位于兴泾镇小商品城。市场内设施齐全,服务全面,分别开辟了求职登记、就业指导、精准就业扶贫、家庭服务登记以及用工洽谈、用工信息发布等窗口。同时张贴农村劳动者就业须知、用人单位招聘须

知等信息。村民在这里可以享受从求职登记、信息对接、技能培训、就业推荐的一条龙服务。西夏新市民劳务市场不仅可以服务兴泾镇的求职者，还可以辐射带动周边地区的劳动力就业及企业的用工需求，并缩短用工企业岗前培训的时间。通过采取政府引导＋多方参与＋市场运作＋规范管理＋配套服务的工作模式，打造为民、利民、便民的公共就业服务平台，实现转移就业工作的组织率、培训率、稳定率和工资增长率的"四个提高"。

　　近年来，兴泾镇的基础设施建设也迈上了新台阶。2015年，在西夏区兴泾镇，因为文昌南街拓宽改造这个银川市重点项目，镇上的村民、企业乃至从这里经过的人们都成了受益者。贯穿于西夏区兴泾镇的文昌南街，不是一条普通的乡村小道，而是西夏区至平吉堡、金凤区良田镇以及永宁县闽宁镇的必经之路。道路沿线除了分布着乡镇、村庄，还有中石化宁夏炼油厂等一批大型工业企业。2014年，西夏公铁物流园、二手车交易市场等一批大项目的落地，再次将兴泾镇紧邻城区的村庄，推向了发展的前沿。只是，仅有7米宽的文昌南街，却难以支撑起发展的高速度。不仅人多，企业也多，车流量大些道路就拥堵起来。路况也不好，大车一过全是灰土，两边的村民家十分遭罪。2014年，文昌南街拓宽改造项目被列为银川市重点项目，终于为这里的老百姓和企业带来了福音。从2014年11月启动施工以来，曾经全长5公里却只有7米宽的文昌南街如今已拓宽到了50米，除了主路面外还建设了非机动车道、人行道、绿化带等，成为四通八达的市政一级公路。事实上，道路的拓宽不仅带来了交通的畅快，也让周边村民的生活发生了翻天覆地的改变。已经60多岁的泾华村村民马长生，自1983年从泾源县搬迁至此，全家人一直都居住在土坯房中，因为道路拓宽改造工程，他家的老房子被征地拆迁，取而代之的是一家三口不花一分钱住进了政府为失地农民所建的泾华园安置区，开启了楼房的新生活。因为道路拓宽工程，泾华村4个组258户村民家已经动迁了93%。看着如今路宽了、村庄变样了、镇上的交通越发繁忙，村民们都说幸福的新生活不远了。

沿山葡萄产业带
打造银川新景观

近年来,银川市西夏区坚持生态建设与产业发展同步推进,把发展酿酒葡萄产业和生态治理、防沙治沙相结合,具备了打造世界知名葡萄酒产区的有利条件。自治区党委、政府高度重视葡萄产业的发展,不断出台新的优惠政策,已将葡萄产业确定为宁夏农业发展的 13 个特色产业带和十大产业集群之一,从基地建设、资金投入、人才培养、税收信贷等方面给予了政策支持。由于领导重视、措施得力,群众积极,西夏区葡萄产业迅速发展。

贺兰山东麓位于北纬 37°43′~39°23′,东经 105°45′~106°47′,被公认

西夏葡萄小镇

为是世界最适合葡萄栽培及酿酒葡萄种植的地区（北纬30°～45°）之一，地理位置十分优越。贺兰山东麓地处我国东部季风区和西北干旱风沙区的结合部，位于银川平原的西部边缘，且西有贺兰山天然屏障抵御寒流，具有阳坡效应，东有引黄灌渠横穿而过，是一个得天独厚的优质葡萄生产基地。该区域有着丰富的土地资源，土壤母质以冲积物为主，地势较平坦，土壤侵蚀度轻。土壤以灰钙土为主，pH值7.5～8.5，占该区土壤总面积的46%，多为沙壤，土质疏松，通气性好，土层厚度为40～100㎝，有利于葡萄根系生长。有机质含量在10g/kg左右，钾十分丰富，磷含量较少。据资料介绍，该区域土壤环境背景值（有害金属元素）均低于全国土壤背景值，符合绿色食品认证土壤环境要求。

该区域有着最佳的气温条件。贺兰山东麓地区年平均气温8.5℃，4—10月≥10℃的有效积温为3300℃，平均无霜期170天，全年日照时数2851～3106小时，为葡萄中晚熟品种提供了合适的热量。尤其是在葡萄转色期的8月份，日平均气温保持在20℃以上，昼夜温差大（10℃～15℃），不仅有利于葡萄浆果果皮色素的形成和总挥发酯的积累，提高葡萄的香味成分，而且有利于糖分积累和总酸度的下降，同时葡萄的酚类物质含量也比较高，使酿造的葡萄酒

有着非常漂亮的颜色,糖、酸、酚类物质平衡。该区域有着适宜的降水量和有效的灌溉条件。贺兰山东麓年降水量193.4mm,7—9月葡萄浆果成熟期间降水量分别为32.1mm、51.9mm和23.4mm,7—9月的水热系数为0.63,远远小于国际公认的1.5的系数,有利于抑制病虫害发生,对提高葡萄质量、生产绿色无公害葡萄有重要保障。只要采用适宜的酿酒葡萄品种、先进的栽培技术,就可以生产出质量上佳的葡萄酒原料,酿出优质葡萄酒。

正因如此,贺兰山东麓地区成为国际国内公认的酿酒葡萄最佳产区之一,是国内外葡萄专家一致公认的"葡萄种植最佳生态地区,其葡萄酒代表了中国本土葡萄酒的发展方向"。"王朝""张裕""长城"等国内知名葡萄酒厂相继进驻贺兰山东麓建厂酿酒。2003年4月,宁夏贺兰山东麓继河北昌黎、山东烟台之后第三个被批准为"中国葡萄酒原产地域保护区"(国家地理标志产品保护区),是宁夏众多农产品中第一个获此殊荣的产品。2008年初,中国葡萄酒协会会长修德仁教授来宁夏考察时说"贺兰山东麓葡萄酒代表了中国本土葡萄酒的发展方向"。葡萄产业是宁夏农业十大区域性优势特色产业之一,其产业链长,关联产业多,加工增值空间大,是促进农业增效、农民增收和实现

贺兰山东麓葡萄园

宁夏经济跨越式发展不可缺少的有效途径。

中国葡萄酒自古有之,源远流长,伴随着历史朝代的更迭走过了两千年的历史春秋。据记载,中国的葡萄栽培及葡萄酒的生产最早始于汉代张骞出使西域归来。到了唐朝,随着葡萄酒生产的发展与扩大,优雅璀璨的葡萄酒文化得以进一步积淀、推广与传播,王翰的一首"葡萄美酒夜光杯,欲饮琵琶马上催"更成了脍炙人口、流传千古的诗篇。元朝时,葡萄酒和葡萄酒文化的发展达至鼎盛时期。晚清之年,爱国华侨张弼士建立张裕公司,引领中国葡萄酒走向工业化生产的道路,成为中国葡萄酒厂的先驱。

宁夏贺兰山东麓葡萄栽培已有一千多年的历史,但是酿酒葡萄产业始于20世纪80年代初期。1982年,玉泉营农场率先建立了宁夏第一个大型葡萄基地。1984年玉泉营葡萄酒厂(西夏王葡萄酒厂前身)建厂,随后广夏(银川)贺兰山葡萄酿酒有限公司、御马葡萄酒厂、贺东葡萄庄园、鹤泉、巴格斯等中小型酒厂相继建立,从而使宁夏一跃成为全国独具特色的十大葡萄产地之一。1999年,自治区农科院与民族化工集团在芦花台园林试验场定植了400公顷酿酒葡萄基地。2001年,宁夏葡萄产业协会成立,主要职责是管理和协调宁夏葡萄及葡萄生产、营销、科研等活动。2002年,宁夏葡萄产业被财政部列为全国财政重点支持的19种农产品之一。2003年4月,宁夏贺兰山东麓葡萄产业被国家列为酿酒保护区域,将葡萄产业确定为宁夏农业发展的优势特色产业,列入了农业产业化发展纲要。2004年12月,宁夏回族自治区政府下发了《自治区人民政府关于加快宁夏葡萄产业发展的实施意见》,指明了葡萄产业发展的指导思想,要求以质量效益为目标,全面提升葡萄及葡萄酒的质量、产量及加工等水平,尽快将贺兰山东麓地区建成品牌带动能力强、有较大影响力的全国优质酿酒葡萄生产、加工和鲜食葡萄生产基地。2006年,自治区财政厅等关于《推进特色优势产业发展的政策意见》的通知中,将葡萄产业作为重点扶持的产业。2007年,自治区人民政府《加快建设农业特色优势产业大县、推进新一轮农业结构调整的意见》及相关产业发展

政策意见精神,确定葡萄等六大区域性特色产业为重点产业。2008年,自治区人民政府常务会通过了《宁夏葡萄产业发展规划》,形成了葡萄产业规划、产业技术支撑体系、示范园区及物流营销平台相结合的产业发展体系,为把宁夏葡萄产业做大、做强、做优奠定了基础。2010年12月,自治区人民政府指示要按照优良品质、高新技术、高端市场、高效益"一优三高"的思路规划建设贺兰山东麓葡萄文化长廊,大力发展葡萄产业及相关的体验经济、会展经济和文化旅游经济,通过文化打造、生态引领、产业推动,打造一个竞争力强、辐射面广、国内最大、全球知名的葡萄文化生态经济产业带。为全面促进宁夏葡萄产业发展,将贺兰山东麓百万亩葡萄长廊打造成宁夏的"和谐产业、朝阳产业、动力产业、支柱产业、形象产业",特制定贺兰山东麓百万亩葡萄长廊基地建设规划,指导全区葡萄产业发展。

截至2015年底,宁夏贺兰山东麓产区葡萄种植面积达到60万亩,其中酿酒葡萄52.5万亩。已建成酒庄85个,进行建设99个,年产葡萄酒约1亿瓶。银川市西夏区作为宁夏贺兰山东麓葡萄酒产业发展核心区,酿酒葡萄基地达到21.8万亩,已建成葡萄酒庄(企业)54个,进行建设68个,年产葡萄酒超过5000万瓶。2013年,组建了宁夏大学葡萄酒学院,建立起了宁夏产区葡萄酒人才培养体系。自"加贝兰"获得2011年《品醇客》世界葡萄酒大赛金奖以来,先后有40多家酒庄的230余款葡萄酒在国内外各类大赛中获得奖项,宁夏产区品牌的影响力在国内外得到全面提升,成为宁夏独具特色的"紫色名片"。美国《纽约时报》评选的全球2013年"必去"的46个最佳旅游地宁夏入选,入选理由是"在宁夏可以酿造出中国最好的葡萄酒"。世界葡萄酒大师杰西斯·罗宾逊在品鉴了宁夏产区葡萄酒后说:"毋庸置疑,中国葡萄酒的未来在宁夏。"贺兰山东麓已成为中国真正意义上的酒庄酒产区、与国际标准接轨的产区、以全产业链理念建设的产区,成为国际葡萄酒界关注的热点地区。习近平主席2016年7月18—20日来宁夏视察时指出:"贺兰山东麓葡萄酒品质优良。发展葡萄酒产业,路子是对的,要坚持走下去。"

近几年,随着贺兰山东麓葡萄酒产业的快速发展,为促进优质葡萄酒资源输出,对接沿海发达成熟葡萄酒消费市场,拓展贺兰山东麓葡萄酒经销范围,加快构建产区葡萄酒国内销售网络体系,宁夏回族自治区和银川市党委、政府相继出台了一系列鼓励和引导政策,引导葡萄酒庄(企业)主动调整产品结构,重点支持产业协会转变工作方式,推进葡萄酒市场营销,大力发展线上线下一体销售,促进葡萄酒庄市场营销联盟的构建。西夏区地处宁夏西线黄金旅游带和贺兰山东麓葡萄产业的核心地带,按照自治区贺兰山东麓葡萄文化长廊总体规划,近年来,自治区西夏区在自治区、银川市党委、政府的大力

葡萄酒酿造车间

支持下,坚持葡萄产业与文化旅游融合发展战略,不断强化基础设施建设,加大产业扶持力度,葡萄产业得到快速发展。

不断加强产区基础设施建设。2011年以来,先后争取自治区、银川市政府投资及自治区发改委资金共计3.2亿元,分别用于产区绿化、道路建设、水利设施、电力设施的建设,其中:绿化种植面积2005亩,栽种各类树木共计214912株,种植花卉3.96万平方米;修建道路34.795公里;修建桥梁2座、涵洞7座,铺设各种水利管线40.093公里,修建、衬砌防洪坝8.455公里,修建、衬砌防洪沟8.173公里,铺设10kV电力电缆线路10公里,新建扬水泵站3座、配电室4座、蓄水池8座(总容量151.5万立方米),产区基础设施不断完善。

加强葡萄园规范化建设。先后支持引入30多家企业到贺兰山东麓葡萄酒小镇开发种植葡萄,葡萄种植面积达到3.51万亩,其中酿酒葡萄3.27万亩,鲜食葡萄0.24万亩。严把种苗引入和种植关,大力推广"浅清沟、斜上架、深施肥、病虫害统防统治、水肥一体化节水灌溉"等技术,推进葡萄园规范化建设。2016年,以实施架型改造、增施有机肥、实施水肥一体化滴灌系统和污水处理系统改造等措施为重点,实施中低产园改造3750亩,有效提升葡萄产量和品质。积极开展优质葡萄园选树评选活动,有7个葡萄园被自治区葡萄产业联合会评为优质葡萄园。

加快推进特色酒庄建设。2016年,美御酒庄完成投资8390万元,总投资达到1.5亿元,于9月正式投入运营;名麓酒庄完成酒堡装修等建设,已可投入生产;贺兰亭酒庄投入资金500万元扩建酿酒车间700多平方米,新增部分生产设施;蓝赛酒庄投入资金560万元,完成酒庄内部装修及庭院绿化等工程;蒲尚酒庄投资180万元扩建酿酒车间;格力其酒庄经产权调整,实施续建工程,预计后期投资1000万元,已完成庭院绿化整治工作。截至2016年底,已建成各具特色的酒庄25座,葡萄酒年产量1.4万吨,综合产值1.5亿元左右。精品酒庄建设取得明显成效,达到五级以上"列级酒庄"标准的酒庄6个,其中贺兰晴雪、志辉源石、铖铖等3座酒庄达到四级"列级酒庄"标准。2011年以来有11座酒庄酿造的葡萄酒荣获国际国内葡萄酒大赛奖项110项,其中金奖28项,仅2016年获各类奖项39项,其中金将8个,即布鲁塞尔国际葡萄酒大赛金奖酒2款、第七届亚洲葡萄酒质量大赛金奖酒3款、贺兰山东麓葡

张裕酒庄

萄酒博览会等葡萄酒大赛金奖酒3款。

推进葡萄产业与文化旅游产业融合发展。在大力发展葡萄种植与葡萄酒酿造生产的同时,依托产区及各酒庄生态景观建设,大力发展旅游度假、运动休闲、文化鉴赏、特色餐饮等产业,招商引资10亿元建成温泉度假中心暨红酒街、红酒博物馆项目运营形势良好,2016年重点实施了小口子沟两侧绿化提升和葡萄长廊、志辉葡萄园区海棠大道、市民运动休闲公园等,精心打造了张裕摩塞尔十五世、志辉源石、米擒、美御、蓝塞等一批具备旅游接待能力的酒庄,张裕摩塞尔十五世酒庄被评为国家4A级旅游景点,志辉源石酒庄被评为国家3A级旅游景点,产区年接待游客10万人次以上,有效推进一、二、三产业融合发展,特色葡萄文化产业带正加速形成,核心带动作用日益凸显。

近年来,西夏区境内的葡萄酒企业接连在国内外获得大奖。发现中国·2016中国葡萄酒发展峰会上西夏区有3款葡萄酒获得年度十大中国葡萄酒,分别是银川蒲尚马瑟兰2014、铖铖酒庄逸圃2013、迦南美地小马驹2013。获得2016年度最具潜力中国葡萄酒的有5款,分别是贺兰晴雪酒庄加贝兰晴雪干红2013、博纳佰馥2014、留世传奇红2012、志辉源石葡萄酒庄山之魂2013、新牛葡萄酒庄园纵情 2013 橡木桶窖藏。获得 2016 年度最受欢迎中国精品葡萄酒酒庄的有宁夏贺兰晴雪酒庄、宁夏留世葡萄酒庄有限公司。第七届亚洲葡萄酒质量大赛上，西夏区获得金奖的葡萄酒有 3 款，其中海香苑酒庄 2 款，新牛酒庄 1 款。获得银奖的葡萄酒有 3 款，其中米擒酒庄 1 款，志辉源石酒庄 2 款。Rvf 中国优质葡萄酒 2016 年度大奖赛上获得银奖的有两款酒，均出自贺兰晴雪酒庄。获得铜奖的是蒲尚酒庄马瑟兰干红 2014。蒲尚臻藏系列获得最佳酒标设计奖。2016 布鲁塞尔国际葡萄酒大赛上，西夏区酒庄有两款酒获得金奖，分别是蒲尚 2013 马瑟兰、蒲尚 2014 马瑟兰，获得银奖的是蒲尚珍藏 2013 赤霞珠。2016Decanter 世界葡萄酒大赛上，九月兰山玉卓赤霞珠干红葡萄酒 2013 获得铜奖。张裕摩塞尔十五世酒庄干红葡萄酒 2012、贺兰山卓德酒庄精选西拉干红葡萄酒 2014、贺兰山卓德酒庄赤霞珠干红葡萄酒 2014、新牛酒庄纵情赤霞珠干红葡萄酒 2014、蒲尚马瑟兰干红葡萄酒 2013、蒲尚珍藏赤霞珠干红葡萄酒 2013 均获得了嘉许评价。2017 年版《贝丹德梭葡萄酒年鉴》中文版中，张裕摩塞尔十五世酒庄 2015 年份桃红酒被列为年度中国桃红酒；被评为年度中国十佳酒庄的有 3 家酒庄，分别是铖铖酒庄、迦南美地酒庄、留世酒庄；被评为中国最具成长潜力酒庄的有 2 家酒庄，分别是博纳佰馥酒庄、蒲尚酒庄。2016 贺兰山东麓国际葡萄酒博览会金奖酒大赛上，获得金奖的葡萄酒有 3 款，分别是留世酒庄赤羽 2014 红葡萄酒、志辉源石酒庄 2014 山之子干红葡萄酒、贺兰晴雪酒庄加贝兰 2014 干红葡萄酒。

苏峪口林深似海
保护区风光无限

苏峪口国家森林公园位于银川市西夏区西部的贺兰山国家级自然保护区内，东距银川市25公里，北距沙湖旅游区35公里，东连镇北堡西部影城12公里，南邻西夏王陵30公里。平均海拔高度为1000~2800米。森林公园总面积为9587公顷。拥有各类野生植物690余种、野生动物170余种，其中每平方公里岩羊分布量居世界首位，是西北地区的生物基因库和动植物资源库。苏峪口山体巍峨，森林茂密，气候凉爽，动植物资源丰富，是深藏于贺兰山腹地的一块旅游胜地。20世纪90年代以前，森林公园仅局部对少量游客开放。90年代后旅游业开始升温，自治区林业厅和贺兰山管理局提出了"以保护求发展，以发展促保护"的工作思路，逐步加大投入开发森林公园旅游资源，并于1997年成立了专门的旅游开发建设和管理机构。2000年，国家林业局批准了宁夏林业勘察设计院、宁夏贺兰山国家级自然保护区管理局联合编制的《宁夏苏峪口国家级森林公园可行性报告》，苏峪口成为宁夏第一家国家森林公园。经过多年来持续开发建设和宣传促销，森林公园已开发建设出"迎宾区""松涛山庄""青松岭""樱桃谷""灵光"和高山索道等观光景区，2004年建成了贺兰山博物馆并于4月28日向游人开放。现已形成以宁夏区内游客为主、以周边省区游客为补充的市场格局。2004年被自治区文明委、旅游局、建设厅命名为"文明景区"。2005年被国家旅游局评定为4A级景区。

苏峪口国家森林公园的特点可以概括为：山体巍峨，森林茂密，自然风光秀丽，人文景观独特，野生动植物资源众多，旅游基础设施完善。到此观光旅游,既能感受到泰山之雄、华山之险,也能领略到庐山之幽、黄山之美。1997年,自治区林业厅明确指示,苏峪口要在保护好自然生态的同时,大力发展生态旅游业,变资源优势为经济优势,要把森林旅游作为主导产业来抓。在开发苏峪口生态旅游业的过程中,管理者和建设者们始终坚持"重在自然,兴在建设,强在管理,优在服务,精在特色,贵在和谐"的原则,建绿色生态,办绿色产业,创绿色文明。在具体工作中,始终坚持"四新"理念,即旅游基础设施每年都有新投入,旅游景区每年都有新变化,旅游宾客每年都有新感觉,旅游效益每年都有新提高,使广大游客通过森林旅游,可以实现拥抱绿色、回归自然的愿望,同时也能亲身领略到大自然的神奇,享受大自然的恩泽,从而增强生态意识,促进保护区各项事业的发展。

　　苏峪口国家森林公园已经开发建设了五大景区和近百个风景点。即迎宾区(山门服务区)、樱桃谷景区、松涛山庄景区、青松岭景区、灵光景区。著名景点有:贺兰山博物馆、西北地区最大的人工瀑布、高空游览观光索道、苏峪口冬季滑雪场、观光瞭望塔、仿古长廊、西夏庙宇、寺院、松涛山庄宾馆、民族山庄、九龙壁等。

苏峪口国家森林公园

贺兰山下的岩羊

迎宾区,即接待管理的山门区。位于201省道两侧,有一座高5.5米、宽8米,占地100平方米的仿古牌坊,通体彩绘,下设3个拱门,中间拱门上书"苏峪口国家森林公园"9个金色大字(宁夏书法家胡介文书)。穿过山门,为一条长10公里的旅游专用公路,两侧是错落有致的观光林带。入口标志位于沿山旅游公路和森林公园专用公路交会处,以两组体量庞大的古树干为造型,立于主干道两侧,虚拟为"门"。入口标志向内1公里,便进入公园接待迎宾区,设票房、值班室、接待室等,房室造型独特,装修质朴自然。

贺兰山博物馆坐落在迎宾区的主入口处。景区绿地上,种植树木花草,绿树成荫,繁花似锦。由检票口进入苏峪口国家森林公园后,沿路马鹿、岩羊等动物自由嬉戏,松涛山庄对面的山冈上,有南宋抗金名将、民族英雄岳飞的巨型塑像,英姿威武,平添了苏峪口国家森林公园的人文气氛。景区内还有大型人工高山滑雪场,占地12万平方米,设有两条牵引索道和两条滑雪道,可同时接待1500人进行雪地娱乐活动。雪地摩托场、马拉爬犁场、服务接待大厅等设施应有尽有。

灵光景区,由山门沿路进入森林公园,首先可至灵光景区。该景区主要景点有,灵光塔:是该景区的标志景观,按照西夏佛塔的建筑风格重修而成,高17米,通体白色,高耸于一独立的山冈之上,向游人展示着独特的西夏文化魅力。西夏庙宇三清观:灵光塔下原有一处西夏时期的庙宇遗址,今对其进行修复。庙宇规模宏伟,气势巍峨。灵光寺:在三清观的正北面有西夏时期的寺院遗址,建有前殿和后殿,灵光寺向西500米处建有灵光洞,洞内塑有十八罗汉,向游人展示着西夏佛教的神秘和魅力。摩崖大佛:在灵光景区内2公里处,刻有4尊摩崖大佛,最大的佛像高达9.3米,宽6.5米,隐身于松林之中,其他3尊均在路边山崖上。佛像造型生动,面部丰满,阔面方耳,神态安详,有的手拿罗伞盘腿坐在莲花台座上,有的佛像长有4只手,举双环或莲花,形态各异,衣饰纹路刻画繁缛华丽,相传均为西夏时期喇嘛佛像。鹿鸣泉:位于灵光景区内4公里处响水湾一带,山泉充足,长流不息,涓涓细流在山谷间穿行,不时发出悦耳的叮咚声。成群的马鹿清晨或傍晚下山饮水,相互嬉戏,呦呦鸣声令游人流连忘返。梳头窑:位于响水湾西侧一个天然的山间盆地内,四周群山环抱,谷内绿草如茵,鲜花似锦,是贺兰山野生动物出入频繁的区域。谷内有一湾清泉,传说是当年仙女下凡梳头的地方。另外,还在灵光景区三清观西侧建造了碑林。

　　樱桃谷景区:该景区是森林公园的主景区,已完成开发建设。景区全长3公里,因其布满了樱桃等名贵野生植物而得名。初春时分,桃花盛开,姹紫嫣红;盛夏时节,绿荫蔽日,百鸟争鸣;金秋天气,硕果累累,芳香迷人;寒冬腊月,银装素裹,天地混沌。奇特的造山运动,给樱桃谷造成了许多完整的地质剖面和奇异的古生物化石,其谷底景色与山脊风光迥然不同,尤其是"一线天""双狮峰""飞来石"等景点,充分体现了大自然鬼斧神工的无穷魅力。山间色彩斑斓的奇花异草,甘甜爽口的樱桃、山杏,曲径通幽的林间小路,妙趣横生的自然生态,均足以使游人流连忘返。主要景点有:曲径通幽:位于樱桃谷

前山坡油松林

苏峪口国家森林公园

入口处,沟谷狭窄,两侧山峰对峙,一条石径曲曲折折伸入谷内,人行其间,峰回路转,清风拂面,顿生幽谷探奇之意念。一线天:位于樱桃谷景区内0.5公里处。一条只有两米宽的沟谷,四面山峰环抱,高耸入云。人行谷底抬头仰望,蓝色的天空宛如一条丝带飘在山尖。双狮峰:在樱桃谷景区内1公里处。峡谷两侧山峰形似两头雄狮,相互对峙,形势壮观。别有洞天:在进入樱桃谷景区2.2公里处。两侧山体悬崖上,有许多幽深的山洞,洞内泉水叮咚,相传曾是仙人修炼的地方。游人经过,多为奇特的福地洞天景观所吸引。万壑松涛:从樱桃谷攀登上青松岭的石阶沿途,原始森林伴随着阵阵山风,发出响亮的松涛轰鸣声,似千军万马在古战场厮杀。游人置身其间,颇有自身渺小之感觉。迎客松:从青松岭峰顶俯瞰百丈悬崖,郁郁葱葱,有一古松傲立于峭壁之间,向游人张开欢迎的臂膀。这就是著名的贺兰山迎客松——蟠龙松。树身枝干挺立,针叶浓密,给人一种积极向上而富有生命力的激情,是游客拍照取景的最佳场所。另外,该景区还散布着一些造型独特的山峰和巨石,有的如虎踞龙盘,有的像行云流水,有的如天狗吠月,有的神似七郎思过,还有的像唐三藏的僧冠……惟妙惟肖,令人惊叹。

青松岭景区。由高山索道上青松岭山顶,人已处在苍茫林海之中。俯瞰百丈悬崖,郁郁葱葱,松涛阵阵,云雾蒙蒙,蓝天白云,绿树红花,游人徜徉其间,形成一幅天人合一的自然景观,一种回归大自然、陶冶大自然、拥抱大自然的美好感觉悠然而生。主要景观、景点有:高山索道:索道长1.2公里,高差近百米。游人乘坐缆车,不仅可以俯瞰森林公园景观,而且可免登山之苦。彩色缆车滑翔在苍山翠柏之间,使游人有一种展翅飞翔的快感。森林浴场:沿登山步道至兔儿坑处,空间豁然开朗,群山环立,松林密布,草长莺飞,阳光充足,恍若世外桃源,乃是一处天然的森林浴场。千佛崖:悬崖峭壁之上,怪石突兀,犹如诸多神佛隐现其中,气象万千,若阴雨之日,云雾缭绕,更显神奇。世纪塔:青松岭一山脊之上,有一人工建造的防火瞭望塔,巍峨壮观,似塔似亭,造型独特。游人可攀塔远眺,凌虚揽翠,远山近壑尽收眼底。

　　松涛山庄景区。该景区是公园的中心服务接待区,周围群山环抱,景色宜人。1997年以来,森林公园先后投资和招商引资8000余万元,修建了松涛山庄贵宾楼、民族风情园,开通了移动通信网,架设了高山观光索道,建设了人工瀑布,种植草坪近万平方米,建造广场3处,架设了路灯、草坪灯、装饰灯、射灯数百盏,整个景区达到了美化、绿化、硬化、亮化的效果。该景区的主要景点有:松涛山庄:现有宾馆二幢,民族风情园一处,可同时接纳400余人就餐住宿。服务设施齐全,环境幽雅。游人留宿山庄,不仅能观赏到贺兰山迷人的夜色和日出,而且在清晨或傍晚还能看到奔跑的马鹿、跳跃的岩羊、嬉戏的蓝马鸡等野生动物。山庄的餐饮业也很有特色。蒙古包群:位于松涛山庄南侧山坡上,以其白色的外观与山林形成色彩和形状对比。既具有接待服务功能,又是一组景点建筑。其餐饮极具蒙古特色。山屏晚翠:松涛山庄背后山体犹如巨扇,环抱如屏,每当夕阳返照,景象非凡,具有古代朔方八景之一的"山屏晚翠"意境。贺兰山缺:在松涛山庄东面一山岭之上,有古长城、烽火墩造型,使人立刻能感悟到"驾长车踏破贺兰山缺"的英雄气概和金戈铁马的古代战争场面。人工瀑布:在松涛山庄西侧,是现今西北最大的人工瀑布,宽42米,水面落差35米,水流量每小时640立方米。规模宏大,气势磅礴,水如巨帘,浪花飞溅,美不胜收。

　　贺兰山博物馆。该馆坐落于贺兰山苏峪口国家森林公园迎宾区。建成于2004年4月,投资800余万元。建筑面积3000平方米。博物馆分上下层,由13

个展馆组成。气势宏伟,美观大方,既富有现代化的建筑气派,又具有传统的建筑风格,是一座中西合璧的新型建筑物,于2004年5月正式向游人开放。博物馆前厅,虚拟有中国古代传说中的四方之神、二十八宿,还有一个人工仿制的文物挖掘坑,再现了贺兰山文物出土的原始风貌,首先把观众带进一个神秘而古老的自然境界。博物馆中厅,是一个贺兰山自然生态系统的缩影,主要介绍贺兰山的动物资源,标本有30种70只之多,有赤狐、石鸡、狗獾、蓝马鸡、秃鹫、马鹿、马麝、盘羊、黑獾、大鸨等。博物馆共设11个分馆:岩羊馆有多只各种姿态的岩羊标本,同时设置了岩羊头骨性别及年龄标本。珍禽馆内有大多分布于宁夏境内的七彩山鸡、红腹锦鸡、蓑羽鹤、灰鹤、鹌鹑、翘鼻麻鸭、绿翅鸭、斑头秋沙鸭等。根艺馆展出有贺兰山管理局护林员孙国亮的各种根雕艺术品,有人、鸟、龟、兽等各种造型,大则几米,小则几分,形似神似,典雅别致,借用贺兰山中的枯木断根修饰而成。沙盘馆陈列有垂直比例为1:3000、水平比例为1:8500的贺兰山原貌沙盘。地质环境馆陈列有书法家柴建方题写"乌金"的太西煤、石榴子黑云斜长片麻岩、小口子花岗岩、石英岩、波浪石、泥裂和制砚佳材贺兰石等标本。还有一块巨型的硅化木化石,是贺兰山博物馆的镇馆之宝。该树生长在2.8亿年前,是二叠世的古老树种科达树。昆虫馆的中间展柜是贺兰山上的昆虫标本;两侧展柜是从其他地方收集的各种美丽的蝴蝶标本,主要有分布于云南的"中华十大名蝶"。真菌馆主要展示贺兰山所产的9种食用菌标本,其中最著名的为贺兰山紫蘑菇和大银盘蘑菇。植物馆展示贺兰山的模式植物、标本植物、贺兰山特有植物等几大模块。其中重点是国家重点保护植物:蒙古扁桃、沙冬青、四合木、贺兰山丁香、野大豆等。珍稀动物馆内珍稀动物标本多从邻近省区换来,有东北虎、大熊猫、金钱豹、野猪、林麝、鹅喉羚、羚羊等。历史文化馆内展列有贺兰山岩画、西夏文字、西夏疆域图、明长城模型、拜寺口双塔及拜寺口方塔、灵光塔模型等。奇石馆内展品主要有造型优美的黄河石、火山禅石、葡萄玛瑙石和三叶虫化石、象牙残齿化石、蜂窝状化石、鄂头贝化石等。另外,博物馆内设有历史艺术长廊,是集浮雕、绘画、书法、工艺美术等为一体的艺术走廊。

贺兰山诸口之冠
滚钟口名满塞上

　　滚钟口,俗称"小口子",在银川市西夏区西北35公里的贺兰山东麓,是银川市最著名的避暑、游览胜地。它具有"奇异的自然风光,深厚的文化内涵,多彩的人文景观",堪称贺兰山诸口之冠。滚钟口内有沟峪三条,一曰南沟,又名樱桃沟;二曰中沟,又名后沟;三曰北沟。此山口三面环山,山口面东敞开,就像一口巨大的洪钟,在景区中央有一座小山,恰似钟内悬挂着的钟锤,人称"钟铃山","滚钟口"之名由此而来。沟口之内风景奇特,山势峥嵘,林木葱茏,峰峦叠嶂,清泉淙淙,气候凉爽。滚钟口自古就是皇家林苑、休闲胜地。早在西夏时期,李元昊就在山沟北部建造了规模宏伟的避暑宫苑。当人们走在昔日

的皇家宫苑遗址之上,散落在地上的砖、瓦、器物残片,俯拾皆是,可以想见当年的巍峨气象。明清时,这里也曾大兴土木,建造庙宇、楼阁,修建了贺兰庙、老君堂、斗母宫、小洞天。关帝庙、兴隆寺、晚翠阁、观音庙等14处庙庵台阁,这些建筑依山临险,随势自然,错落有致。山内的三座山峰之上,还建有三座白色喇嘛式塔,造型优美,小巧别致。始建于清朝光绪十八年(1892年)的贺兰庙,庙宇分为上中下三层台院,连成一体,坐落于半山之上。主殿有泥塑彩像,两侧绘有滚钟口全景图和贺兰庙全景图。滚钟口1988年被国务院批准为国家级风景名胜区。

滚钟口经过历代修葺建设,成为一处著名的风景游览胜地。春夏之际,滚钟口内满目青翠,松涛阵阵。来到景区入口,首先映入眼帘的是几棵苍劲古朴的古槐和生机勃勃的常青松柏,仿佛在招手迎接着来自四面八方的游客。进入景区,只见两侧漫山遍野的洋槐、翠柏、白杨绿荫遮盖,郁郁葱葱,令人心旷神怡。沟间坡地的山果树上挂满了晶莹剔透的红山果和红酸枣。山涧里一缕

笔架山色

清泉涓涓流淌。山中绿树、红花争相辉映,绚丽多彩。南望群山,有三峰峭立,形似笔架,人们称之为"笔架山"。山下有人采佳石为砚,因而又称为"砚石笔架山"。若拾级而上,登临山巅望海亭,可凭高四览,向西远眺,但见峰峦起伏,势若奔浪;极目东望,又见千里平畴,良田万顷,天地相间处,云海浩渺浑然融为一体。在这里可以观赏到"日出笔架""月光别钟铃""石嶂穿白云"等自然景观。如逢朝晖夕映时,又可观赏到"贺兰佛光"之景,堪与"峨眉宝光"争妍。六月暑日,在景区西边沟尽头的青羊溜山巅上,蓝天晴空,白雪盖顶,这就是古宁夏八景之首的"贺兰晴雪"。在景区北部一条宽窄不一、蜿蜒曲折的深沟内,多有寺庙遗址,故称"大寺沟"。沟内树木苍翠,泉水清澈,怪石林立,"狮吼""卧虎""顽猴""仙人指路""青羊跳涧"等奇石,神态各异,令人叹为观止。顺沟向西而下,有巨石立于沟间,上刻"西爽亭"三个大字,这里山势开阔,泉水叮咚,绿草如茵,是最舒坦幽静的休憩之地。笔架山、望海亭,凉风习习,天穹湛湛,松柏掩映,鸟语盈耳,是逃避世俗的桃源仙境。倘徉于林间小道,漫步在山野沟壑,奇景会让你目不暇接。来到这里,使人顿生"久在樊笼里,复得返自然"之叹。

滚钟口山美、树美、水美,正如明代诗人王逊的诗所赞:

> 贺兰西望矗长空,天界华夷势更雄。
> 岩际云开青益显,峰头寒重白难融。
> 清光绚玉冲虚白,秀色拖岚映夕红。
> 胜概朔方真第一,徘徊把酒兴无穷。

据史料记载,贺兰山早在新石器时代就有人类活动,但直到明代贺兰山口之名才正式被录入地方志书。李祥石《贺兰山滚钟口岩画发现散记》一文认为,滚钟口人类活动遗迹初步可认定为青铜器时期,即公元前1600—前769年的商周时期,主要有马匹、山羊、鹿、人物等内容的岩画。魏晋南北朝时期,佛教文化兴盛,驻牧于贺兰山的匈奴贺兰部受佛教文化影响,多有信众。相传当时在滚钟口就有贺兰部的僧人修行礼佛,以此推断,南北朝时滚钟口很可能就有佛教、道教寺庙等。隋唐是我国佛教发展的鼎盛时期,相传在唐时滚钟口香火很旺,庙内和尚不少。庙中住持去世后,僧众还在青羊溜山上为其建了

一座白塔。西夏时期，滚钟口内修建的寺庙，无论在数量上，还是规模上都十分可观。西夏以佛教为国教，贺兰山为佛教"圣山"，庙宇众多，僧众聚集。相传滚钟口莲花山一侧的"佛祖道场"就是西夏时期的遗迹，是佛教徒焚香礼佛之地。莲花山西侧的"万圣峰"则是讲经的场地。青羊溜山上的卫国殿为滚钟口驻扎军队欢庆"圣节"时的活动场所之一。同时在南山脚下建有道家修行的"小洞天"。据《西夏书事》载：西夏天授礼法延祚十年（1047年），元昊"大役丁夫数万，于山之东营离宫数十里，台阁高十余丈，日与诸妃游宴其中"。经考古证实，在滚钟口沟内青羊溜山顶的台地上，有大小20余处西夏建筑遗址，可推测为西夏国"卫国殿"旧址。在"木栅行宫"南侧的"卫国殿"就居小口子的青羊溜山，在西夏地图上的卫国殿旁标有"卧家庄"。卧家庄附近尚有"贺兰池"。另据西夏《圣立义海》记载："贺兰山尊，冬夏降雪，有种种林丛、果、芜荑及药草。藏有虎、豹、鹿，挡风蔽众。五台净宫，众神，菩萨生化，寺显须合禅修经，民广依归处也。寺庙野兽，风人不骇。圣峰恒时，六十贤神以居，供养甘露味雨，君之神龛显灵守护。贺兰山中泽，野兽皆集，放牧牲畜，黑山郁郁万种树，民庶尽伐无不觅，溪多泉流不竭也……神山云凝不散，则处处降雨也。"以上记载也是滚钟口名胜区的真实写照。元代，贺兰山滚钟口遂为蒙古各部游牧屯息之地。由于蒙古族虔诚佛教，滚钟口寺庙不减，香火仍然旺盛，山口的北侧就建有"贺兰寺"，且有元代袁桷的《清客居士集·贺兰堂记》为证。明代，藩封宁夏的庆靖王朱栴信奉佛、道二教。据说在滚钟口也建有释、道寺院，培植了园林花木，在滚钟口入口处，建了"贺兰胜景"牌楼。

据宁夏文史馆馆员梅白逯先生回忆，小滚钟口寺庙从唐、西夏开始较大规模地兴建，经元、明、清、民国有不少古建筑及道、佛寺庙。自然景观有"笔架峰""莲花峰""莲花宝座""狮吼""卧虎""仙人指路""青羊跳涧""阴阳奇石"等。另外，还有不少石刻。过去滚钟口树木茂密，风景宜人，山中有不少禽兽，

岩羊

泉水淙淙,气候凉爽,还植有不少花草。每年六月,周围城镇村堡的善男信女多进山烧香礼佛,人流络绎不绝,名曰"朝山",亦借以游览涤暑。

光绪年间,宁夏知府谢威凤(字葆灵),性格豪爽,为人耿直,喜观山水,工书喜吟。上任后不久,决心倡导府城文化,数次登临滚钟口,纵观山势水情,识滚钟口"内藏文房四宝",且后沟直对府城,得众仙神光普照。预言,择此建庙,定可倡盛府城文风,宁夏人才承出,将十倍于前。谢与诸下属及地方人士商议,并实地度测地形,于山口中峰北侧,劈山垒石建庙。劈地上、中、下三层。上层建主庙三楹,供奉真武、文昌大帝;中层建大殿三楹,供关、岳二圣;底层建山门三楹,门内供奉龙、虎二神。全庙落成,取名"贺兰庙",且立碑留记事诗一首:"地辟天开此贺兰,破荒谁兴筑神坛。滚钟小口峰奇特,流水双环气聚团。宝刹恢宏资众力,银川钟毓起千官。故宫吊古轻元昊,名世从来佐治安。"末

别有洞天

题:"光绪壬辰秋七月(初)建贺兰庙于小滚钟口记事一首,海山谢威凤葆灵知州。"

至民国初年,贺兰庙渐已倾圮,世人观之,无不为之惋惜。前清贡生梅子杰,于民国7年(1918年)动议修复贺兰庙,并在郡人丁顺、丁福的赞助下,独承修复之责。梅公名俊,字子杰,号霞铎山人,生于同治四年(1865年),书法、塑像、雕刻造诣甚高。自民国8年(1919年)起,丁顺、丁福分头负责筹集资金,梅俊负责计划、设计及施工。民国9年(1920年),贺兰庙修复工程正式启动,清除乱石瓦砾,倾颓的墙柱檐脊重新校正修砌,庙顶全部换挂新瓦。除修复原建各殿及山门外,山门内仍塑龙、虎二神,在下层山门两侧还新建配房各两楹。山门对面垒砌加固石壁,并增一拱洞,附建飞檐洞门,增奉药王于洞门中,在中层又将损坏的神像重塑、彩绘。中层大殿仍供奉关、岳二圣。中殿两侧增奉山神、土地二坛。上层大殿仍供真武、文昌二帝。上层主殿挂梅公亲笔题写并刻制的"朔方主宰"大字巨匾。上殿、中殿及山门两侧均制有木质对联,统由梅公题写。上层大殿及下层山门两侧各绘彩色山水画六幅,均系梅公模拟滚钟口山水绘制。山门配房两壁由梅公画龙、虎各一。贺兰庙修复工程于民国14年(1925年)始告竣工,历时五载有余。修复工程完工后,安置一名道士守护。

另外,滚钟口内各种树木十分茂密,据西夏《圣立义海》载:"黑山郁郁万种树,民庶尽伐无不觅,溪多泉流不竭也。"可是由于历代乱砍滥伐,至清末贺兰山阳坡古树几乎被伐光。据相关史料记载:民国时期,宁夏省农林处在民国33年(1944年)秋季设立贺兰山林管事务所,积极设法保护树木,并于1945年从事贺兰山山地造林试验,种植榆、梓、杨、柳300余株外,修剪移植原有林木8.9万株,管理事务所于滚钟口设置各式花坛、精致牌匾,点缀其间,以增泉石之美。

由于历史的变革,在宁夏解放前夕及初期,滚钟口处于无人管理的状态,致使景观受到较重摧残。据新中国建立初期的银川建设科科长杨震回忆:过去滚钟口的柏树、松树、云杉等很多,当时银川都是土平房,需用椽子、桁条和门、窗等木料也很多。他小时候就见每天不少群众到滚钟口滥伐树木,用驴子驮到大街上卖。大一点的柏木群众喜欢制成棺木和家具,大树做梁、桁条和门、窗等,小的做椽子,把滚钟口的树都砍光了,使气候和土壤含水量等受到很大影响,使滚钟口的植被受到了一定的破坏。

为了进一步管理好滚钟口,新中国建立初期银川市政府组织人员进行了一些抢修。1958年,银川市建设科设置了小滚钟口管理所,负责滚钟口的建设与管理。1959年,又成立了银川市园林局,并决定大力开发滚钟口风景区。同时自治区党委、政府拨给银川市500万元作为开发滚钟口的专款,市政府决定抽调园林局副局长阴勃然专门负责规划建设滚钟口。据阴勃然回忆:"我当时就一天吃住在滚钟口,根据自治区原领导刘格平书记的三点指示:一、抓滚钟口绿化;二、建由滚钟口山下至避暑山庄的盘山公路;三、建滚钟口水库。我们当时的绿化主要是在山上新植和移栽云杉、油松、杨树、柳树等,另外从外地引进了一些品种,如银杏、杏树、花椒等,原兴隆寺院的银杏树就是当时从陕西引种的。盘山公路是1961年修成的,是石子路,汽车可从小口子山下开到避暑山庄。为了辟路方便,沿途还拆除了几个小庙。滚钟口水库建在老君堂北侧处,从南向北筑一大坝,将中沟拦死,以此蓄泉水。当时聘了两个工程师,原计划水库建好后,可乘船至避暑山庄,沿途还可观景。后来堤坝还未建好,发现库底防水工程不佳,水从库底渗透,工程就停下了。加上当时政治运动不断,自治区有关领导相继离职,滚钟口的整个工程就停下了,未用的专款也全部上交。"

茶社冬境

据原滚钟口的师光福师傅回忆："我是1961年到滚钟口工作的。当时管理所办公的地方正是原来的兴隆寺大院，都是古式建筑，里面不少神像，面东的大殿未拆，将殿内泥塑打了，变成了职工伙房。面南、面北的厢房将屋脊去掉后，北房改修成了接待室等。南房做了领导的办公室等。我觉得1965年前滚钟口还是很有生气的，庙也多，塑像也多，牌、匾、石碑、壁画全有。在1966年的'文化大革命'时，园林学校那些造反派加一些红卫兵到滚钟口造反，把庙也毁了，神像统统打了，所有的碑、匾、木制对联被砸烂后一把火烧了个精光，使滚钟口十分荒凉。"

改革开放后，经过拨乱反正和重新修复，滚钟口得到了一定程度的恢复。1984年，政府拨款重修了盘山公路，将路面全部铺成沥青，重建了老君堂、贺兰庙等，在殿内重建了部分神像，重修了被山洪冲毁的桥梁，并重建了一些凉亭。又将南山下的碎石板路改修成粗石子水泥路。近年来，又新建了滚钟口管理所，增建了停车场和宾馆等，这一切使滚钟口开始出现了新的生机。

镇北堡历尽沧桑
影视城见证奇迹

镇北堡的历史,可以从明代说起。明弘治十三年(1550年),巡抚御史王珣奏请朝廷,委派指挥郑岯筑此堡,成为贺兰山下的一座驻军要塞,距今已有500多年的历史。清乾隆三年,该堡被地震摧毁,遂在距震毁的"老堡"不到200米处,修建了一座比之略大些的土城堡,这就是人们所称的"新堡"。它大约落成于旧堡被震毁后的两年,也就是1740年,距今有200多年的历史。古堡是中国西北地区特有的覆土建筑,古人因地制宜,就地取材,城堡墙体没有一块砖石,完全用黄土夯筑。经过数百年的雨雪风霜以及人为破坏,到20世

镇北堡西部影城知之门

纪五六十年代,边防要塞的雄姿已经面目全非。两堡一南一北,均坐西朝东。紧邻沿山公路东侧的老堡已被风蚀殆尽,仅存残墙断垣,形制尚存。向北穿过城中黄土路,是老堡瓮城遗址。再向北行200米便是新堡。新堡城池较完整,东南辟有半圆形瓮城,城门南侧有一斜坡可登上城墙。城墙四角原建有角楼,角楼基址依稀可见。

　　古堡、边塞、荒凉、移民村,是人们曾经印象中的镇北堡镇,但今天的镇北堡已远不止于此。如今的镇北堡镇每一个地方都能成为一道风景,那些隐藏在房屋与房屋之间的小巷,夹杂在道路与建筑间的小角落,都别有一番风情。以新兴的瑞信小镇为例,这里既保留着小镇的怀旧感,又增添了诸多现代元素,优雅而不失活泼。走在小镇街巷中,美酒、美食满眼皆是,在小店里呷一口茶,悠然一个下午,远离了世俗与喧嚣,从从容容,散淡而恬静。2016年,住房和城乡建设部公布了第一批127个中国特色小镇,镇北堡镇名列其中。特色小镇,不是传统意义上的"镇",而是产业、文化、旅游和一定社区功能叠加的发展空间平台。

　　确切地说,镇北堡镇的当代史就是从扶贫开发与吊庄移民开始的。1995年,江苏华西村党委书记、华西集团董事长吴仁宝与自治区政府签订合作协议,从宁夏南部山区的固原、海原、同心等地移民1000户6000人,江苏华西村

出资出人才出技术在镇北堡林草试验场管理区域内援建宁夏华西村。宁夏华西村借助江苏华西村人才、资金、信息、技术的支援和帮助，团结一心，艰苦奋斗，共同谱写了东西部合作和先富带后富扶贫帮困的当代篇章。2000年初，宁夏华西村交由属地银川市郊区政府管理，随后成立镇北堡镇，在原来华西村5个村的基础上相继成立了镇北堡村、团结村等5个行政村。截至2015年底，宁夏华西村共有移民8858户3.25万人，华西村居民人均可支配收入达到9203元，同比增长8.4%。华西村人均可支配收入13800元。5个村集体经济收入累计达到100万元。

当成长的华西村为镇北堡镇的诞生培植沃土时，距离华西村不到两公里处的镇北堡西部影城也经历着它在那个年代的巨变。经过数百年的风吹雨打，两座古堡黄土夯筑的墙体已经布满窟窿和沟壑，磨砺出一份独有的苍凉

西部影城影视一条街

与悲壮。在镇北堡西部影城景区大门不远处,一块巨大的展板上见证着众多导演、演员在这里留下的身影。1993年9月,张贤亮以宁夏文联的名义创办了宁夏华夏西部影城有限公司,基地就是镇北堡西部影城。在此后的二十多年里,相继几百部影片在此拍摄。镇北堡古朴、原始、粗犷、苍凉的特质吸引着越来越多观众的眼球。《红高粱》《黄河谣》《东邪西毒》《大话西游》《新龙门客栈》等脍炙人口的电影和电视剧作品,创下了中国影视业的奇迹,西部影城也因此获得"中国电影从这里走向世界"的美誉。而就在观众通过一部部影视作品尽情感受西部风情时,张贤亮已经开始思考美景之外的东西了。思考再三,他最终决定,把电影电视提供的艺术造型作为基础,将西部影城逐渐转化成一个中国古代北方小城镇。张贤亮大量收购真正的明清建筑构件散件,充实到相应的场景中,使这些原本为了剧情设计的艺术造型真正有了魂魄。此外,影城还从各地招募各类民间艺人,免费为他们提供场地展示非物质文化遗产项目及民俗项目,再现古人的生产生活方式。如今,集国家5A级景区、国家文化产业示范基地和国家级非物质文化遗产综合试验基地三块"金字招牌"于一身,镇北堡西部影城凭借极高的投入产出比被认为是宁夏最成功的文化产业之一,已成为宁夏重要的人文景观和旅游景点。

除了西部影城外,镇北堡镇还有其他得天独厚的旅游资源,有驰名中外的贺兰山岩画、贺兰山国家森林公园、滚钟口森林景区、拜寺口双塔等。向南有西夏王陵,西北至沙湖景区不足60公里。110国道贯穿镇区全境,镇区经镇芦公路与银川市北绕城高速连接,交通四通八达,是银川市西线旅游长廊的集散中心。仅2015年,镇北堡西部影城游客就达到200多万人。作为西线旅游的集散地,游客来到镇北堡镇后,还可以领略小镇其他丰富多彩的人文景观。比如瑞信小镇的大型演艺秀《西夏盛典》,影城的非遗展示等。尤其是当游客漫步在影城古朴的明清街道,打铁、擀毡、纺线、织布等祖辈们生产生活的场景在这里一一再现,让人仿佛穿梭于时光隧道,可以亲身体验那种只能在记忆中寻找的流年往事。

贺兰山东麓地势平坦,土壤肥沃,光照充足,热量丰富,昼夜温差大,有利于糖分累积,非常适合葡萄种植,已经成为中国新兴的最佳酿酒葡萄产区之一。2011年,经国家质检总局审核,决定对"贺兰山东麓葡萄酒"实施国家地理标志产品保护。镇北堡镇恰在保护范围内。依据这样天然的地域优势,镇政府

《红高粱》重要场景——九儿居室

大做葡萄文章。规模化种植葡萄2万亩,规划建设34座酒庄,已建成14座,年均产酒260吨,创造收益5500万元。

镇北堡镇土地使用面积10万亩,大多为淡灰钙土,部分盐碱化,不适宜种植粮食作物,但气候条件和土壤类型适合枸杞种植,是大力发展枸杞特色产业的最佳地理位置。仅团结村一个行政村就种植3800亩有机枸杞,打造有机种植示范精品园500亩,黑、白、红、黄四色枸杞观光示范园200亩。聘请的区内外枸杞专家常年提供种植、加工技术指导,从种植源头和生产环节同时保证了产品质量,2015年年产量达200吨,产值1600余万元,以中高端产业定位生产的枸杞产品,远销香港以及广州、上海、北京等国内46个大中型城市。

镇北堡镇还积极打造休闲文化产业,以瑞信·镇北堡(天沐)温泉度假小镇为例,这是一个少有的以天然温泉为主,结合吃、喝、玩、乐等配套设施齐全的高档度假区。这个度假区集温泉度假、休闲养生、餐饮娱乐、文化演艺、红酒品鉴展销、商务会议于一体,依托西夏区丰富的地势资源,建成宁夏首家室内天然温泉度假中心,开启温泉养生经济新模式;建成宁夏首家红酒博物馆,通过世界葡萄酒、中国葡萄酒等5个展区,集中展示世界葡萄酒文化变迁及中国酒庄的风采。

石质细腻堪为砚
贺兰奇石美名传

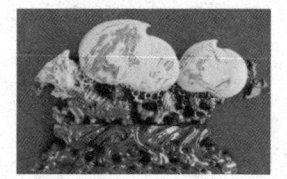

中国文化源远流长,博大精深。砚台,是中国文化中不可或缺的重要角色,作为古代"文房四宝"之一的砚,一直深受历代文人雅士的推崇和喜爱。所谓"四宝砚为首",是因为它质地坚硬,能传百代。砚雕技艺由于年代久远,传承悠久,在中国非物质文化遗产保护方面显得弥足珍贵。宁夏虽偏居西北边陲,但制砚历史并不短,特别是以贺兰石为原料雕刻而成的贺兰砚历史悠久,雕刻工艺复杂,文化内涵深厚,深得名家喜爱。清末流传着"一端二歙三贺兰"["端"指广东高要县端溪所产端石;"歙"砚产于古歙州(今安徽、江西一带),其中以产自今江西婺源龙尾山的龙尾砚最负盛名]的说法。说明贺兰石在我国源远流长的制砚工艺史上有着独特的重要地位。在多达200卷的《当代中国》丛书中,《当代中国的工艺美术》卷收录了端砚、歙砚、洮砚、贺兰砚等八大名砚,贺兰砚名列第四位。

贺兰山,是中国西北重要的地理分界线,也是"塞上江南"宁夏平原的天然屏障,它雄姿英伟,势如奔马,形如偃月,高峻险要,矿产资源十分丰富,贺兰石就是其中之一。贺兰石主要产于贺兰山滚钟口笔架山,早在清乾隆四十五年(1780年)编撰的《乾隆宁夏府志》中就有相关记载。《府志》云:"笔架山,在贺兰山小滚钟口。三峰矗立,宛如笔架。下出紫石,可为砚,俗呼'贺兰端'。"贺兰石形成于约13亿年前震旦纪中前期,后经造山运动而推出,是一种不可再生的稀有资源。据勘测,贺兰石在贺兰山一带的总储量为35.23万立方米,中心区储量不足6万立方米,亟须加强对贺兰石原材料的开发保护力度和综

合利用。据史料记载,贺兰石开采于清朝康熙年间,其料分为前山石和后山石两种。前山石分布于滚钟口笔架山一带,质地稍粗,彩色石不多;在小滚钟口后山的大寺沟的山峰背后所产石料,被称为后山石,石料较前山石更加细腻,色彩丰富,易于制砚。贺兰石质地细腻,刚柔相济,用其刻制的贺兰砚,图案清新,造型奇特,叩之有声,呵之见水,贮水不耗,发墨光润,磨墨无声,不拔笔毫,具有容易发墨、存墨期长、保护毛笔、坚实耐用等多种优点。带盖的贺兰砚内余墨可保持数日不干、不臭,素有"存墨过三天"之誉。

贺兰砚的雕刻过程非常复杂,要经过选料、相石设计、下料、粗加工、精细雕刻、打磨上光、配盒七道工序方能完成。贺兰石色泽天然细腻,有深紫、豆绿两种颜色,又被称为"碧紫砚"。紫中嵌绿,绿中附紫,相互辉映,色彩鲜明,形态多样,恰似紫色丝绒上镶嵌着各式各样的翡翠。除两彩、三彩、多彩外,还有"石眼""玉带""银线""云纹"等特殊结构,妙不可言。根据石材的这种特点,采用两种颜色互相衬托,精心雕刻各种图案,就成为区别于其他砚种单一色彩的主要艺术特色,为石雕艺人尽情发挥艺术构思和雕刻才华提供了良好的条件。技艺精湛的贺兰山雕刻艺人往往能根据贺兰石品相结构和色泽纹理,精心创造出巧夺天工的精美石砚,成为广大收藏爱好者争相购买的"抢手货"。贺兰砚创作题材十分广泛,人物、山水、龙凤走兽、动物花鸟、草虫、瓜果等皆可入砚。造型上有随形砚、仿形砚、规矩形、带盖砚等。贺兰石不仅可以雕制砚台,还可以雕刻制作多种精美的工艺品,如印章、镇尺、笔筒、屏风、摆件、石壶、立体雕件等。工艺表现手

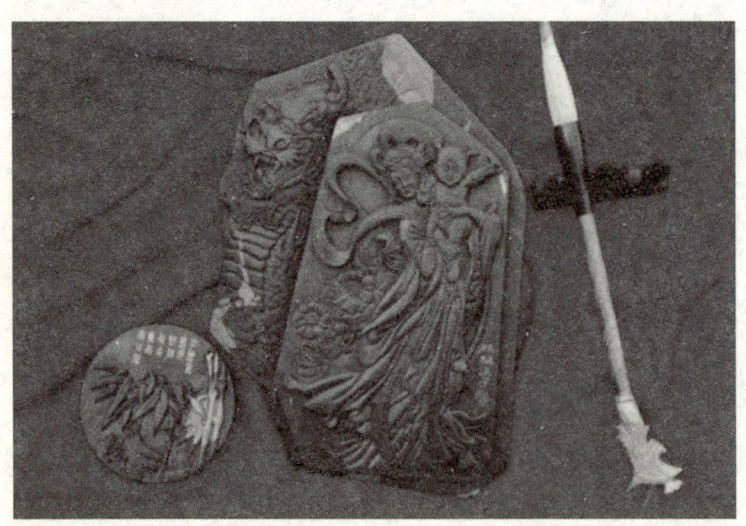

贺兰石砚

法讲究因材施艺，相石俏彩，雕刻上做工精细，风格多样，有的清新脱俗，有的典雅庄重，有的苍劲古朴，有的大巧若拙，绿与紫两种色彩互不冲突，相得益彰，彼此映衬，具有浓郁的西北地方特色，在中国的砚材中独具特点。贺兰砚有手工刻制和机器刻制两种，手工刻制的做工比较精细，售价也比较高昂，非一般平民百姓所能消费得起，往往为收藏爱好者重金收购。其次就是机器砚，现在市场上绝大部分砚都是机器砚，机器刻砚造型简单，节省时间，但是式样单调，种类单一。而同样的手工砚则要精细的多，用的时间也颇长，也更显珍贵奇特。

贺兰石工艺品

贺兰石砚得到了历代文人雅士以及党和国家领导人的高度赞誉。清末宁夏知府赵惟熙曾为贺兰石砚题诗赞曰："贺兰富研材，堆砌成小山。凤有临池兴，薄书悦余间。"著名书法家启功先生，一生酷爱石砚，贺兰石砚也曾被他大加赞誉。1979年，他曾写下两首诗来赞美贺兰砚。其一曰："中华民族交融久，万里舆图一版收。砚是贺兰山上石，班超有笔莫轻投。"其二曰："千辛采得高山石，众智成为巧匠心。寄语临池挥笔客，要知一砚重千金。"启功先生的原文诗作，被宁夏复朴斋文化艺术有限公司收藏，并被镌刻在该公司研发的"复朴砚"包装盒封面，成为贺兰石砚的最佳注解。著名作家、内蒙古作协副主席许淇先生有文赞曰："观此砚之心情如登贺兰山缺，胸襟之为廓然。"1963年12月，时任国家副主席董必武来宁夏视察时，曾题词盛誉贺兰砚："色如端石微深紫，纹似金星细入肌。配在文房成四宝，磨而不磷性相宜。"

1997年，香港特别行政区设立，标志着香港回归祖国怀抱，宁夏回族自治区政府为了祝贺这一千年盛事，特意用贺兰石制作了一件精美绝伦的贺兰山雕刻工艺作品——《牧归》，雕刻精美，寓意深远，赠送给香港特区政府，饱含着宁夏人民对香港同胞的浓浓情谊。

| 贺兰石工艺礼品

贺兰石雕刻技艺历史悠久,早在清代,宁夏府城(今银川)就开始出现贺兰石的制砚作坊,但开始只有三四家,工具简陋,工艺粗糙。后从江南聘请制砚匠人前来传授技艺,方法有所改进,工艺日渐成熟,使得贺兰砚既具塞北粗犷豪放风格,又具江南细腻灵巧风韵。一方佳砚,艺人们往往要呕心沥血数月。贺兰砚讲究"相石"和"俏彩"。相石就是观看石料的质地、走向和纹理,以及石料的大小、厚薄和自然形状;俏彩就是根据石料紫、绿两色的多少、比例和分布位置,设计图案与层次,酝酿雕刻几层色彩,计划哪种图案。成功的作品讲究整个砚面紫绿分明,含蓄典雅,突出主题。

贺兰砚雕刻从第一代传承人张云亭开始,经过了阎万庆、阎万年(第二代),阎子江、阎子洋、阎子海(第三代)以及阎森林(第四代),形成了以阎氏家传为主的一批传承群体。但贺兰砚雕刻技术现状并不乐观,阎氏后代能传承技艺的并不多,传统手工技艺处于失传的濒危状况。由于缺少受过专业美术教育的传承人,此技艺在短期内很难掌握并形成经济效益,很多年轻人不愿学此手艺,大部分从业者因技艺、原材料、市场假货充斥等原因,收入普遍不高,严重制约着贺兰石传统雕刻技艺的传承。

作为一门承载着悠久历史文化的传统技艺,贺兰砚的发展一直受到自治区政府和文化部门的高度关注。2008年,贺兰砚制作技艺进入银川市第一批市级非物质文化遗产项目名录;2009年进入第二批宁夏回族自治区非物质文化遗产项目名录;2011年经国务院批准,被列入第三批国家非物质文化遗产项目名录。2012年12月,阎家砚第四代传承人阎森林被命名为第四批国家非物质文化遗产项目代表性传承人。与此相关的贺兰砚雕刻名家张向东、石飚等人被评为国家工艺美术大师,陈梅荣、施克俭等被评为自治区一级工艺美术大师。这些举措充分体现了党和政府对贺兰砚雕刻技艺的重视与支持,大大提升了贺兰砚雕刻艺术工作者的自信心和职业认同感。贺兰砚作为独具地方特色的工艺品,由最初的文人用砚发展到多种系列工艺品,集实用、观赏为一体,目前已成为宁夏旅游形象的代名词。由于贺兰砚在生产、销售方面已形成相当规模,形成广泛的产业链条,在树立品牌、开发创新方面具有重要的商业价值。

目前,西夏区从事贺兰砚制作的雕刻技艺公司和工作室有30余家,从业人员达1000余名。2016年4月7—10日,第39届全国文房四宝艺术博览会暨第六届全国中小学生书法用品博览会在北京展览馆举行。中国西部名砚贺兰砚首次参展,成为展会一大亮点。博览会开幕当天,中国文房四宝协会向银川市西夏区颁发了"中国贺兰砚之乡"荣誉牌匾和证书。本届博览会由中国文房四宝协会与中国文房四宝杂志社联合主办,是全国文房四宝行业的一次盛会。800余家企业参展,展出中国十大名纸、十大名笔、十大名墨、十大名砚等。西夏区16家从事贺兰砚制作的企业参展,300余方贺兰砚精品吸引了众多参观者的目光。今后,西夏区还将建立贺兰砚雕刻人才库,支持大师设立工作室授徒传艺,提升相关产业配套能力,增品种、提品质、创品牌,提高贺兰砚产品附加值,放大"中国贺兰砚之乡"品牌效应,推动当地文化旅游产业蓬勃发展。

贺兰石雕刻

张贤亮命运多舛
苦为乐功成名就

张贤亮祖籍江苏省盱眙县,出生于当地一个钟鸣鼎食之家,祖父是外交官,父亲曾留学美国并任张学良英文秘书。他于1936年12月8日出生于江苏省南京市,自幼就受到了良好的启蒙教育,在上中学时就开始写作。新中国建立后,因家庭出身问题,父亲被抓进监狱,几年后死于狱中。只剩下母子三人相依为命,13岁的张贤亮便扛起了家庭的重担。1951年,张贤亮和母亲、妹

妹移居北京,在北京39中上学。1954年因出身问题,被学校开除。1955年,张贤亮被迫携母亲和妹妹,到宁夏京星农场当农民。即使在这种困难的情况下,张贤亮仍然保持着生活的激情。他开始拿起手中的笔,用诗歌抒发自己的理想和信念。1956年8月,张贤亮在甘肃省委干部文化学校任教,这所学校当时的校址在如今的银川市内。

1956年可说是中华人民共和国成立后形势最好的一年,中共中央提出文化工作"百花齐放,百家争鸣"的"双百"方针。年轻气盛的张贤亮在反右派斗争的前夕,和很多沉浸在"鸣放"美好气氛中的作家一样,陶醉在宽松的舆论环境中,用诗歌抒发情怀、指陈时弊。1957年,张贤亮在陕西的文艺杂志《延河》月刊上接连发表了3首诗歌,分别是《夜》《在收工后唱的歌》《在傍晚时唱的歌》,每首诗歌都充满了激情,洋溢着青春的活力,表达了对时代的讴歌和对未来的向往。从此,张贤亮在西北,甚至全国诗坛,颇有知名度。经过了前3首诗歌的牛刀初试,张贤亮用更大的热情创作出了《大风歌》,以更加豪迈的气概抒发了涤荡旧事物、迎接新生活的激情。诗歌表达了一位热血青年砥砺品行、开拓创新的豪迈气概,充满了激昂和决绝的战斗姿态,一种渴望变革的

强烈愿望呼之欲出,这正是革命年代培养起来的激进情绪,也是大鸣大放风潮中的典型话语。但在这种新旧对比中,势必会对旧事物进行否定和扬弃,因此诗歌中不乏贫穷、阴暗和庸俗世故等负面形象,在情调上《大风歌》也流露出对现实生活的不满和愤懑情绪。这首诗发表于《延河》7月号,引起轰动,同年9月1日《人民日报》发表了署名文章,对这首诗进行猛烈的批判,评论说这是一首怀疑和诅咒社会主义社会、充满了敌意的作品。随后,张贤亮被打成"右派",被下放到银川西湖农场劳动改造。当年在银川西北有两个农场,西湖农场是劳改农场,南梁农场是普通农场,一路之隔,西湖在南,南梁在北。运动来了,政治风声紧了,他就被发往路南,在西湖农场监控改造;运动过去了,风声缓和了,他又被送过路北,在南梁农场劳动、生活。被劳改后的张贤亮,家庭又遭遇变故,母亲在晾衣服时摔断了腿,妹妹才10岁,正上小学。家里没了生活来源,母女俩只好又回到北京投亲靠友。1961年,为了给农场购粮,张贤亮第一次来到镇北堡赶集,后来在小说《绿化树》中称之为"镇南堡"。

　　1968年,"文化大革命"在全国范围展开,张贤亮趁劳动的空闲偷偷扒火车回到北京,他经过曲折找寻,找到了已是满头白发的母亲。而他的妹妹也被分配到遥远的甘肃。和母亲见面两天后,张贤亮就被发现,并被强制带离了北京,而这次竟然是和母亲的最后一面。

　　1978年,中共十一届三中全会后,张贤亮重新拿起笔,开始创作小说、散文、评论、电影剧本等。1979年,经过联合调查组的调查,9月28日,张贤亮被平反,恢复名誉,告别了长达22年之久的"右派"生活。这时的张贤亮,已从一个血气方刚的少年,成了43岁的中年人。张贤亮曾表示,他劳动改造的时间甚至比他当作家的时间都长。

　　张贤亮平反后,创作开始走上腾飞之路,从《四封信》到《邢老汉与狗的故事》,再到《灵与肉》《男人的一半是女人》等,不仅奠定了自己在当代中国文坛的坚实地位,而且成为享誉世界的作家。曾任全国政协第六、七、八、九、十届委员,中国文联委员,中国作家协会第四、五、六、七届主席团委员,宁夏回族自治区文联第三、四、五届主席、党组成员,宁夏作家协会第三、四、五届主席,宁夏回族自治区文联名誉主席,宁夏作家协会名誉主席。他是中国新时期以来的重要作家之一,代表作有短篇小说《邢老汉与狗的故事》《灵与肉》《肖尔布拉克》等,中篇小说《河的子孙》《龙种》《土牢情话》《无法苏醒》《早安!朋友》《浪漫的黑炮》《绿化树》《青春期》《男人的一半是女人》等,长篇小说《男人的风格》《我的菩提树》《习惯死亡》《一亿六》以及长篇文学性政论随笔《小说中国》,散文集有《飞越欧罗巴》《边缘小品》《小说编余》《追求智慧》《中国文人的另一种思路》等。曾3次获得全国优秀小说奖(1980年的《灵与肉》、1983年的《肖尔布拉克》、1984年的《绿化树》),多次获得全国性文学刊物奖,有9部小说被改编成电影电视剧搬上银幕(《牧马人》《黑炮事件》《龙种》《肖尔布拉克》《异想天开》《我们是世界》《男人的风格》《老人与狗》《河的子孙》),作品被译成30多种文字在世界各国发行,在国际上有广泛影响。"宁夏出了个张贤亮",凭借创作成就和社会影响力,张贤亮成为"宁夏名片"和"文学大树",在他的影响和带动下,宁夏文学有了跨越式的发展。

张贤亮还是著名的文化企业家,创办宁夏华夏西部影视城公司,担任董事长,公司所属的镇北堡西部影城,已迅速发展成为中国西部最著名的影视城,是宁夏集观光、娱乐、休闲、餐饮、购物、体验于一体的重要旅游景区和中国西部题材、古代题材的电影电视剧最佳外景拍摄基地,通过了ISO9001:2000

镇北堡

镇北堡西部影城

国际质量管理体系认证,被国务院和文化部评为"国家文化产业示范基地"和"国家非物质文化遗产代表作名录项目保护性开发综合实验基地";被国家旅游局评为5A级旅游景区,被宁夏乡亲誉为"宁夏之宝,中国一绝"。个人被评为"中国文化产业十大杰出人物""影响宁夏五十年人物",宁夏"有特殊贡献的知识分子",享受国务院特殊津贴。张贤亮也是著名收藏家、书法家、慈善家。自2010年开始,张贤亮以个人名义每年捐赠150万~180万元对宁夏贫困患者实施"救生行动",获得"希望工程特殊贡献奖",2008年被评为"中国十大慈善人物",2010年被评为"宁夏慈善大使"。

张贤亮对镇北堡西部影城的建立有着很大的功劳。进入20世纪90年代后,在"文人下海"的热潮中,张贤亮决定在宁夏创办一个影视娱乐城,以"出卖荒凉"著称。张贤亮与影视城的命运可谓一波三折。镇北堡西部影城创办之初,资金投入比较困难。据张贤亮回忆,最初投入的名义上的资金约为93万元。除了用他的版权抵押得到的50万元银行贷款外,还有其他单位投入的资金,但数量很少,其中镇北堡所在地的林草试验场,按投资协议规定,应该投入 30 万元。可是,林草试验场给张贤亮的却是一公斤"白条"——都是别人欠林草试验场的欠款,甚至还包括一块钱、五角钱的过路费。可见创业之初的艰难与困苦。

在张贤亮看来,镇北堡这个矗立在贺兰山脚下的荒凉古堡本身就是一个奇迹和宝藏。除了充满荒凉气息的自然风光外,20世纪80年代许多影片摄制组在这里留下的场景都是很好的资源,这些资源如果很好地加以挖掘、整理、保护,无疑会成为镇北堡西部影城的无价之宝。比如张艺谋导演在拍摄《红高粱》时,曾在镇北堡搭建了一个酒作坊,张贤亮把这个酒作坊原模原样地保留下来,还到民间把明清时期流传下来的古老酿酒工艺也搬进了镇北堡。为了复制影片《黄河谣》中的古戏台,张贤亮专程到山西,搜罗到一个残存的古戏台,也把它整体搬到了影城。当时,这些古文物的价值还没有被人发现,人们往往把这些充满历史韵味的古物当成破烂一样随意丢弃。可是张贤亮却有着别人不一样的敏锐眼光,他从一个文化人的视角,来重新审视着这些古老物件的真正价值。对此,张贤亮也颇为得意,他曾自豪地说:自己曾用几百块的便宜价格就从农村老乡手中购买到了明清时期的古董。在影城,光是明代嘉靖年间的铸铁消防缸(太平缸)就有27个,这些当年以极低价格收购来的"宝贝",如今早已身价不菲,每个已价值10万元以上。张贤亮利用他广泛的人脉资源,从全国各地搜罗这样的古物。他认为:影视是文化产业,文化产业是最能产生高附加值的产业之一。而"化腐朽为神奇"的点睛之笔,就是文化人敏锐的鉴赏力和独特的历史眼光。他曾说:"我们的资金并不多,为了办好影视城,必须走资金低投入、智力高投入的路子。"在他的指导下,镇北堡影城内,只要是固定建筑,一律用真正古旧的物品,只有这样,才能把历史真实的原貌展示给后人。在张贤亮"智力高投入"的倡导下,影视城做到了基础设施全是现代的,但外貌全是古代的,100多个景点通水、通电、通暖气,但在地面上却看不到一根管道。游人进入影视城,可以真正感受到古代居住场景的浓厚氛围,就像从现代进入了时光隧道,穿越回到了古代。为了吸引客源,张贤亮把影城的"电影文化"发挥到了极致,为前来拍摄影视作品的影视制作单位提供了得天独厚的便利条件。但是张贤亮也敏锐地察觉到了电影产业新的发展趋势,现代电影的制作过程中,实景拍摄已经不再是唯一的手段,现代电影其实

是电脑技术和高科技手段制作出来的，影视城要想发展，必须具有一定的前瞻性。于是，他把更多的精力放在了开发旅游资源上。张贤亮说："一个旅游的地方，要当得起'真好玩'的评价，其实是很不容易的，要知道这中间是有我作为作家倾注的智慧在内的。"

现在，凡是到银川去的游客，西部影城是必去的地方。这个当年靠张贤亮个人版权抵押了几十万资金办起来的旅游企业，如今每年能吸引数十万旅客，盈利上千万元，仅固定资产就已价值上亿元。镇北堡分为南、北两堡，是中国重要的影视基地之一，《牧马人》《红高粱》《黄河谣》等一批中国电影从这里走向了世界，也留下了"黄金月亮门""新龙门客栈""都督府"等经典场景。还有惟妙惟肖的老银川一条街，以及展示北方民俗、收藏古董级家具的院落，吸引着来自海内外的大量游客。建于明朝的城堡在南，建于清朝的城堡在北，张贤亮把家也安在这里，他的庭院就建在清城堡北端，平时，他就在这里办公，接待客人。

在大多数人的印象中，张贤亮首先是个大文豪，其次才是位成功的企业家。张贤亮生前曾说过这样的话："镇北堡是我另一部立体文学作品。"如今来看，这部作品已被大多数人认可、喜爱、传播。

2014年9月27日14时，张贤亮在银川因病医治无效离世，享年78岁。9月30日上午11时，张贤亮遗体告别仪式在银川殡仪馆举行。全国政协领导，中国文联、中国作协及国家有关部委领导，在宁夏工作过的省部级老领导，自治区党委、人大、政府、政协领导，各省、直辖市、自治区、文联和作协，以及张贤亮故乡——江苏省盱眙县政府等发来唁电或送来花圈。张贤亮的亲属、生前好友，自治区各有关部门负责人，文学艺术界和社会各界人士参加了遗体告别仪式。银川殡仪馆最大的悼念大厅里，电子屏两侧的挽联为：大风歌经历磨难传奇人生开拓荒凉使兰山带雨，绿化树屡创绝章流芳千古成就巨匠让黄河咽声。按照张贤亮的遗愿，他的骨灰被送回镇北堡西部影城安葬。张贤亮病逝，是在镇北堡，他后半生的事业和牵念，也是在镇北堡。直至离世，张贤亮都没想过要离开这片给了他生命深刻记忆的异乡。

小巷总理孙仙梅
心系百姓为民忙

孙仙梅，女，汉族，中共党员，1949年10月1日出生，内蒙古卓资县人，1973年前在原籍卓资县务农，1973年7月—1980年9月，在平罗县农场工作；1981年3月—1985年6月任原新城区朔方路街道正茂巷社区居委会工作人员；1985年6月—1989年7月任原新城区朔方路街道正茂巷社区居委会主任；1989年7月—2003年6月任原新城区朔方路街道正茂巷社区党支部书记、居委会主任；2003年6月—2006年6月任西夏区朔方路街道正茂巷社区

党总支书记;2006—2012年8月任正茂社区党总支书记、社区主任;2012年8—2015年8月任正茂社区党总支书记。她是一名普通社区工作者,却受到社区居民的普遍称赞。正茂社区居民们说:"孙仙梅是操持社区的主心骨,是大事小事都操心的'小巷总理'。"

1980年,孙仙梅全家从平罗火车站搬到原新城区朔方路街道正茂巷社区居住。由于文化程度低,没有合适的工作,她只好整天在家闲着。一天下午,邻居张大妈找到孙仙梅,对她说:"小孙,你干不干居委会的工作。"孙仙梅又惊又喜,连忙问张大妈居委会是干啥的,大妈说居委会就是发票证,豆腐票,肉票,烟票,有时打扫打扫卫生,没事就在家待着,还有工资。孙仙梅一听有工资,还有工作干,十分高兴。连忙问:"每月多少钱?"张大妈说:"5元。"孙仙梅一开始嫌5元的工资太少了,可是又一想,5元也是一份工作,等她在银川站住脚了,能找到一份20元、30元的工作,就不干5元的了。就这样她就爽快地答应了。可是她怎么也没想到,就是在这个婆婆妈妈别人不愿意干的岗位,她一干就是30年。从当年的小孙变成了现在的孙大妈。

孙仙梅所在的小区建于20世纪70年代末80年代初,房屋十分老旧。社区共2400户,7300多人,最大的房子63平方米,最小的房子36平方米,因是

老旧小区,居民生活中有很多困难,暖气不热,下水不利,公共设施没人维修,条件好一点的住户全部搬走了,剩下的全是没条件搬迁的困难户。正茂社区可谓是一个"五多"的小区:下岗职工多、困难户多、低保户多、老年人多、农民工多。社区居住人员社会关系复杂,搬出搬进很频繁。过去正茂社区是灯不明、路不平,每逢下雨路泥泞,遇到刮风双眼蒙,乱搭乱建不齐整。可是经过多年的努力、拼搏,小区改造了,变样了。现在是灯又明,路又平,天蓝地绿花儿红,中心广场真漂亮,社区文化紧跟上。

可是小区环境好了,怎么能让居民群众乐起来,跳起来,成为孙仙梅日夜思索的问题。退休老师王晓娟找到孙仙梅,说出了自己的想法:"我退休了,心情很失落,身体也一天不如一天了。我想成立个艺术团,组建一支秧歌队。既能锻炼身体,又能老有所乐,孙书记你觉得怎么样?"孙仙梅觉得这个主意很好,当即表示同意。可是社区居委会的经费十分困难,当孙仙梅带着大家去购买打鼓道具时,一问价格吓了一跳,买全一套要3000元,对于社区每月只有60元的办公经费,3000元无疑是个天文数字,她们只好空手而归。可是在困难面前,孙仙梅既没有退缩,也没有失去信心,而是千方百计地想办法解决。孙仙梅决定本着先开展、后完善的原则,先借!就这样开始了艰难的起步,借了个鼓还有个洞,借了个镲还有个缝,又借了3500元,做了30套服装,社区秧歌队就这样从基础做起,慢慢地从20人发展到140多人,她们的鼓4个人才能敲响,惊天动地。各行业开张的、剪彩的、庆典的都来请她们的秧歌队伍。正茂社区秧歌队在2009年元宵节参加了贺兰县的秧歌大赛,并荣获了一等奖,奖金1万元,她们于2010年元宵节又参加了贺兰县的秧歌大赛,又荣获了一等奖,奖金13000元,回来后,大家非常兴奋。孙仙梅带领大家细细地剖析:为什么参加贺兰县的比赛能获一等奖,她们感到有四个特点:一,队伍庞大,喜庆热闹;二,服装华丽,红的、绿的,太阳一照闪金光;三,道具新颖,别人没有的她们有,路边群众撑着看;四,精神面貌最佳,别看社区里的大妈60岁了,头上的花一戴,服装一穿,就像40岁,锣鼓一敲,扭起来,就像20岁了。过去谁请正茂社区的秧歌队,问要钱不,她们说不要不要,只是为了锻炼身体,现在她们就说:要、要、要,钱少了不出场,实现了经济效益和社会效益同步发展。正茂社区还组建了百人合唱团,新歌、老歌、流行歌都在唱,七一她们歌唱

党,十一她们歌唱祖国,六一进校园,八一进军营。70多人的腰鼓队,20人的舞蹈队,30人的乐队,50人的秦腔队,过去她们是清唱,到唱折子戏,现在能唱本戏了,从开始的唱一场500元到现在的一场1000元,她们可以拿着钱去西安买服装了。贺岁全老人是秦腔爱好者,他风趣地说:"我们到了外县唱戏,虽然农民兄弟条件差一点,但他们热情好客,我们吃的是羊肉,唱的是秦腔,睡的是热炕,别有一种乐趣。"她们这个团队,年年有计划,季季有安排,月月有演出,天天有排练,几百人欢聚在一起,从自己的家门走到了社区,又登上了舞台,在舞台上展示自己的风采,在一起大家心与心沟通了,感情加深了,距离拉近了,人际关系融洽了,社区一片和谐。让社区文化凝聚人心,社区文化构建和谐,社区文化打造社区的品牌。

正茂社区还有很多下岗职工,失业后没有工作了,挣不来钱,生活没保障,情绪低落,思想矛盾,心情不好,夫妻间经常为柴米油盐吵架。孙仙梅看在眼里,急在心里。她想:俗话说,米面的夫妻酒肉的朋友,没有饭吃了,怎么过日子?怎么能给下岗职工创造一个就业的平台、挣钱的渠道,成为孙仙梅这个社区居委会书记义不容辞的责任。通过多方联系,她在高家闸农场找到了一个种地的活,每天30元,可是路程那么远,怎么去呢?租车钱实在太多了,也租不起。孙仙梅仔细一盘算,心想:我们社区有经营中巴车的,让他们去送一送,把油钱给他们。当她找到中巴车车主小李时,说明了来意,小李却说:"我们每天跑路线,不能轻易改变,大妈,明天再说吧,我和我丈夫商量商量。"第二天,孙仙梅看见他家的灯亮了,就又去了,"小李,商量好了吗?你看我昨天来了,你两口子在数钱,我今天来了你俩又数钱,一摞一摞的,大妈羡慕你们有一个稳定的收入,你看,楼上的小王,隔壁的小许,他们都没活干了,咱们都住在小区,都是兄弟姐妹,有了困难大家都能伸出援助的手,你每天早晨能把他们送到高家闸,晚上接回来,我代表社区的父老乡亲感谢你们,祝愿你两口子高高兴兴的出车,平平安安的回家。"小李一听就高兴了,说:"我每天早起一会就送去了,晚上我接回来,油钱也不要了。"孙仙梅组织大家种地去掰玉米,摘枸杞,只要能挣钱,他们都干。下岗职工徐国庆对孙仙梅说:"大妈,如果让我一个人来这种地,我怎么也不会来。"孙仙梅关心地问:"你是不是太累了?"他说:"不是,我有一种失落感,过去我是车间主任,现在怎么能种地呢?

可是大妈组织我们来了,我们感到很高兴,看我们拿的是手机,打的是的,种的是地,很快乐!"徐国庆的这几句话朴实无华,可他是发自内心的,激励着孙仙梅去引导他们,组织他们,让他们能有活干,有钱挣,有饭吃,能在社区安居乐业。

偶然的一个机会,孙仙梅看到一路之隔的贺兰山宾馆平常进去的都是小轿车,今天怎么进去了大卡车,上边拉着大柜子,还有骆驼、大马,她感到很奇怪,过去看看。这一看,让她大吃一惊,原来是香港的剧组要到影视城拍连续剧,她想车上的箱子一定会卸下来的吧,就凭这样的一个感觉,说:"剧组小王,你需要我帮什么忙吗?"他说:"大妈,能找几个人给我们卸车吗?要10个男的。"孙仙梅说好,回到社区一叫就来了20个小伙子,20分钟把车上的东西全卸完了,剧组主任说:"大妈,要多少'小费'?"孙仙梅一听就愣了,什么是"小费"?旁边的工作人员忙说,小费就是要多少钱。孙仙梅心想,香港的工资和我们宁夏肯定不一样,她就说:"小王,你来到我们辖区,人生地不熟,帮个忙也是应该的,钱多了我们高兴,钱少了我们也不生气,这次不给,我们也还会帮。"主任一听非常高兴,说给你们400元。孙仙梅一算,每个人20元,她们种地一天才25元,半个小时就挣了20元,她暗暗地一想:有干头,有奔头,有甜头,以后接着干!就这样,她们先后跟了60多部戏,从搬道具到洗衣送饭

购物,从群众演员到台词演员,群众演员不说话,一说台词就加钱;替身演员、配角演员、特殊演员,她们都能完成。有一年,她们拍了5部戏,创收50多万元,最后一部戏是《爱在苍茫大地》,是反映宁夏的"三线"建设,一号男演员是李幼斌,一号女演员是他的老婆史兰芽,宁夏台热播的这部戏里边的群众演员全是正茂社区的,大家都非常自豪。一个有影响的香港导演说:"到了宁夏不要怕,只要找到了孙大妈,什么困难都能得到解决。"

有一天,社区里的退休干部张大爷对孙仙梅说:"我们单位的人都出国旅游了,我想走出去看看也没有机会了。"孙仙梅想:下岗了,没人管了,退了休了,没人理了,张大爷的一点愿望实现不了了。为了活跃社区老职工的业余生活,孙仙梅决定带领大家出去见见世面。大爷知道社区的条件一般,为难地说:"我知道社区没有车,也没有钱,怎么出去呢?"孙仙梅想,办法总比困难多,一定要做到千方百计。为了让社区退休职工老有所乐,孙仙梅每年都组织大家出去参观学习,走一走,看一看。先后去了六盘山长征纪念馆、泾原老龙潭、荷花沟、小南川等,2009年又组织大家去延安参观学习,回顾了老一辈的艰苦岁月,学会了珍惜今天的幸福生活。创先争优活动中,她组织支部新老党员120余人重温入党宣誓,虽然规模不是很大,可是意义非常深远,背靠着巍

巍贺兰,面对着滔滔黄河,大家感慨万分。张大爷激动地掉下了眼泪。为了确保安全,每次出去都是西夏区交警一大队的警车开道,社区管段民警开着警车保驾护航。服务站保安搀老携幼,背包提水,社区卫生医疗服务站工作人员带着常用的药品,全部免费使用。天豹公司的大轿车两辆,带着这些常年出不了门的群众出发了,一路上大家领略了封山禁牧、退耕还林、沙漠变绿洲,感受到了高速公路纵横交错,路过了黄河大桥,看到了河东机场,大家深深体会到了宁夏的建设蒸蒸日上,首府银川日新月异的变化,增强了每个人的理想信念。

正茂社区老年人多,在政府的帮助和指导下,开展了一系列卓有成效的居家养老工作。社区老年活动室老年人天天必去,爱心善举随处可见。2009年5月26日,社区的老饭桌开张了,让社区60岁以上有困难的老人一日三餐都去老饭桌就餐,80岁以上的离休干部和低收入老年人免费就餐,60岁以上低收入老年人补助就餐,60岁以上有1000元以上收入的老年人全费就餐,早餐1元,中餐4元,晚餐3元,饭菜从来不重样。社区居民张大妈激动地说:"种地不交税了,上学不要费了,吃饭不收饭钱了,前所未有,共产党好,改革开放好!" 2009年10月29日,民政部组织29个省的民政厅厅长到正茂社区视察居家养老工作"老饭桌",对于正茂社区的工作给予高度的评价。现在,老饭桌还承担了辖区内100多名环卫工人的"爱心早餐",并向周边社区进行配送,深受居民的欢迎。

多年的社区工作,让孙仙梅深刻感受到小社区也有大作为。正茂社区也是自治区党校培训的实践基地,学员都是各部门的领导干部,他们都感到社区这一课感受最深,启发很大。正茂社区还多次接待中央领导和自治区内外参观团,也是宁夏外事办的观摩基地,接待了国内外多个地区和国家的参观团,当联合国组织阿拉伯九国首脑来到正茂社区时,孙仙梅组织社区居民敲锣打鼓欢迎,中午还在小区的居民家中吃中国特色饭菜。临行时,一位领导不知道说了什么,孙仙梅听不懂,问翻译:"他在说什么啊?"翻译说:"这位外国友人说的是:中国的共产党了不起,中国的老百姓真开心!"让孙仙梅听后非常感动和自豪。

孙仙梅在平凡的岗位上做出了不平凡的业绩。她先后荣获了全国"三八"

红旗手、全国优秀共产党员、全国巾帼建功标兵、全国优秀社区工作者、全国思想政治工作优秀妇女、中国十大女杰,2010年又获得了全国劳模和国家低碳行动先进个人,在广州参加了表彰会。更让她难忘的是当选为党的十七大代表,出席了党的盛会,规模之大,规格之高,让她终生难忘。

孙仙梅从扎着红头绳到两鬓白发,从5元钱到现在的2030元,年复一年、日复一日,天天如此,豪言壮语没一句,丰功伟业没一件,只有默默无闻地为社区的老百姓办着好事实事,解决着难事麻烦事。在这些的背后,孙仙梅还有过很多的辛酸和苦涩,一天,和孙仙梅相处五年多的一位陈姓领导对她说:"孙大妈,你中午一个人就不要回家做饭了,在我们单位的灶上吃吧,不要钱。"她听后感动地说了声谢谢,可她回到家后慢慢一想,小陈怎么会说我是一个人呢?于是下午她就问小陈:"你怎么说大妈是一个人哪?"他说:"你是一个单身女人吧,为什么?这么多年来,我从来没看见你和老伴茶余饭后一起散散步、遛遛弯,人之常情,你没有吧;从来也没有看见你的儿女找你办什么事,没有吧;在小学校、幼儿园门前,不是爷爷就是奶奶接孙子,从来没有看见过你来接孙子吧!"孙仙梅听后,心里难受极了,她在社区干了这么多年,竟成了别人眼中的孤家寡人,她心想:我不是一个贤妻良母,我把更多的感情和爱心给了大家,冷落了我的小家,实在是愧对我的丈夫和儿女。2008年7月,中宣部评选了13位共产党员典范人物,孙仙梅是其中的一名。当中央电视台在宁夏给她做专题片时,她对记者说:"小杨,你拍什么大妈都没有要求,只要我全家人团团圆圆的画面。"她把她的意图给记者小杨讲了,记者小杨很感动。一天下午,孙仙梅把她的女儿、女婿、儿子、媳妇、孙子、外孙子、老伴,全家人聚在一起,孙仙梅亲自下厨给他们炒菜做饭,一家人其乐融融。孙仙梅只是想通过这种方式,让大家知道自己也有天伦之乐,也是儿孙满堂,并不是一个单身女人。央视著名主持人白岩松在采访她时,孙仙梅讲了这一段往事,白岩松听后非常感动,激动地说:"你是世界上最伟大的女性。"

孙仙梅始终有一个工作理念:居民的需求就是她努力的方向,老百姓的困难就是她心中的牵挂,社区的和谐就是她奋斗的目标,能为有困难的居民办好一件事就是她最大的欣慰。她不愧是新时代杰出的社区工作者,是真正的"小巷总理"。